記入する時に意識したい　6つのポイント！

❶ その年度に「特にその子が伸びた所」を書く

❷ 他児との比較や達成度ではなく、
「育ちつつある姿」を書く

❸ 読み手が小学校の先生であることを意識し、
できるだけ具体的に書く

❹ 否定的な視点での記述や、
家庭事情など背景の記載は避ける

❺ 保育者がしてきた指導・援助や、
「こうするとよい」などの対応策を盛り込む

❻ 文字の大きさなどにも気を付け、
読みやすい書面を心がける

要録は、子どもの育ちつつある姿を
小学校に伝える重要な書類です。
様式の限られたスペースの中で、
書くべき情報を取捨選択して
記述することが大切になります

➡詳しくは
p.46を
チェック！

1. 新しい要録は何が変わった？

要録の大きな変更点は2つ。1つめは様式が変わったこと。2つめは「幼児期の終わりまでに育ってほしい姿」（10の姿）の視点が加わったことです。

おさらい 「資質・能力」の３つの柱と「10の姿」

「資質・能力」の３つの柱

知識及び 技能の基礎

感じたり、気付いたり、 分かったり、できる ようになったりする

思考力、判断力、 表現力等の基礎

考えたり、試したり、 工夫したり、 表現したりする

学びに向かう力、 人間性等

意欲をもつ、頑張る、 粘り強く取り組む つまり 心情・意欲・態度

「幼稚園教育要領」「保育所保育指針」 「幼保連携型認定こども園教育・保育要領」より抜粋

幼児期の終わりまでに 育ってほしい姿（10の姿）

健康な 心と体

自立心

協同性

道徳性・ 規範意識の 芽生え

社会生活との 関わり

思考力の 芽生え

自然との 関わり・ 生命尊重

数量や図形、 標識や文字 などへの 関心・感覚

言葉による 伝え合い

豊かな 感性と表現

この２つの観点で考えると、５領域の活動を通じて **子どもが何を経験し、その経験で何が育っているか**、という子どもの育ちがみえてきます。

5

2. 「10の姿」を取り入れて書こう！

5領域も「10の姿」も両方とも大切です。
5領域の活動から「10の姿」を意識して、
子どもの育ちをみましょう。

まずは遊びや活動が
5領域でバランスよく
できていたかをみて、

その中にある
「資質・能力」や
「10の姿」を捉えると
いいのよ

5領域 → 「資質・能力」 → 10の姿

5領域の活動から
「10の姿」を意識して
子どもの育ちつつある
姿をみていけば
いいんですね！

これで「10の姿」の
考え方は
わかったかしら？

はい

書き方テクニック❶

「資質・能力」の3つの柱や「10の姿」のキーワードを盛り込もう！

　5歳児の要録では、幼児教育において育みたい「資質・能力」の3つの柱や「幼児期の終わりまでに育ってほしい姿」（10の姿）のキーワードを、要録に盛り込みましょう。

　「キーワードを入れよう」と意識して、要録を書いていくと、必然的に「資質・能力」の3つの柱や「10の姿」の視点で、子どもの姿を見直すことになります。また、これらのキーワードは、小学校の先生に伝わりやすい言葉でもあります。

「3つの柱」のキーワード

例えば「思考力、判断力、表現力等の基礎」では…

キーワード
・考える　　・試す
・工夫する　・表現する　など

「10の姿」のキーワード

例えば「思考力の芽生え」では…

キーワード
・物の性質や仕組みを感じ取ったり気付いたりする
・考えたり、予想したり、工夫したりする　など

キーワードを生かして
要録の文章に！

4歳児以下の
要録を書く場合は、
発達に沿った表現に
しましょう！

砂場で夢中になって遊ぶうちに、砂や水の**性質**に**気付き**、どうしたら勢いよく水が流れるかを**考え**、何度も**試したり工夫したり**しながら、粘り強く取り組んでいた。

p.44 の
「5歳児後期の
育ちの姿シート」に
キーワードを掲載！

3. 保育記録を生かして書こう！

子どもの育ちを具体的に書くには、「保育記録」が欠かせません。子どもの育ちを振り返ることで、子どもの伸びている所がみえやすくなります。

8

はつみ先生、記録がしっかりとれているわね！けんくんの伸びた所がよくわかるわ

その**伸びた所**を大切にして要録に書くといいわね

どの子にも必ず伸びた所があるわ！

振り返る材料があると、伸びている所がみえてきますね。今の姿をみただけだと書けないな

はい

たくさんある記録の口から**その子が特に伸びた所を選んで要録に具体的に書いて**その子らしさが伝わる要録にしましょう！

オー！

Good な書き方例

育ちが書けました！

Before 「活発で工作が好きである。」

Good 「共同製作では、友達の話をよく聞き、自分の考えも伝えながら、アイデアをよりよいものにしようとする姿がみられた。役割分担をして大きなロケットを完成させ、達成感を味わっていた。」

書き方テクニック❷

その子らしさが伝わる要録にしよう！

どの子の要録も同じようになってしまっていませんか？　1つの活動でも、子どもによって楽しんでいることや学んでいることは様々です。その子が何に興味をもち、何が育っているのか、しっかりとみて保育記録に残しましょう。そして、その記録を振り返りながら、「その子が特に伸びた所」「その子らしさがよく伝わる内容」を選び、要録に記入していきます。その際、「10の姿」を網羅する必要はありません。その子が特に伸びた姿を選んで書きましょう。

ゆみちゃんは人前でも堂々と発表できるようになったな

ひろくんは苦手なことにも挑戦するようになったな

保育者は、子どもの気になる所を書いてしまいがち。でも重要なのは、子どもの伸びた所に目を向けて書くことです。

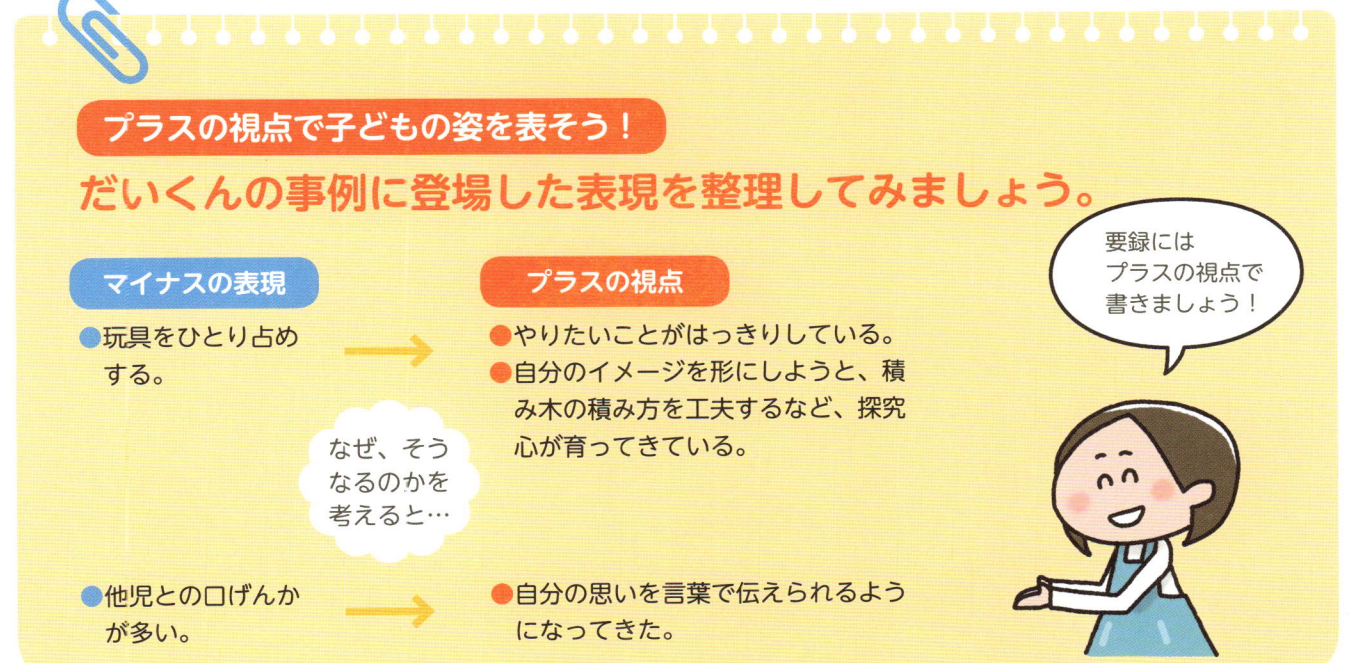

子どもはいろいろな育ちをしています。
小学校の先生は、どんなことを要録に
書いてほしいと思っているのでしょう。

小学校の先生に聞きました

小学校の先生は、要録でどんなことが知りたいの？

●その子らしさを伝えてほしい

どの子も同じようなことが書いてある要録だと、その子の個性がわかりません。要録を読むことで、あらかじめその子の育ちを理解し、入学後の指導に生かしたいと考えています。担任の保育者だからこそ知っている、その子の姿を教えてほしいです。

●課題ばかり書いてあると…

「手のかかる子が来るぞ」と先入観をもってしまいます。

●育ちを多面的に知りたい

子どもの人間関係の育ちも知りたいですが、そればかりではなく、「10の姿」の「思考力の芽生え」「社会生活との関わり」「自然との関わり・生命尊重」のように、小学校の生活科などにつながるような興味・関心についても知りたいです。

6. 書く時の注意点とは？

要録に書く文章のポイントと、使用する筆記用具や保管方法など、注意事項を確認していきましょう。

書き方テクニック❸

文章の書き方、基本のき！

● 誤字・脱字がないかチェックする

間違いのないよう、確認しましょう。他の保育者に読んでもらってもよいでしょう。

● 具体的に書く

抽象的な表現ばかりだと、読み手に子どもの姿がよく伝わりません。生き生きと子どもの姿がイメージできるよう、具体的に書きましょう。

● だらだらと長く書かない

たくさん書きたいことがあっても、細かい文字でびっしりと記入欄を埋めてしまうと、読みにくくなってしまいます。文章の量・文字の大きさ・改行など、読みやすくする工夫をしましょう。

● 園内でしか通じない言葉は使わない

小学校の先生が読んだ時、わからない言葉は使わないようにします。

● 保育者が「～させる」という表現は使わない

「～させる」という表現は、保育者中心の保育を行ってきたような印象を与えてしまいます。

● 主語と述語の関係をはっきりと

主語が子どもなのに、文の途中から保育者がしたことになっていませんか？　「誰が何をしたか」という主語・述語の関係を、はっきりさせましょう。

気を付けよう！

はじめに

　平成30年3月末に、幼稚園幼児指導要録、保育所児童保育要録、幼保連携型認定こども園園児指導要録の新しい様式が発表になりました。

　新しい指導要録では、「最終学年の指導に関する記録」の様式に、「幼児期の終わりまでに育ってほしい姿」（10の姿）が記載されるようになりました。これは、園での子どもの育ちをわかりやすく小学校に伝え、それを小学校でさらに伸ばしていくためです。

　そのために、教科書がない幼児教育ならではの子どもの姿、環境を通した遊び（活動）における子どもの内面の育ちを、「資質・能力」の視点から要録に記載しましょう。遊び（活動）は余暇ではありません。子どもは遊び（活動）を通じて何に気付き、何を探究し、何を繰り返しながら身に付け、できるようになっているのでしょう。実践を通じて積み重ねてきた子どもの体験による学びを、保育教諭ならではの視点を大切にして記載してください。

　本書では、子どもの姿をプラスの視点で捉え、その子どもの育ちつつある姿が伝わる書き方を掲載しています。また、日々の保育の記録を要録に生かす方法も紹介していますので、参考になさってください。

　本書が皆様の指導要録作成に役立ち、子どもたちの学びと育ちが未来へ引き継がれていくことを願ってやみません。そして要録を通じて、小学校の先生方が幼児教育の奥深さに気付いてくださることを祈念しております。

2018年12月

大阪総合保育大学大学院　教授
大阪総合保育大学　学長
文部科学省 幼児理解に基づいた評価に関する検討会　委員
厚生労働省 保育所児童保育要録の見直し検討会

大方美香

書ける！
伝わる！

幼保連携型
認定こども園園児指導要録
書き方&文例集

平成30年度実施
CD-ROM付き

付属CD-ROMにデータを収録！

 ▶ 記入例・文例を
収録しています。

 ▶ フォーマットデータを
収録しています。

※元号は変更可能です。

CONTENTS

第4章 アレンジして使える! 指導要録 文例

第5章　幼稚園型認定こども園の場合

第6章　保育所型認定こども園の場合

第7章　資料編

幼保連携型認定こども園園児指導要録の改善及び認定こども園こども要録の作成等に関する留意事項等について（通知）／ 就学前の子どもに関する教育、保育等の総合的な提供の推進に関する法律（抄）／就学前の子どもに関する教育、保育等の総合的な提供の推進に関する法律施行規則（抄）／ 学校教育法施行規則（抄）／ 幼保連携型認定こども園教育・保育要領 ／ 個人情報の保護に関する法律（抄）／ 配偶者からの暴力の被害者の子どもの就学について（通知）（抄）／ 電子署名及び認証業務に関する法律（抄）

本書付属の CD-ROM について

本書付属の CD-ROM には、各種フォーマット、記入例、文例のデータが収録されています。
以下の事項に合意いただいた上で、ご開封ください。

● 本書付属 CD-ROM をお使いになる前に

【動作環境】

◎付属 CD-ROM は、以下の OS、アプリケーションがインストール
されているパソコンでご利用いただけます。

＜ Windows ＞
OS：Windows 7 以降
アプリケーション：Microsoft Office 2010 以降
Adobe Acrobat Reader

＜ Macintosh ＞
OS：Mac OS X 10.8 以降
アプリケーション：Microsoft Office for Mac 2010 以降
Adobe Acrobat Reader

◎付属 CD-ROM をご使用いただくためには、お使いのパソコンに
CD-ROM ドライブ、または CD-ROM を読み込める DVD-ROM ド
ライブが装備されている必要があります。

【使用上のご注意】

・付属 CD-ROM に収録されたデータは、お使いのパソコン環境やア
プリケーションのバージョンによっては、レイアウトなどが崩れ
る可能性があります。

・収録されたデータは、本書誌面と異なる場合があります。

・収録されたデータについての更新や、使い方などのサポートは行っ
ておりません。

・パソコンやアプリケーションの操作方法については、お手持ちの使
用説明書などをご覧ください。

・付属 CD-ROM を使用して生じたデータの消失、ハードウェアの損
傷、その他いかなる事態にも、弊社およびデータ作成者は一切の
責任を負いません。

※ Microsoft、Windows、Microsoft Office は、米国およびその他の国における Microsoft
Corporation の登録商標または商標です。
※ Macintosh は、米国およびその他の国における Apple Inc. の商標です。
※ Adobe Reader は、米国およびその他の国における Adobe Systems Incorporated の
登録商標または商標です。
※本書では、商標登録マークなどの表記は省略しています。

● CD-ROM 取り扱い上の注意

・付属のディスクは「CD-ROM」です。オーディオ用のプレイヤー
では再生しないでください。

・付属 CD-ROM の裏面に汚れや傷をつけると、データが読み取れな
くなる場合があります。取り扱いには十分ご注意ください。

・CD-ROM ドライブに正しくセットしたのち、お手持ちのパソコン
の操作方法に従ってください。CD-ROM ドライブに CD-ROM を
入れる際には、無理な力を加えないでください。トレイに CD-
ROM を正しく載せなかったり、強い力で押し込んだりすると、
CD-ROM ドライブが破損するおそれがあります。その場合でも、
弊社およびデータ作成者は、一切の補償はできません。

● 付属 CD-ROM に収録されたデータの内容

・ページの上部に下記のような CD-ROM のマークが付いているもの
は、付属 CD-ROM にデータが収録されています。

・図のような構成で、データが収録されています。

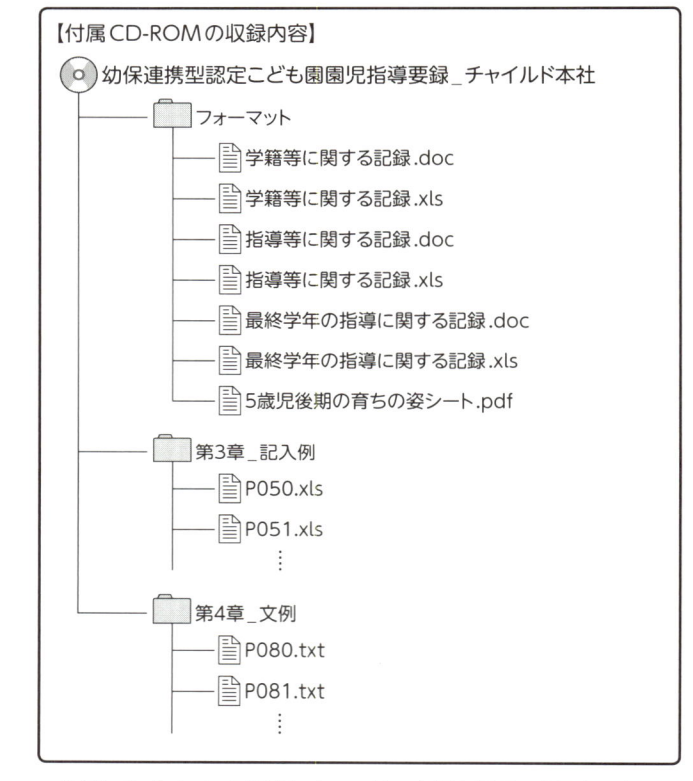

・お使いのパソコンの設定によっては、上図の順番で表示されない
場合があります。

・付属 CD-ROM に収録されたデータに、イラストは入っていません。

● CD-ROM に収録されている
　デジタルコンテンツの使用許諾と禁止事項

・本書付属の CD-ROM に収録されているデジタルコンテンツは、本
書を購入された個人または法人が、その私的利用の範囲内において
お使いいただけます。

・本コンテンツを無断で複製して、第三者に販売・貸与・譲渡・頒布
（インターネットを通じた提供も含む）することは、著作権法で固
く禁じられています。

・本書付属の CD-ROM の図書館外への貸し出しを禁じます。

第 **1** 章

指導要録
記入上の注意点

「そもそも、『指導要録』って何？」

「様式のこの欄には、何を書けばいいの？」

「書く時＆保管する時の注意点は？」

気になる基本事項を、まず確認していきましょう。

指導要録とは

指導要録は、長く保存する必要がある
大切な文書です。
普段の記録を生かして、充実した
指導要録を作成していきましょう。

学籍と指導について記録した「公的な文書」

担任をもつ保育教諭は、担当するクラスの子ども一人ひとりについて「幼保連携型認定こども園園児指導要録」を作成します。この指導要録とは、そもそもどのような文書なのでしょうか。

幼保連携型認定こども園園児指導要録とは、学校及び児童福祉施設として位置づけられる幼保連携型認定こども園が「作成しなければならない」、「園児の学習及び健康の状況を記録した書類の原本」と法令※で定められている公的な文書です。内容には学籍の記録と指導の記録という2つの要素があります。

学籍の記録とは、幼保連携型認定こども園の教育課程に○年間在籍したという証明になるものです。一方、指導の記録は、1年間の指導の過程とその結果を要約したものです。そして、就学時には進学先の校長に指導要録（写し）を送付することが定められています。また学籍の記録は20年間、指導の記録は5年間、保存する原簿です。

いわば指導要録は、小学校との連携において、個々の子どもが「この幼保連携型認定こども園に通い、このような指導を受けて育ちつつある」ということを引き継ぐものです。長く保存される文書でもありますから、内容や表現に十分配慮しながら、その子どもの1番育ったところを記載するようにします。

※就学前の子どもに関する教育、保育等の総合的な提供の推進に関する法律施行規則　第30条など。

小学校に引き継ぐためにも普段の記録を大切に！

平成30年度からは、指導要録の「最終学年の指導に関する記録」の様式に、「幼児期の終わりまでに育ってほしい姿」（10の姿）が記載されるようになりました。これは、幼保連携型認定こども園での子どもの育ちをわかりやすく小学校に伝え、それを小学校の指導でさらに伸ばしていくことが目的です。「最終学年の指導の記録」では「10の姿」を活用しながら、子どもに育ちつつある力（資質・能力）を捉え、記録することを意識してみてください。

もちろん、こうした子どもの姿を振り返るには、普段の保育の記録が重要になります。日頃の記録をもとに、保育教諭が行ってきた指導と、担任だからこそ知ることができた子どもの育ちつつある姿を書き出していくと、充実した指導要録になります。

作成から送付までの流れ

指導要録を記入するまで、そして、指導要録を記入して小学校へと送付するまでの流れを確認していきましょう。

指導の記録は、日々の記録と定期的な振り返りがカギ

指導要録の「学籍等に関する記録」は、入園時または進級した学年当初に記入します。これは年度途中で転園をした際にも引き継がれる情報ですから、子どもの氏名や住所などの記載事項に変更があった時はそのつど、新しい情報を記入し、変更した日付を欄外に記載します。

一方、「指導等に関する記録」は、1年間の指導を終えた学年末に、保育教諭が行ってきた指導と、この1年で子どもの伸びた所を中心に記入します。（記入の時期の詳細は、24ページ参照）「指導等に関する記録」を書く時に重要になるのが、日頃の保育記録です。指導計画に基づいて活動を展開していく中で、子どもの遊びの内容や人との関わり方、ま

たは、心の動きなど、保育の中で気付いた変化をできるだけ記録しておきましょう。そして、1か月、または、1学期といった期間での活動内容や子どもの育ちについて、5領域や「資質・能力」、「10の姿」を参考にしながら振り返りをします。すると「ここをもっと育てよう」「この子の発達に合った遊びを考えよう」といった改善点が見えてきます。その上で、改善点は、次の月や学期に反映していきます。PDCAサイクルとは、この振り返りを次に生かすことを繰り返しながら記録を反映していくことです。続けていくと、学年末の頃には、指導要録に書くべき内容がみえてきます。

このようにして担任が書いた記録は、最終的に園長（施設長）の責任で指導要録として完成させ、年度内にそれぞれの子どもの進学先の小学校へ送付します。

1 PDCAサイクルを回しながら記録をとる。

Plan（計画） → Do（実践） → Check（評価） → Action（改善）

先月のAちゃんは…

2 記録をもとに、担任が「指導等に関する記録」などを書く。

3 園長（施設長）が確認し、指導要録として完成させる。

4 小学校へ送付する。

小学校

管理上の注意点

要録には、個人情報が多く含まれるため、管理には十分な注意が必要です。具体的な管理についての注意点をおさえておきましょう。

保管について

1 幼保連携型認定こども園園児指導要録の原本は、園で保管する。

2 園児が卒園、もしくは転園・退園した後、「学籍等に関する記録」は20年間、「指導等に関する記録」「最終学年の指導に関する記録」は5年間、保存すること*1。

3 保管期間中は、耐火金庫などに入れて、厳重に保管し、責任者を決めて、管理すること。

4 金庫に入れない場合も、日光による退色が起こらない場所で、鍵のかかる書類棚などに保管する。

5 個人情報を書いた重要な書類なので、第三者の目に触れないように保管すること。

6 保存期間が過ぎた後は、速やかに完全に破棄すること。

個人情報ゆえの注意

個人情報の取り扱いについては、入園前に渡す説明書等で「指導要録」の「目的」と「内容」を説明します。説明書と併せて承諾書を準備し、個人情報の記載について、保護者の承諾を得ておきましょう。

書かれた内容は原則として非開示ですが、開示請求があった場合を考慮して、客観的な事実に基づく記載をします。

また、指導要録に基づいて、外部への証明書を作成する場合は、個人情報保護の観点から、目的に応じて必要な部分のみを記載します。

＊1：幼保連携型認定こども園以外の認定こども園が、「幼保連携型認定こども園園児指導要録」を適宜読み替える等して、認定こども園こども要録を作成したときは、要録の原本等は、その子どもが小学校等を卒業するまでの間保存することが望ましい。ただし、「学籍等に関する記録」は20年間保存する。

●●● 記入の時期の目安 ●●●

※記入・押印の時期は一例です。

時期	学籍等に関する記録		指導等に関する記録／最終学年の指導に関する記録
入園時	☐ 園児氏名 ☐ 性別 ☐ 保護者氏名 ☐ 入園年月日 ☐ 園名及び所在地	☐ 生年月日 ☐ 園児の現住所 ☐ 保護者の現住所 ☐ 入園前の状況	☐ 園児氏名 ☐ 生年月日 ☐ 性別
年度始め	☐ 年度、学級、整理番号 ☐ 年度及び入園（転入園）・進級時等の園児の年齢 ☐ 園長氏名 ☐ 担当者氏名（学級担任者氏名）		☐ 学年の重点
学年末	☐ 園長と担当者（学級担任者）の押印		☐ 個人の重点　☐ 指導上参考となる事項 ☐ 満3歳未満の園児に関する記録 ☐ 出欠状況　☐ 特に配慮すべき事項
修了時	☐ 修了年月日　☐ 進学・就学先等		

記入上のルール

公的な書類である指導要録を記入する際に、知っておきたい具体的なルールを解説します。

現代かなづかいを使用

氏名や地名などの固有名詞以外は常用漢字と現代かなづかいを用いて、楷書で正確に記入します。原則として、算用数字を使用します。清書する時は、誤字・脱字に注意して、丁寧に書きましょう。

算用数字 ○
1丁目2番3号

漢数字 ×
一丁目二番三号

訂正・変更について

書き間違えた場合は、該当箇所に二重線を引き、訂正者の認印を押した上で、訂正後の内容を書き入れます。修正液（テープ）を使用してはいけません。押印は朱肉を使う印鑑で行います。書き間違えではなく、住所変更など、記載内容に変更があった場合は、二重線で消し、変更された内容を記入します。変更の場合、訂正印は不要です。

訂正印

二重線

手書きにする場合

手書きの場合は、黒または青の耐水性のペンを使用しましょう。消せるタイプのボールペンは、使用してはいけません。

ゴム印の使用について

園名や所在地などには、ゴム印が使用できます。インクは20年間消えないタイプの物を使用してください。

パソコンを使用する場合

指導要録をパソコンで作成する場合は、私物のパソコンではなく、園のパソコンを使用することが望ましいです。個人情報が書かれているので、情報の流出や改ざんを防ぐためにも、セキュリティー対策が必要です。また、パソコン本体やデータを保存した記録媒体、プリント後の用紙の園外への持ち出しは、絶対に避けましょう。

プリント後に、園長の署名・捺印、担当者の署名・捺印をしたものが、最終的な原本になります。保存してあるだけのデータは原本にはなりません。署名・捺印は、電子署名及び認証業務に関する法律に基づく「電子署名」を行うことで替えることができます。

学籍等に関する記録

CD-ROMにフォーマットを収録しています。

「学籍等に関する記録」は、園児の在籍を外部に証明する公的な書類です。原則として、入園・進級時及び異動の生じた時に記入します。

幼保連携型認定こども園園児指導要録（学籍等に関する記録）

※指導要録の様式は、各市区町村で統一様式を作っているケースもあるので、自治体に確認しましょう。

A 学級・整理番号

年度 区分	平成　　年度	平成　　年度	平成　　年度	平成　　年度
学　級				
整理番号				

※元号は園児に合わせて変更します。

B 園児の氏名・生年月日・性別・現住所

園児	ふりがな 氏　名		性　別
	平　成　　　　年　　　　月　　　　日　生		
	現住所		

C 保護者の氏名・現住所

保護者	ふりがな 氏　名
	現住所

D 入園・転入園などの期日

入　園	平成　　年　　月　　日	入園前の状況	**E** 入園前の状況
転入園	平成　　年　　月　　日		
転・退園	平成　　年　　月　　日	進学・就学先等	**F** 進学・就学先等
修　了	平成　　年　　月　　日		

G 園名及び所在地

園　名 及び所在地	

H 年度及び入園（転入園）・進級時等の園児の年齢

年度及び入園（転入園） ・進級時等の園児の年齢	平成　　年度 　　歳　　か月	平成　　年度 　　歳　　か月	平成　　年度 　　歳　　か月	平成　　年度 　　歳　　か月
園　　長 氏　名　　印	（0.0歳児）	（0歳児）	（1歳児）	（2歳児）
担　当　者 氏　名　　印				
年度及び入園（転入園） ・進級時等の園児の年齢	平成　　年度 　　歳　　か月	平成　　年度 　　歳　　か月	平成　　年度 　　歳　　か月	平成　　年度 　　歳　　か月
園　　長 氏　名　　印	（満3歳児）	（3歳児）	（4歳児）	（5歳児）
学級担任者 氏　名　　印				

I 園長氏名 印・担当者（学級担任者）氏名印

＊3府省からの通知に掲載されている「様式の参考例」をもとに説明しています。

A 学級・整理番号

- 1番左の欄から、満3歳児、3歳児、4歳児、5歳児の順に記載します。例えば、4歳児クラスから在籍の場合、左の欄2つは空けておきます。
- 整理番号の付け方には、決まりはありません。50音順、生年月日順など、各園で決めます。途中での転・退園があった場合は欠番にします。

●4歳児クラスから在籍の場合

区分＼年度	平成　年度	平成　年度	平成29年度	平成30年度
学　　級			きりん	ぞう
整理番号			5	8

B 園児の氏名・生年月日・性別・現住所

- 氏名…楷書で書き、上にふりがなを振ります。外国籍の園児の氏名は、省略せずに本名を記入し、ふりがなは、母国語に近い読み方で、カタカナで書き入れます。

- 現住所…園児が現在、生活の本拠としている住所を記入します。都道府県から記入し、マンション名なども省略せずに記入します。数字の部分は、固有名詞を除き、算用数字を使用します。変更に備えて、欄の下に余白を残しておきましょう。

●住所に変更があった場合

園児	ふりがな 氏　名	さとう　ゆうすけ 佐藤　悠介 平成 28 年 10 月 15 日生	性　別	男
	現住所	~~東京都大空市石川1丁目2番3号ハイツ森201号室~~ 東京都大空市黒山3丁目4番2号		

※変更があった場合は、二重線で消し、下に新しい住所を記入（訂正印不要）。
※誤りの場合は、二重線で訂正し、訂正印を押す。

C 保護者の氏名・現住所

- 氏名…園児の親権者の氏名を記入します。園児が両親のもとを離れて、祖父母などの家から通園している場合でも、両親のどちらかが親権者であるならば、その氏名を記入します。親権者がいない場合は、世話をしている後見人の氏名を記入し、氏名の後に（後見人）と記します。

- 現住所…現住所が園児と同じ場合は、「園児の欄に同じ」と略記します（ゴム印可）。異なる場合は、都道府県から省略せずに記入し、変更に備えてやや上部に書き、下に余白を残します。

●現住所が園児と同じ場合

保護者	ふりがな 氏　名	さとう　けんいち 佐藤　健一
	現住所	園児の欄に同じ

●後見人の場合

保護者	ふりがな 氏　名	すずき　まさゆき 鈴木　正行（後見人）
	現住所	園児の欄に同じ

D 入園・転入園などの期日

- 入園…公立は所轄の市区町村の教育委員会が通知した入園年月日を記入します。国立と私立は園が定めた入園年月日を記入します。
- 転入園…他の園から転園してきた場合に記入します。公立園は市区町村の教育委員会が転入園を通知した年月日を記入し、その他の園では、園が定めた年月日を記入します。

- 転・退園…他の園へ転園したり退園したりする場合に記入します。公立は転園先の園が転入園を許可した日の前日を記入します。その他の園では、園が定めた年月日を記入します。
- 修了…公立は市区町村の教育委員会が定めた年月日（原則3月31日）を、その他の園では、園が定めた修了の日を記入します。

E 入園前の状況

- 集団生活の経験の有無について記入します。集団生活の経験がない場合は「特記事項なし」とします。
- 集団生活の経験がある場合（海外も含む）は、前園名と所在地、入園した年齢、転入園の事由などを記入します。ただし、保護者が記載してほしくない理由がある場合（2号認定児・3号認定児の福祉に関する事項）は記載しません。

● 保育所から転入園してきた場合

入園前の状況	1歳5か月からすみれ保育園（東京都野原市平和5丁目6番7号）に通園。転居のため、3歳10か月で転入園。

● 児童館に通っていた場合

入園前の状況	あおぞら児童館（東京都大山市鶴が丘7丁目8番6号）に週に3回通っていた。両親が共働きになり、3歳2か月で入園。

● 海外にいた場合

入園前の状況	父親の海外勤務で、1歳からオーストラリアに在住。2歳6か月より、〇〇園（ブリスベン市内）に通園。帰国のため3歳6か月で入園。

※国名、海外に居住していた年齢、通園の状況などを記入。

F 進学・就学先等

- 進学・就学する小学校等の正式名称、所在地を記入します。また、転園する場合は、転園先の正式名称、所在地、転園の事由を記入します。名称は、公立の場合は、自治体によって都道府県から記入することもあります。
- 退園する場合は、退園の事由、引っ越しなどの場合は、住所等（連絡先）を記入します。

例）・通園距離が長いため、近くの園に転園。
　　・父親が海外へ転勤となり、退園することになった。

● 小学校へ進学する場合

進学・就学先等	東京都朝日市立桜ヶ丘小学校 東京都朝日市桜ヶ丘9丁目10番8号

● 他の園へ転園する場合

進学・就学先等	大阪府青山市立つきみの幼稚園（大阪府青山市月見野1丁目2番3号）に転園。 父親転勤による転居にともない、新居近くの園に転園。

 **園名及び所在地**

- 園名…正式な園名を省略せずに書き入れます。公立の場合は、自治体によって都道府県から記入することもあります。
- 所在地…都道府県から省略せずに正確に書きます（ゴム印可）。変更に備えて、下部に余白を残します。
- 分園の場合は、本園を記入し、（　　）で分園を記入します。

●公立の場合

園　名 及び所在地	東京都朝日市立幼保連携型認定こども園なかよし園 東京都朝日市大石川１丁目２番３号

●私立の場合、変更がある場合

園　名 及び所在地	学校法人久方学園幼保連携型認定こども園わんぱく園 ~~東京都大空市黒山３丁目４番５号~~ 東京都大空市緑ケ丘５丁目６番７号

※変更の場合は二重線を引く（訂正印は不要）。誤記は二重線を引き、訂正印を押す。

●分園の場合

園　名 及び所在地	学校法人大越学園幼保連携型認定こども園なかよしこども園 東京都野原市夕日７丁目８番９号 （学校法人大越学園幼保連携型認定こども園なかよしこども園 西分園　東京都野原市夕日９丁目８番７号）

H 年度及び入園（転入園）・進級時等の園児の年齢

- 年度…４月１日から翌年３月31日に至る学年の属する年度を記入します。
- 年齢…当該年度の４月１日時点の園児の年齢を月数まで記入します。0.0歳児保育や満３歳児保育の場合は、入園時の園児の年齢を記入します。
- 上段左の欄から0.0歳児、０歳児、１歳児、２歳児の順に、下段左の欄から満３歳児、３歳児、４歳児、５歳児の順に記載します。

●平成27年９月から入園した平成24年７月10日生まれの子の場合

年度及び入園（転入園）・進級時等の園児の年齢	平成27年度 ３歳１か月	平成28年度 ３歳８か月	平成29年度 ４歳８か月	平成30年度 ５歳８か月

●誕生日ごとの４月１日時点の月数早見表

誕生日	4/2 ～5/1	5/2 ～6/1	6/2 ～7/1	7/2 ～8/1	8/2 ～9/1	9/2 ～10/1
月数	11	10	9	8	7	6

誕生日	10/2 ～11/1	11/2 ～12/1	12/2 ～1/1	1/2 ～2/1	2/2 ～3/1	3/2 ～4/1
月数	5	4	3	2	1	0

I 園長氏名　印・担当者（学級担任者）氏名　印

- 年度初め（または園児の転入園時）に園長と担当者（学級担任者）の氏名を記入します（ゴム印可）。
- 同一年度内で、変更があった場合は、その都度、後任者の氏名を記入します。また、（　　）内にその担当期間を書きます。
- 副担任がいる場合は、氏名を列挙し、（副担任）と記入します。複数担任、学級担任制の場合も、各保育教諭等の氏名を記入します。産休などで臨時職員が担当した場合は、その氏名と担当期間を書きます。
- 印は、年度末（または転・退園時）に園長と担当者であったものが押印します。年度途中で変更があった場合は、その時に押印します*。

●園長や担任が年度内に変更になった場合

園　長 氏名　印	斉藤和子 ㊞ (4/1～8/31) 山田清美 ㊞ (9/1～3/31)	山田清美 ㊞
学級担任者 氏名　印	松山春菜 ㊞	小林真耶 ㊞ (4/1～6/5、10/5～3/31) （産・補）鈴木彩乃 ㊞ (6/6～10/4)

※変更に備えて、下部に余白を残します。

●副担任をおいている場合

学級担任者 氏名　印	池田瑞希 ㊞ 橋本みどり ㊞ （副担任）

*この押印の時期は一例です。押印は、責任の所在を明らかにし、改ざんなどを防ぐ目的があります。押印の時期に明確な決まりはありませんが、この目的から逸脱しないようにしましょう。

指導等に関する記録

CD-ROMにフォーマットを収録しています。

「指導等に関する記録」及び
「最終学年の指導に関する記録」を
記入する際の具体的な書き方や
注意点を紹介します。

※元号は園児に合わ
せて変更します。

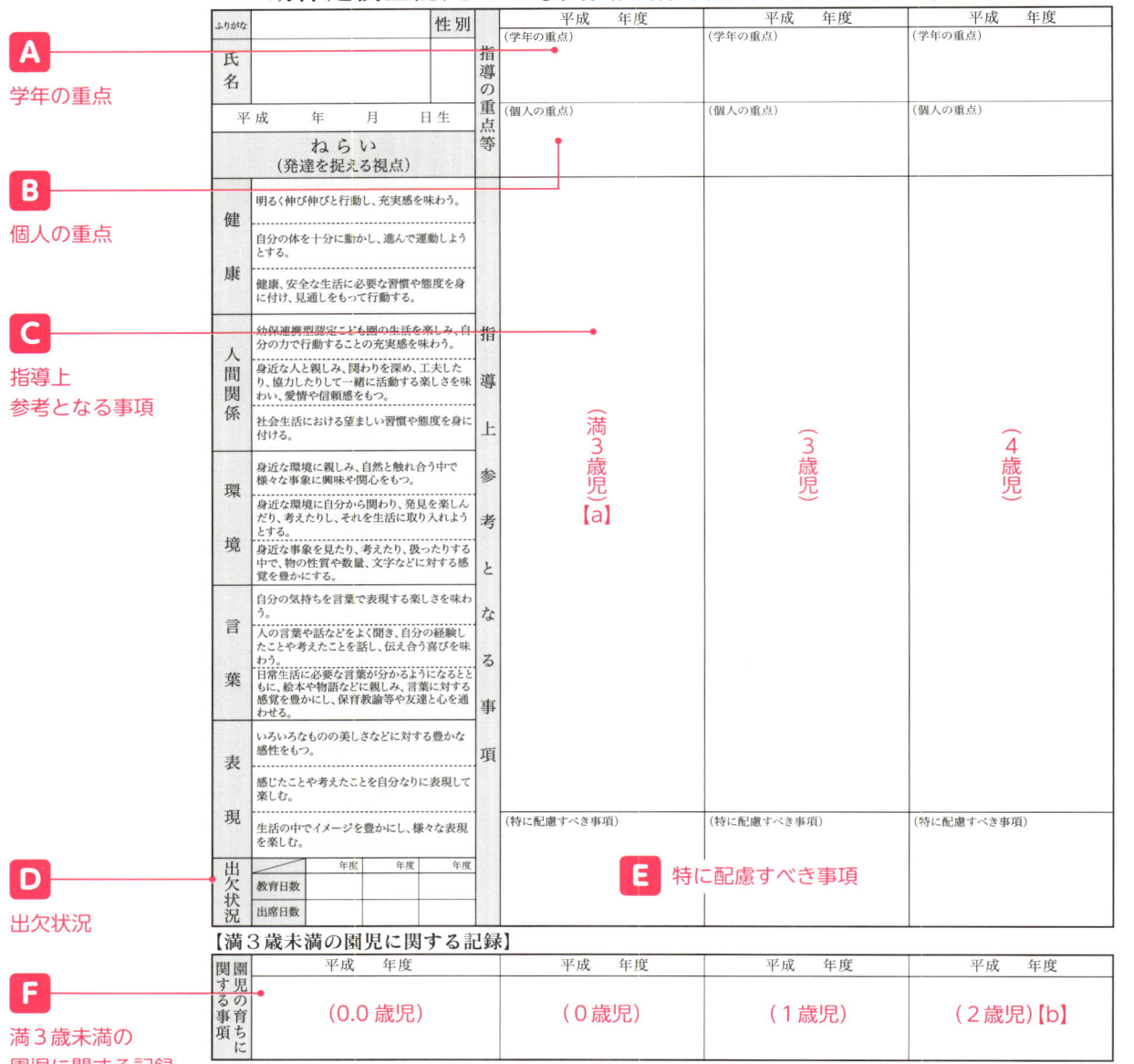

A 学年の重点

B 個人の重点

C 指導上
参考となる事項

D 出欠状況

E 特に配慮すべき事項

F 満3歳未満の
園児に関する記録

学年の重点：年度当初に、教育課程に基づき長期の見通しとして設定したものを記入
個人の重点：1年間を振り返って、当該園児の指導について特に重視してきた点を記入
指導上参考となる事項：
 (1) 次の事項について記入
  ①1年間の指導の過程と園児の発達の姿について以下の事項を踏まえ記入すること。
  ・幼保連携型認定こども園教育・保育要領に示された養護に関する事項を踏まえ、第2章第3の「ねらい及び内容」に示された各領域のねらいを視点として、当該園児の
   発達の実情から向上が著しいと思われるもの。
   その際、他の園児との比較や一定の基準に対する達成度についての評定によって捉えるものではないことに留意すること。
  ・園生活を通して全体的、総合的に捉えた園児の発達の姿。
  ②次の年度の指導に必要と考えられる配慮事項等について記入すること。
 (2)「特に配慮すべき事項」には、園児の健康の状況等、指導上特記すべき事項がある場合に記入
 園児の育ちに関する事項： 当該園児の、次の年度の指導に特に必要と考えられる育ちに関する事項や配慮事項、健康の状況等の留意事項等について記入

A　学年の重点

● 年度初めに、教育課程に基づき、この学年の長期の見通しとして設定したものを記入します。

● 学年を担当する全ての保育教諭で話し合い、学年共通の指導の重点を考えましょう。保育の中で意識しておくことが重要です。

B　個人の重点

● 1年間を振り返り、当該園児の指導について特に重視してきた点を記入します。従って、年度初めに記載する必要はなく、年度末に1年間の指導を振り返ってまとめるとよいでしょう。

● 一人ひとりの育ちに合わせて考えるため、内容は園児によってそれぞれ違ったものになります。
● 前年度の同欄や「指導上参考となる事項」の内容を踏まえて、子どもの育ちがつながるよう考慮します。

C　指導上参考となる事項

● 指導の重点や5領域のねらい（発達を捉える視点）を踏まえ、1年間で、園児が著しく向上した所を具体的に記入します。5領域の複数の領域にまたがった内容など、総合的な視点で記述することが重要です。
● 1年間の指導の過程を振り返り、園児の興味や関心、遊びや生活の傾向を書きます。他児との比較や一定の基準に対する達成度を記述するのではなく、一人ひとりの育ちつつある姿を受け止めながら、特に伸びた部分や援助の過程などを記入します。

● これまで「養護」の欄に記入していた「生命の保持及び情緒の安定」に関する記述は、この欄に書きます。
● これまで「園児の健康状態等」の欄に記入していた健康に関する留意事項は、「特に配慮すべき事項」の欄に書きます。
● 年度初めや1か月（1学期）ごとなどの子どもの姿を、保育記録等に記録しておきましょう。1年間の成長や変化の過程が捉えやすく、保育教諭自身の評価・反省にも活用しやすくなります。

【a】・【b】の欄の扱い方

【a】・【b】のどちらの欄に記入するか、特に決まりはありません。子どもの育ちを次の年に伝えやすく、園で取り組みやすい方法を選んでください。例えば、次のような記入の仕方が考えられます。

● 0歳児から入園し、5歳児クラスまで在園した場合。
【b】の欄に記入し、【a】の欄は空欄にします。ただし、空欄だと書き忘れにも見えるので、斜線を引くなどした方がよいでしょう。園の考え方によっては、【a】・【b】両方に記載します。2歳児の姿を【b】の欄に記入し、同じ2歳児クラスにいたとしても、教育課程である満3歳なった姿は【a】の欄に記載します。（この場合、同じ担任が【a】・【b】両方に記入します。）

● 3歳児クラス、4歳児クラス、5歳児クラスの他に、「満3歳児クラス」を設定している場合。
【a】の欄に記入し、【b】の欄は空欄とします。

● 「満3歳児クラス」を設定している園で、2歳児クラスに在籍している子も、満3歳になったら「満3歳児クラス」へ移る場合。
【b】の欄に記入し、満3歳になって、「満3歳児クラス」へ移った後のことは【a】の欄に記載します。

● 「満3歳児クラス」を設定していない園で、2歳児クラスに在籍している子が、満3歳になったら3歳児クラスへ移り、4月になったらもう一年3歳児クラスに在籍する場合。
【b】の欄に記入し、満3歳になって、3歳児クラスへ移ったとき、1回目の3歳児クラスのことは【a】の欄に記載し、翌年2回目の3歳児クラスのことは（3歳児）の欄に記載します。

D 出欠状況

- 「教育日数」は1年間に教育した総日数を記入します。原則として、1号認定児も2号認定児も幼保連携型認定こども園教育・保育要領に基づいて編成した教育課程の実施日数と同日数になります。ただし、転入園児等については転入園以降の日数、転・退園児等については転・退園までの日数を記入します。
- 長期休業中の日数については、教育課程として実施している日以外は、教育日数に含みません。例えば、夏休みの自由参加のプール保育、長期休業中の2号認定児・3号認定児の保育などは含みません。

- 「出席日数」は、教育日数のうち出席した日数を記入します。遅刻や早退の日も出席日数に含みます。出席日数が0の場合は、空欄にはせずに、「0」と記入します。

E 特に配慮すべき事項

- 園児の健康状態など、指導上、特記すべき事柄がある場合は、個人情報に留意しながら記入します。保護者と相談のうえ、記載しましょう。「除去食あり」「プール活動時、要配慮」「既往症あり」などの表記が考えられます。

- 特にない場合は、「特記事項なし」などと記入するとよいでしょう。

F 満3歳未満の園児に関する記録

- 満3歳未満児の、次年度の指導に向けて特に必要と考えられる育ちや配慮事項、健康の状況など、留意事項について記入します。

- 特に伸びた部分や具体的な指導のポイントなどを簡潔に記載します。次年度の担任への引継ぎになります。

幼保連携型認定こども園園児指導要録（最終学年の指導に関する記録）

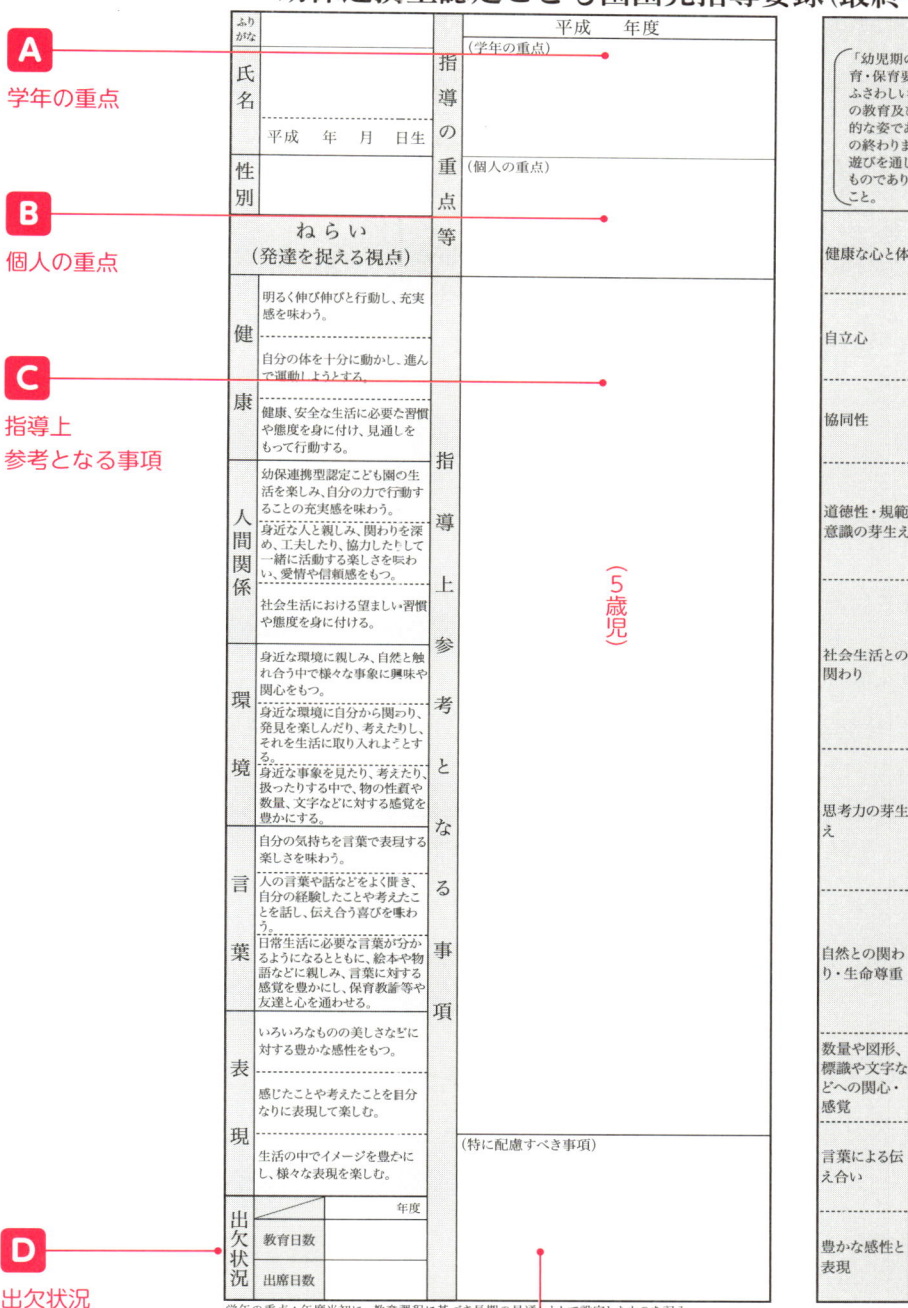

学年の重点

A 学年の重点

B 個人の重点

C 指導上 参考となる事項

D 出欠状況

E 特に配慮すべき事項

幼児期の終わりまでに育ってほしい姿

「幼児期の終わりまでに育ってほしい姿」は、幼保連携型認定こども園教育・保育要領第2章に示すねらい及び内容に基づいて、各園で、幼児期にふさわしい遊びや生活を積み重ねることにより、幼保連携型認定こども園の教育及び保育において育みたい資質・能力が育まれている園児の具体的な姿であり、特に5歳児後半に見られるようになる姿である。「幼児期の終わりまでに育ってほしい姿」は、とりわけ園児の自発的な活動としての遊びを通して、一人一人の発達の特性に応じて、これらの姿が育っていくものであり、全ての園児に同じように見られるものではないことに留意すること。

健康な心と体	幼保連携型認定こども園における生活の中で、充実感をもって自分のやりたいことに向かって心と体を十分に働かせ、見通しをもって行動し、自ら健康で安全な生活をつくり出すようになる。
自立心	身近な環境に主体的に関わり様々な活動を楽しむ中で、しなければならないことを自覚し、自分の力で行うために考えたり、工夫したりしながら、諦めずにやり遂げることで達成感を味わい、自信をもって行動するようになる。
協同性	友達と関わる中で、互いの思いや考えなどを共有し、共通の目的の実現に向けて、考えたり、工夫したり、協力したりし、充実感をもってやり遂げるようになる。
道徳性・規範意識の芽生え	友達と様々な体験を重ねる中で、してよいことや悪いことが分かり、自分の行動を振り返ったり、友達の気持ちに共感したりし、相手の立場に立って行動するようになる。また、きまりを守る必要性が分かり、自分の気持ちを調整し、友達と折り合いを付けながら、きまりをつくったり、守ったりするようになる。
社会生活との関わり	家族を大切にしようとする気持ちをもつとともに、地域の身近な人と触れ合う中で、人との様々な関わり方に気付き、相手の気持ちを考えて関わり、自分が役に立つ喜びを感じ、地域に親しみをもつようになる。また、幼保連携型認定こども園内外の様々な環境に関わる中で、遊びや生活に必要な情報を取り入れ、情報に基づき判断したり、情報を伝え合ったり、活用したりするなど、情報を役立てながら活動するようになるとともに、公共の施設を大切に利用するなどして、社会とのつながりなどを意識するようになる。
思考力の芽生え	身近な事象に積極的に関わる中で、物の性質や仕組みなどを感じ取ったり、気付いたりし、考えたり、予想したり、工夫したりするなど、多様な関わりを楽しむようになる。また、友達の様々な考えに触れる中で、自分と異なる考えがあることに気付き、自ら判断したり、考え直したりするなど、新しい考えを生み出す喜びを味わいながら、自分の考えをよりよいものにするようになる。
自然との関わり・生命尊重	自然に触れて感動する体験を通して、自然の変化などを感じ取り、好奇心や探究心をもって考え言葉などで表現しながら、身近な事象への関心が高まるとともに、自然への愛情や畏敬の念をもつようになる。また、身近な動植物に心を動かされる中で、生命の不思議さや尊さに気付き、身近な動植物への接し方を考え、命あるものとしていたわり、大切にする気持ちをもって関わるようになる。
数量や図形、標識や文字などへの関心・感覚	遊びや生活の中で、数量や図形、標識や文字などに親しむ体験を重ねたり、標識や文字の役割に気付いたりし、自らの必要感に基づきこれらを活用し、興味や関心、感覚をもつようになる。
言葉による伝え合い	保育教諭等や友達と心を通わせる中で、絵本や物語などに親しみながら、豊かな言葉や表現を身に付け、経験したことや考えたことなどを言葉で伝えたり、相手の話を注意して聞いたりし、言葉による伝え合いを楽しむようになる。
豊かな感性と表現	心を動かす出来事などに触れ感性を働かせる中で、様々な素材の特徴や表現の仕方などに気付き、感じたことや考えたことを自分で表現したり、友達同士で表現する過程を楽しんだりし、表現する喜びを味わい、意欲をもつようになる。

学年の重点：年度当初に、教育課程に基づき長期の見通しとして設定したものを記入

個人の重点：1年間を振り返って、当該園児の指導について特に重視してきた点を記入

指導上参考となる事項：

（1）次の事項について記入

　①1年間の指導の過程と園児の発達の姿について以下の事項を踏まえ記入すること。

　　・幼保連携型認定こども園教育・保育要領に示された養護に関する事項を踏まえ、第2章第3の「ねらい及び内容」に示された各領域のねらいを視点として、当該園児の発達の実情から向上が著しいと思われるもの。

　　　その際、他の園児との比較や一定の基準に対する達成度についての評定によって捉えるものではないことに留意すること。

　　・園生活を通して全体的、総合的に捉えた園児の発達の姿。

　②次の年度の指導に必要と考えられる配慮事項等について記入すること。

　③最終年度の記入に当たっては、特に小学校等における児童の指導に生かされるよう、幼保連携型認定こども園教育・保育要領第1章総則に示された「幼児期の終わりまでに育ってほしい姿」を活用して園児に育まれている資質・能力を捉え、指導の過程と育ちつつある姿を分かりやすく記入するように留意すること。その際、「幼児期の終わりまでに育ってほしい姿」が到達すべき目標ではないことに留意し、項目別に園児の育ちつつある姿を記入するのではなく、全体的、総合的に捉えて記入すること。

（2）「特に配慮すべき事項」には、園児の健康の状況等、指導上特記すべき事項がある場合に記入すること。

A 学年の重点

「指導等に関する記録」の「学年の重点」（31ページ）と同様。

B 個人の重点

「指導等に関する記録」の「個人の重点」（31ページ）と同様。

C 指導上参考となる事項

- 「指導等に関する記録」と同様に、当該園児の育ちの実情から向上が著しいと思われるものを記入します。その際、他の園児と比較したり、一定の基準に対する達成度について評価したりしないように気を付け、園生活を通して全体的・総合的に捉えた園児の発達の姿を記入します。
- 最終年度の記録で、特に気を付けることは、小学校等における児童の指導に生かされることを念頭に記入する必要があることです。幼保連携型認定こども園教育・保育要領に示されている「幼児期の終わりまでに育ってほしい姿」（10の姿）を活用し、就学前の時点で、園児に育まれている資質・能力を捉え、指導の過程と育ちつつある姿を書きましょう。

- 「10の姿」は、到達目標ではないので、「できている」「できていない」という評価にならないよう留意します。また、「10の姿」の項目別に書くのではなく、5領域と同じように、全体的かつ総合的に捉えて記入することが大切です。

D 出欠状況

「指導等に関する記録」の「出欠状況」（32ページ）と同様。

E 特に配慮すべき事項

「指導等に関する記録」の「特に配慮すべき事項」（32ページ）と同様。

※指導要録は、小学校に送る記録です。複数名の保育教諭に読んでもらうなどして、書き手の先入観が入らないように気を付け、客観的な記録としましょう。

※小学校の先生にとって「幼児期の終わりまでに育ってほしい姿」（10の姿）は、理解しやすい表現です。参考にして記述しましょう。

第 2 章

保育記録を
指導要録に生かそう！

「5歳児後期の
育ちの姿シート」
掲載！

要録を書くには、子どもの日常の保育記録が重要です。

子どもの姿を5領域や「10の姿」で捉え、

実際に「記録」を「要録」に生かすために、

無藤隆先生考案の「5歳児後期の 育ちの姿シート」を使って

子どもの記録をとる方法を紹介します。

子どもの育ちが整理でき、より充実した要録につなげられます。

日々の記録から育ちの姿を捉え、要録へ

無藤 隆
（白梅学園大学大学院 特任教授）

要録の役割と記入にあたって必要なこと

要録は、教育課程をもつ幼稚園と幼保連携型認定こども園においてはその修了の証明と小学校への参考資料として、保育所では小学校への参考資料として、それぞれ位置付けられています。つまり、幼児教育を通してどのようにその子どもが育ってきたかを、要約的に示すものになります。とはいえ、実際の欄を見れば、あまりたくさんの文章は書けないことがわかるでしょう。そこで、各々の子どもの日々の育ちを端的にまとめる必要が出てきます。その際には、「5領域」「資質・能力」「幼児期の終わりまでに育ってほしい姿」（10の姿）を参照して、わかりやすく要点を捉えることが重要になります。

3つの視点で子どもの育ちを捉える

そのために、まず保育記録をもとに子どもの育ちの姿を捉えていきましょう。具体的に、どんな活動（遊び・生活）の中で、どのように子どもが力を発揮して、成長に向かっているかを捉えます。まず、活動の顕著な所に注目して記録をとり、整理してみましょう。

記録を作成する際に、〈健康〉〈人間関係〉〈環境〉〈言葉〉〈表現〉の5領域に沿って記述することは、以前から示されてきた通りです。それぞれの領域ごとに書いてもよいのですが、子どもの育ちは領域ごとにはっきり分けられるものでもないので、いくつかをまとめたり、顕著な点がなければ特定の領域について省いたりしてもよいでしょう。

「資質・能力」は、〈気付き、できるようになること〉〈試し、工夫すること〉〈意欲をもち、粘り強く取り組むこと〉などの3つの柱からなります。そういったキーワードを意識して、子どもの様子（姿）の記述に盛り込むようにすると、「資質・能力」とのつながりがみえてきます。どんな活動の姿においても、これら3つのどれかにあてはまる姿は発揮されているでしょうから、できるだけそれらを意識的に使って記述していくようにしましょう。

「幼児期の終わりまでに育ってほしい姿」については、「10の姿」全てを網羅する必要はありません。例えば、何人かでおにごっこをしていれば、そこには運動（健康な心と体）、協同性、話し合い（言葉による伝え合い）など、様々な「10の姿」の育ちがみられるでしょう。1つの活動の姿にはいくつもの学びがあり、それを通じて様々な育ちが可能になっていくのが、幼児教育の総合的なあり方なのです。

「10の姿」とはそれぞれ、「資質・能力」の表れ方を具体的に示したものです。さらに、完成型を示すものではなく、今育ちつつあり、その方向に向かっていこうとする様子を捉えるものです。ですから、記録を作成する時に、先ほどの「資質・能力」のキーワードと併せて「10の姿」のキーワードを使って書くようにすると、その活動を通しての育ちがみえてきます。

例えば「健康な心と体」では、〈充実感〉〈見通し〉〈自ら〜する〉などがその要となるキーワードです。44ページの「5歳児後期の 育ちの姿シート」には、「10の姿」それぞれのキーワードが示されています。その通りの言葉である必要はありませんが、それに類する言葉を意識して、記録に入れていきましょう。

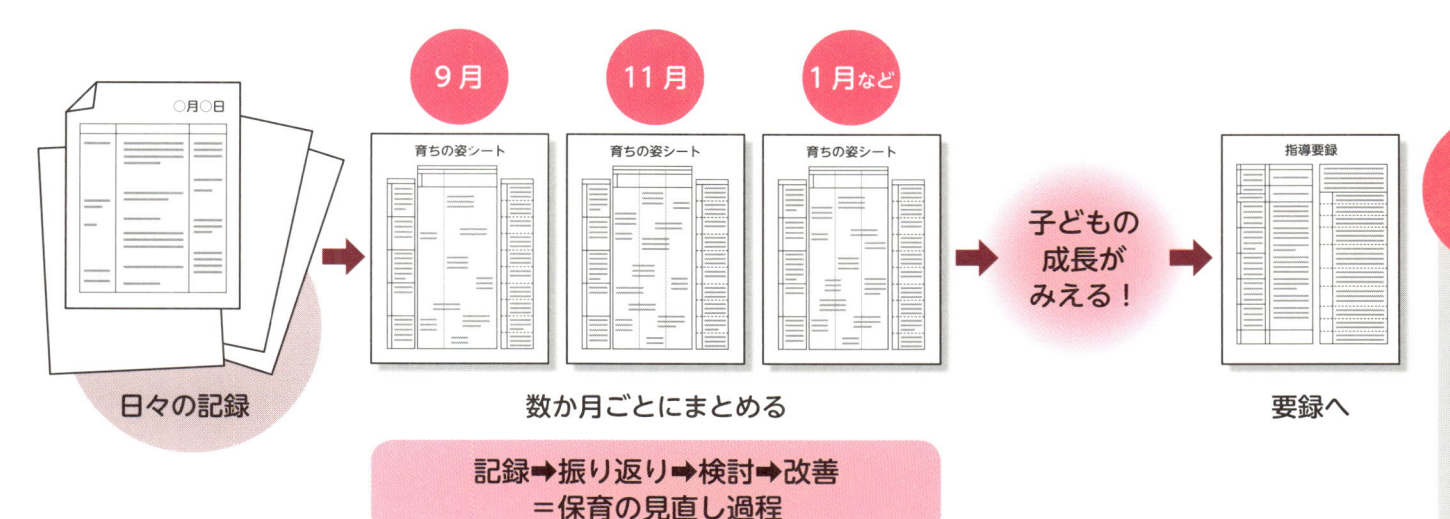

日々の記録 → 数か月ごとにまとめる（9月・11月・1月など　育ちの姿シート） → 子どもの成長がみえる！ → 要録へ（指導要録）

記録➡振り返り➡検討➡改善
＝保育の見直し過程

日々の記録の積み重ねが要録作成につながる

　要録作成の基本として最も重要なのは、毎日の保育の中で記録をとり、その記録を「資質・能力」と「10の姿」で検討していくことです。「資質・能力」と「10の姿」のキーワードを用いながら子どもの姿を描写し、どの領域に特に関わる育ちなのかを記述するようにします。

　日々書きためた記録と、その検討の資料を、1か月、あるいは数か月くらいの単位で眺め直して、特に「10の姿」のいくつかの育ちに注目してまとめてみます。子どものよい所や成長の著しい所、子どもが特に集中して力を発揮している所などを中心にしてまとめましょう。これが、子どもの「育ちの記録」になります。

　こうした育ちの姿の記録については、担任一人で記録し振り返りを行うというより、園長・主任、また他の担任などと共有して保育の改善に役立てていくのが望ましいでしょう。これを、1週間、1か月、数か月、1学期、半年といった一定の期間ごとに振り返りをして、一人の幼児の成長の姿へとまとめていきます。その際には担任としてどう関わり、記録をもとにどのような保育の改善を図ったのか、その中で子どもがどのような成長を示したのかを検討します。

　このように、記録・振り返り・検討・改善という保育の見直しの過程を通じて、子どもの成長の捉えを的確なものにしていきます。単に客観的な振り返りをするという意味ではなく、その姿の記述を通して子どもの育ちをより深く理解することを目的として検討することが大切です。

　子どもの育ちの姿をバランスよく捉えるために、保育の中でみられる育ちの様子を記録できる「5歳児後期の 育ちの姿シート」の使用例を次ページから掲載しています。「5領域」「資質・能力」「10の姿」の観点から子どもの姿を捉え直して、要録をまとめる際に役立ててください。

育ちの姿をバランスよく捉えよう

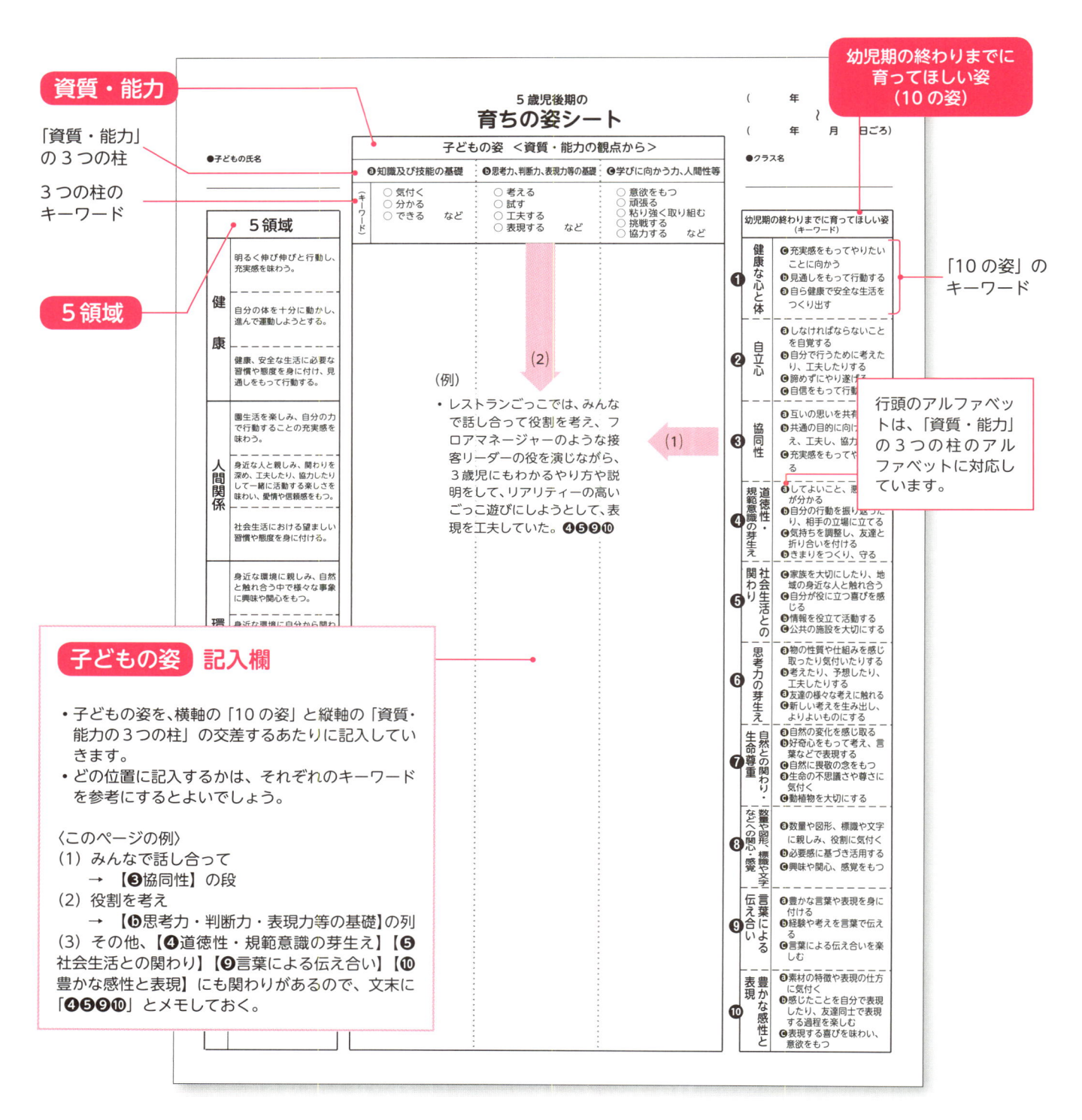

資質・能力

「資質・能力」の3つの柱

3つの柱のキーワード

5領域

幼児期の終わりまでに育ってほしい姿（10の姿）

「10の姿」のキーワード

行頭のアルファベットは、「資質・能力」の3つの柱のアルファベットに対応しています。

5歳児後期の 育ちの姿シート

●子どもの氏名

(年 月 日ごろ ～ 年 月 日ごろ)

●クラス名

子どもの姿 ＜資質・能力の観点から＞

ⓐ知識及び技能の基礎	ⓑ思考力、判断力、表現力等の基礎	ⓒ学びに向かう力、人間性等
○ 気付く ○ 分かる ○ できる　など	○ 考える ○ 試す ○ 工夫する ○ 表現する　など	○ 意欲をもつ ○ 頑張る ○ 粘り強く取り組む ○ 挑戦する ○ 協力する　など

5領域

健康
- 明るく伸び伸びと行動し、充実感を味わう。
- 自分の体を十分に動かし、進んで運動しようとする。
- 健康、安全な生活に必要な習慣や態度を身に付け、見通しをもって行動する。

人間関係
- 園生活を楽しみ、自分の力で行動することの充実感を味わう。
- 身近な人と親しみ、関わりを深め、工夫したり、協力したりして一緒に活動する楽しさを味わい、愛情や信頼感をもつ。
- 社会生活における望ましい習慣や態度を身に付ける。

環
- 身近な環境に親しみ、自然と触れ合う中で様々な事象に興味や関心をもつ。
- 身近な環境に自分から関わ

(2)

(例)
- レストランごっこでは、みんなで話し合って役割を考え、フロアマネージャーのような接客リーダーの役を演じながら、3歳児にもわかるやり方や説明をして、リアリティーの高いごっこ遊びにしようとして、表現を工夫していた。❹❺❾❿

(1)

幼児期の終わりまでに育ってほしい姿（キーワード）

❶健康な心と体	ⓒ充実感をもってやりたいことに向かう ⓑ見通しをもって行動する ⓐ自ら健康で安全な生活をつくり出す
❷自立心	ⓐしなければならないことを自覚する ⓑ自分で行うために考えたり、工夫したりする ⓒ諦めずにやり遂げる ⓒ自信をもって行動
❸協同性	ⓐ互いの思いを共有 ⓑ共通の目的に向かえ、工夫し、協力 ⓒ充実感をもってや
❹道徳性・規範意識の芽生え	ⓐしてよいこと、悪が分かる ⓑ自分の行動を振り返ったり、相手の立場に立てる ⓒ気持ちを調整し、友達と折り合いを付ける ⓒきまりをつくり、守る
❺社会生活との関わり	ⓐ家族を大切にしたり、地域の身近な人と触れ合う ⓑ自分が役に立つ喜びを感じる ⓒ情報を役立て活動する ⓒ公共の施設を大切にする
❻思考力の芽生え	ⓐ物の性質や仕組みを感じ取ったり気付いたりする ⓑ考えたり、予想したり、工夫したりする ⓒ友達の様々な考えに触れる ⓒ新しい考えを生み出し、よりよいものにする
❼自然との関わり・生命尊重	ⓐ自然の変化を感じ取る ⓑ好奇心をもって考え、言葉などで表現する ⓒ自然に畏敬の念をもつ ⓒ生命の不思議さや尊さに気付く ⓒ動植物を大切にする
❽数量や図形、標識や文字などへの関心・感覚	ⓐ数量や図形、標識や文字に親しみ、役割に気付く ⓑ必要感に基づき活用する ⓒ興味や関心、感覚をもつ
❾言葉による伝え合い	ⓐ豊かな言葉や表現を身に付ける ⓑ経験や考えを言葉で伝える ⓒ言葉による伝え合いを楽しむ
❿豊かな感性と表現	ⓐ素材の特徴や表現の仕方に気付く ⓑ感じたことを自分で表現したり、友達同士で表現する過程を楽しむ ⓒ表現する喜びを味わい、意欲をもつ

子どもの姿 記入欄

- 子どもの姿を、横軸の「10の姿」と縦軸の「資質・能力の3つの柱」の交差するあたりに記入していきます。
- どの位置に記入するかは、それぞれのキーワードを参考にするとよいでしょう。

〈このページの例〉
(1) みんなで話し合って
　→ 【❸協同性】の段
(2) 役割を考え
　→ 【ⓑ思考力・判断力・表現力等の基礎】の列
(3) その他、【❹道徳性・規範意識の芽生え】【❺社会生活との関わり】【❾言葉による伝え合い】【❿豊かな感性と表現】にも関わりがあるので、文末に「❹❺❾❿」とメモしておく。

まずは、エピソード集めから

　子どもの育ちの姿をまとめる際に難しいのは、なにより「5領域」「資質・能力（の3つの柱）」「幼児期の終わりまでに育ってほしい姿」（10の姿）と、多くの要素を踏まえて書くという点です。この3つの視点を全て盛り込むには、どうすればよいでしょうか。

　実際には、3つの視点は全く別々の内容ではなく、互いに関係し合っています。例えば、「10の姿」は5領域に対応しており、内容のいくつかは5領域の一部（特に人間関係と環境）を5歳児の成長の特徴に合わせて細分化したものです。また、「10の姿」には「資質・能力」の捉え方も組み入れられています。なぜなら、そもそも「10の姿」とは、「資質・能力」の育ちをより具体的に捉えて、保育の場において実際にみられる姿として示したものだからです。4、5歳児くらいの子どもの育ちについては、主に「10の姿」を意識して記録すればよいでしょう。

　ただ、いきなり「10の姿」ごとに書こうとしても難しいはずです。そこで、まずはその子どものよさや力を発揮している場面、成長の著しい所に注目し、そのことをよく表すエピソードを、日常の保育記録から集めてみましょう。

キーワードを軸に、シートに書き込もう

　エピソードを集め終わったら、いよいよ左ページの「育ちの姿シート」を使って整理していきます。それぞれのエピソードは、「10の姿」のどれに該当しそうでしょうか。おそらく1つのエピソードにつき主には1つか2つの姿が表れており、その他に

もいくつかの姿が関連していることに気付くでしょう。まずはメインとなる「10の姿」を決め、それが例えば「協同性」なら、❸「協同性」の段のあたりに高さを決めます。そのようにして、表中の記入位置を絞ります。

　次に、同様に「資質・能力」の育ちの観点でもみていきます。3つの柱のキーワードに照らせば、どの項目が伸びようとしているのかがわかります。例えば、試したり工夫したりする姿がみられたら、❺「思考力、判断力、表現力等の基礎」の列に入れます。

　「資質・能力」と「10の姿」、それぞれの観点で記入位置が決まったら、書き込みましょう。その他、メイン以外でも関連すると思われる「10の姿」の番号を付記しておくと、後から別の振り返りをする際などにも参照できて便利です。（左ページの記入例参照）

　このようにしてシートに記入していくことで、子どもの姿を3つの視点でみた育ちの記録に落とし込むことができます。

シートをまとめて、要録へ

　このシートを一人ひとりの子どもごとに、定期的に書いていきます。どの子どもにも、学期（あるいは数か月）ごとに数枚程度ずつ、記録と分析のシートがたまっていくでしょう。それらを改めて見直し、のちに要録として1枚にまとめるのです。

　要録の記入スペースは限られているので、シートの内容がたくさんある場合は、特定の1つにテーマを絞って中心におき、その他の育ちは付記しておいた番号を参照して、バランスをみながら補足して書くとよいでしょう。次のページで、シートの記入例を紹介します。

1日のシートから育ちの姿をピックアップ

佐々木 晃（鳴門教育大学附属幼稚園 園長）

育ちの姿シート

▼ A雄のある1日の保育記録から記入した「育ちの姿シート」（10月23日ごろ）

5歳児後期の
育ちの姿シート

（ ○○ 年 10月23日ごろ）
～
（　　年　　月　　日ごろ）

●子どもの氏名
○○ A雄

●クラス名
らいおん組

子どもの姿 ＜資質・能力の観点から＞

❸知識及び技能の基礎	❺思考力、判断力、表現力等の基礎	❻学びに向かう力、人間性等
（キーワード） ○ 気付く ○ 分かる ○ できる　など	○ 考える ○ 試す ○ 工夫する ○ 表現する　など	○ 意欲をもつ ○ 頑張る ○ 粘り強く取り組む ○ 挑戦する ○ 協力する　など

5領域

健康	明るく伸び伸びと行動し、充実感を味わう。
	自分の体を十分に動かし、進んで運動しようとする。
	健康、安全な生活に必要な習慣や態度を身に付け、見通しをもって行動する。
人間関係	園生活を楽しみ、自分の力で行動することの充実感を味わう。
	身近な人と親しみ、関わりを深め、工夫したり、協力したりして一緒に活動する楽しさを味わい、愛情や信頼感をもつ。
	社会生活における望ましい習慣や態度を身に付ける。
環境	身近な環境に親しみ、自然と触れ合う中で様々な事象に興味や関心をもつ。
	身近な環境に自分から関わり、発見を楽しんだり、考えたりし、それを生活に取り入れようとする。
	身近な事象を見たり、考えたり、扱ったりする中で、物の性質や数量、文字などに対する感覚を豊かにする。
言葉	自分の気持ちを言葉で表現する楽しさを味わう。
	人の言葉や話などをよく聞き、自分の経験したことや考えたことを話し、伝え合う喜びを味わう。
	日常生活に必要な言葉が分かるようになるとともに、絵本や物語などに親しみ、言葉に対する感覚を豊かにし、保育者や友達と心を通わせる。
表現	いろいろなものの美しさなどに対する豊かな感性をもつ。
	感じたことや考えたことを自分なりに表現して楽しむ。
	生活の中でイメージを豊かにし、様々な表現を楽しむ。

ア ・ドッジボールのクラス対抗戦を実現するため、大きめのコートを描いたり、友達と誘い合ったり、「9時から始めるよー」と予定を知らせたりしていた。❸❻❽

イ ・ドッジボールで勝利するために、仲間とパスを回して相手チームにボールを渡さない作戦をとるなど、チームで協力し合っていた。

・ドッジボールで外野にいる時、ボールを取りに突進していたが、あまりボールに触れていない友達とボールを取り合った時は、相手に譲るように変わってきた。❸

ウ ・やじろべえ作りをしながら、バランスをとるためにはどんぐりの重さと竹ひごの長さが関係していることに気付いていた。

・どんぐりを割ると、中に水分があることに気付き、「あっ、生きてるんや、これ」と声を上げた。その後、どんぐりの扱いが丁寧になっている様子だった。

・ドッジボールで、「今日はらいおん組（26人）対ぞう組（27人）ですから、でっかいコートでなきゃね」と言いながらラインを引いていた。❶❸

・自分もやじろべえをまねて、両手にボールや積み木などをもち、バランスをとっていた。「これ見て、やじろべえ、やじろべえ」と言いながら、片足で立ち、頭の上に作ったやじろべえを載せて、おどけていた。❻

幼児期の終わりまでに育ってほしい姿（キーワード）

❶健康な心と体	❹充実感をもってやりたいことに向かう ❺見通しをもって行動する ❽自ら健康で安全な生活をつくり出す
❷自立心	❸しなければならないことを自覚する ❺自分で行うために考えたり、工夫したりする ❻諦めずにやり遂げる ❻自信をもって行動する
❸協同性	❸互いの思いを共有する ❺共通の目的に向けて、考え、工夫し、協力する ❻充実感をもってやり遂げる
❹道徳性・規範意識の芽生え	❸してよいこと、悪いことが分かる ❺自分の行動を振り返ったり、相手の立場に立てる ❻気持ちを調整し、友達と折り合いを付ける ❻きまりをつくり、守る
❺社会生活との関わり	❻家族を大切にしたり、地域の身近な人と触れ合う ❻自分が役に立つ喜びを感じる ❻情報を役立てて活動する ❻公共の施設を大切にする
❻思考力の芽生え	❸物の性質や仕組みを感じ取ったり気付いたりする ❺考えたり、予想したり、工夫したりする ❻友達の様々な考えに触れる
❼自然との関わり・生命尊重	
❽数量や図形、標識や文字などへの関心・感覚	
❾言葉による伝え合い	
❿豊かな感性と表現	

*シート中の **ア イ ウ** の記述を、右ページ「A雄の要録」の同記号部分の記載に生かしています。

このシートから読み解けること

● 運動会での体験や自信が、A雄の「健康な心と体」を後押しし、積極的で受容的な態度がみられている。

● より大きな集団の中で「協同性」を発揮しながら活動する中では、フェアプレーや思いやりある対応など、「道徳性や規範意識」の成長が仲間たちからも評価されつつある。

● また、このような体験がもととなって落ち着きも出て、「数量や図形、文字」や「自然との関わり」も増え、「思考力」を働かせ、自分なりの「表現」を楽しむなどの育ちがみられる。

▼A雄の要録　幼稚園幼児指導要録の様式に記入した例

指導要録

稚園幼児指導要録（最終学年の指導に関する記録）

		平成 ○○ 年度
月　日生	指導の重点等	（学年の重点） 友達と工夫したり協力したりしながら様々な遊びや活動に取り組む。 （個人の重点） 相手の立場で考えたり、活動に見通しをもって行動したりして、やり遂げる充実感を味わう。
	指導上参考となる事項	・伸び伸びと体を動かして遊んだり、工夫していろいろな技能を身に付けていったりするなど、機敏で運動能力に優れていて、サッカーやドッジボールなどの球技ではリーダーシップを発揮していた。　**ア** ・勝敗にこだわったり、自分の欲求を通そうとして強い態度に出ることもあったため、保育者が年少者やお年寄りや、周囲の人に優しく関わる態度をほめたり、相手の立場になって考えようとする姿勢を励ましてきた。 ・秋の運動会での世話係の体験や、仲間と思いを共有しながらパフォーマンスを成功させた体験などを経て、友達に対する配慮やルールを守る態度もいっそう身に付いてきた。　**イ** ・友達との関わりが広がるにつれ、友達の様々な考えに関心を示し、よく話を聞いたり、わからないことをたずねたりしながら、自分でも挑戦するようになってきた。 ・意欲的に動植物の世話をしたり、手指の巧緻性が求められる製作遊びや絵本作りなどにも根気強く取り組む姿もみられるようになってきている。　**ウ** ・全体に向けて話される内容を自分の問題として聞き取ったり、理解したりする力も付いてきている。
年度	備考	特記事項なし。

幼児期の終わりまでに育ってほし

「幼児期の終わりまでに育ってほしい姿」は、幼稚園に示すねらい及び内容に基づいて、各幼稚園で、幼遊びや生活を積み重ねることにより、幼稚園教育に質・能力が育まれている幼児の具体的な姿であり、見られるようになる姿である。「幼児期の終わりまで姿」は、とりわけ幼児の自発的な活動としての遊び人の発達の特性に応じて、これらの姿が育っていくも幼児に同じように見られるものではないことに留意す

健康な心と体	幼稚園生活の中で、充実感をもって自分かって心と体を十分に働かせ、見通しを康で安全な生活をつくり出すようになる。
自立心	身近な環境に主体的に関わり様々な活動ければならないことを自覚し、自分の力で工夫したりしながら、諦めずにやり遂げるい、自信をもって行動するようになる。
協同性	友達と関わる中で、互いの思いや考えな目的の実現に向けて、考えたり、工夫し充実感をもってやり遂げるようになる。
道徳性・規範意識の芽生え	友達と様々な体験を重ねる中で、してよいかり、自分の行動を振り返ったり、友達とし、相手の立場に立って行動するように守る必要性が分かり、自分の気持ちを調いをつけながら、きまりを守って、守っ
社会生活との関わり	家族を大切にしようとする気持ちをもつと、な人と触れ合う中で、人との様々な関わり気持ちを考えて関わり、自分が役に立つ喜しみをもつようになる。また、幼稚園内外中で、遊びや生活に必要な情報を取り判断したり、情報を伝え合ったり、活用しを役立てながら活動するようになるとも切に利用するなどして、社会とのつながりになる。
思考力の芽生え	身近な事象に積極的に関わる中で、物の感じ取ったり、気付いたりし、考えたり、りするなど、多様な関わりを楽しむように様々な考えに触れる中で、自分と異なるき、自ら判断したり、考え直したりするなど出す喜びを味わいながら、自分の考えをうになる。
自然との関わり・生命尊重	自然に触れて感動する体験を通して、自然取り、好奇心や探究心をもって考え言葉身近な事象への関心が高まるとともに、自念をもつようになる。また、身近な動植中で、生命の不思議さや尊さに気付き、し方を考え、命あるものとしていたわり、もって関わるようになる。
数量や図形、標識や文字などへの関心・感覚	遊びや生活の中で、数量や図形、標識や験を重ねたり、標識や文字の役割に気付要感に基づきこれらを活用し、興味や関なる。
言葉による伝え合い	先生や友達と心を通わせる中で、絵本やがら、豊かな言葉や表現を身に付け、経となどを言葉で伝えたり、相手の話を注葉による伝え合いを楽しむようになる。
豊かな感性と表現	心を動かす出来事などに触れ感性を働か材の特徴や表現の仕方などに気付き、感とを自分で表現したり、友達同士で表現り、表現する喜びを味わい、意欲をも

育ちの姿シートから要録へ

A雄は球技などの遊びが得意で、リーダーシップを発揮していた。反面、勝敗にこだわったり、自分の欲求を通そうと強い態度に出て、相手を威圧したりすることもあった。このようなA雄の態度の背景には、自己肯定感が弱い面があると推察して、指導の手立てを考えてきた。

秋の運動会で世話係をこなした体験や、仲間と思いを共有しながらパフォーマンスを成功させた体験などを経て、友達に対する配慮やルールを守る態度が身に付いてきたことを、A雄の成長と保育者の指導がかみ合ってきたポイントとして記している。

また、このような成功体験が下地になって友達との関わりが広がり、動植物の世話を積極的に行ったり、製作遊びなどに根気強く取り組んだりする姿についても記述し、A雄の育ちつつある姿をわかりやすく示している。

複数の記録をシートにまとめ、要録へ

育ちの姿シート

▼B美の数日にわたる保育記録から記入した「育ちの姿シート」（11月ごろ）

* 子どもの氏名　○○B美

5歳児後期の 育ちの姿シート

* ❶知識及び技能の基礎〈気付く・分かる・できる　など〉
* ❷思考力、判断力、表現力等の基礎〈考える・試す・工夫する・表現する　など〉
* ❸学びに向かう力・人間性等〈意欲をもつ・頑張る・粘り強く取り組む・挑戦する・協力する　など〉

5領域 / 子どもの姿〈資質・能力の観点から〉

5領域	子どもの姿
健康	明るく伸び伸びと行動し、充実感を味わう。 自分の体を十分に動かし、進んで運動しようとする。 健康、安全な生活に必要な習慣や態度を身に付け、見通しをもって行動する。 ・慣れないことをする時は消極的であったが、「おねえさんの嫁に行く時は～」と自分の順番がくるまで落ち着いたジャンプをジャンプしてリハーサルしていた。❹❻ ・みんなが落ち着く葉を遊んで使っていまう前に、かがめる眠用の分を確保しておくとを知っていて、竹ぼうきで掃き集めの始まりた。❸❼
人間関係	園生活を楽しみ、自分の力で行動することの充実感を味わう。 身近な人と親しみ、関わりを深め、工夫したり、協力したりして一緒に活動する楽しさを味わい、愛情や信頼感をもつ。 社会生活における望ましい習慣や態度を身に付ける。 ・レストランごっこでは、みんなで話し合って役割を考え、フロアマネージャーのような接客ぶりの役を演じなりして、リアリティーのある姿を3歳児にもわかりやすく遊びにしようと表現を工夫していた。❹❺❾❿ ・3歳児にわかるルールについて理解し、相手の思いを受け止めている。
環境	身近な環境に親しみ、自然と触れ合う中で様々な事象に興味や関心をもつ。 身近な環境に自分から関わり、発見を楽しんだり、考えたり、それを生活に取り入れようとする。 身近な事象を見たり、考え、扱ったりする中で、物の性質や数量、文字などに対する感覚を豊かにする。 ・紅葉した葉の色や形、葉脈の美しさやインクの美しさに面白さに気付いている。❼❿ ・レストランごっこで、色付いたたくさんのいろいろな葉付いたオードブル盛りつきを作る。かいつまみぶきの葉を加え、緑茶に、水たりして、ずっと緑色でね！と言う。❿
言葉	自分の気持ちを言葉で表現する楽しさを味わう。 人の言葉や話をよく聞き、自分の経験したことや考えたことを話し、伝え合う喜びを味わう。 日常生活に必要な言葉が分かるようになるとともに、絵本や物語などに親しみ、言葉に対する感覚を豊かにし、保育者や友達と心を通わせる。 ・レストランごっこで、接客の対応で使われる用語を大切に使っている。接客の表現が、客を自然にする。サービスであることなどを理解している。❺
表現	いろいろなものの美しさなどに対する豊かな感性をもつ。 感じたことや考えたことを自分なりに表現して楽しむ。 生活の中でイメージを豊かにし、様々な表現を楽しむ。 ・石けんを泡立て器でホイップ状にしたものを落ち葉にかけ、上に赤い実を散りばらうと、色の組みあわせを工夫し本物らしく見立てている。❺

〔各記述の右下に、◯◯の数字・記号が付記されている〕

5歳児後期の 幼児期の終わりまでに育ってほしい姿（キーワード）

* クラス名　らいおん組
* （○○ 年 11 月 5 日ごろ）～（○○ 年 11 月 22 日ごろ）

	幼児期の終わりまでに育ってほしい姿（キーワード）
❶ 健康な心と体	●充実感をもってやりたいことに向かう ●見通しをもって行動する ●自ら健康で安全な生活をつくり出す　❹❻
❷ 自立心	●しなければならないことを自覚する ●自分で行うために考えたり、工夫したりする ●諦めずにやり遂げる ●自信をもって行動する
❸ 協同性	●互いの思いを共有する ●共通の目的に向けて、考え、工夫し、協力する ●充実感をもってやり遂げる
❹ 道徳性・規範意識の芽生え	●してよいこと、悪いことを判断する ●自分の行動を振り返ったり、相手の立場に立って行動する ●折り合いを調整し、友達と一緒につくり出す、守る
❺ 社会生活との関わり	●家族を大切にしたり、地域の身近な人と触れ合う ●自分が役に立つ喜びを感じる ●情報を役立てて活動する ●公共の施設を大切に利用する
❻ 思考力の芽生え	●物の性質や仕組みを感じ取ったり気付いたりする ●工夫したり、予想したり、工夫する ●考えたり、予想したり、工夫する
❼ 自然との関わり・生命尊重	●自然に触れて感動する ●好奇心や探究心をもって関わる ●身近な動植物に心を動かされる
❽ 数量や図形、標識や文字などへの関心・感覚	●数量や図形、標識や文字などへの関心・感覚が育つ
❾ 言葉による伝え合い	●言葉による伝え合いを楽しむ
❿ 豊かな感性と表現	●心を動かす出来事などに触れ、感性を働かせる ●感じたことや考えたことを表現する ●表現する喜びを味わい、意欲をもつ

＊シート中の**アイウ**、**エオ**の記述は、右ページ「B美の同記号部分の記載に生かしています。

このシートから読み解けること
* 気の合う友達との室内遊びが多かったB美が、自分の得意分野の豊富な知識（社会生活との関わり）「豊かな感性と表現」「思考力」「思考」など」を示すことで、自分の存在感を示すきっかけを得た。
* これによって「自立心」や「健康な心と体」、「協同性」などを発揮しながら、戸外においてもいろいろな友達との関わりを広げ、ダイナミックに活動するようになってきた育ちの様子がみられる。

▼ Ｂ美の要録　幼稚園幼児指導要録の様式に記入した例

指導要録

稚園幼児指導要録（最終学年の指導に関する記録）

平成 〇〇 年度

指導の重点等		幼児期の終わりまでに育ってほし
月　日生	指導の重点等	「幼児期の終わりまでに育ってほしい姿」は、幼稚園で、幼児期にふさわしい遊びや生活を積み重ねることにより、幼稚園教育において育まれている資質・能力が育まれている幼児の具体的な姿であり、特に見られるようになる姿である。「幼児期の終わりまでの姿」は、とりわけ幼児の自発的な活動としての遊びを通して、一人一人の発達の特性に応じて、これらの姿が育っていくもので、幼児に同じように見られるものではないことに留意す

(学年の重点)
友達と工夫したり協力したりしながら様々な遊びや活動に取り組み、考えたり、伝え合ったり、表現したりする。

(個人の重点)
友達と一緒に伸び伸びと活動し、やり遂げた充実感を味わう。

健康な心と体	幼稚園生活の中で、充実感をもって自分かって心と体を十分に働かせ、見通しを持康で安全な生活をつくり出すようになる。
自立心	身近な環境に主体的に関わり様々な活動ければならないことを自覚し、自分の力で工夫したりしながら、諦めずにやり遂げる、自信をもって行動するようになる。
協同性	友達と関わる中で、互いの思いや考えな目的の実現に向けて、考えたり、工夫し充実感をもってやり遂げるようになる。
道徳性・規範意識の芽生え	友達と様々な体験を重ねる中で、してよいかり、自分の行動を振り返ったり、友達のし、相手の立場に立って行動するように守る必要性が分かり、自分の気持ちを調いを付けながら、きまりをつくったり、守
社会生活との関わり	家族を大切にしようとする気持ちをもっとな人と触れ合う中で、人との様々な関わり気持ちを考えて関わり、自分が役に立つ喜しみをもつようになる。また、幼稚園内外中で、遊びや生活に必要な情報を取り入判断したり、情報を伝え合ったり、活用しを役立てながら活動するようになるととも切に利用するなどして、社会とのつながりになる。
思考力の芽生え	身近な事象に積極的に関わる中で、物の感じ取ったり、気付いたりし、考えたり、りするなど、多様な関わりを楽しむように様々な考えに触れる中で、自分と異なるき、自ら判断したり、考え直したりするな出す喜びを味わいながら、自分の考えをうになる。
自然との関わり・生命尊重	自然に触れて感動する体験を通して、自取り、好奇心や探究心をもって考え言葉身近な事象への関心が高まるとともに、自の念をもつようになる。また、身近な動植中で、生命の不思議さや尊さに気付き、し方を考え、命あるものとしていたわり、もって関わるようになる。
数量や図形、標識や文字などへの関心・感覚	遊びや生活の中で、数量や図形、標識や験を重ねたり、標識や文字の役割に気付要感に基づきこれらを活用し、興味や関なる。
言葉による伝え合い	先生や友達と心を通わせる中で、絵本やがら、豊かな言葉や表現を身に付け、経となどを言葉で伝えたり、相手の話を注葉による伝え合いを楽しむようになる。
豊かな感性と表現	心を動かす出来事などに触れ感性を働か材の特徴や表現の仕方などに気付き、感とを自分で表現したり、友達同士で表現りし、表現する喜びを味わい、意欲をもつ

指導上参考となる事項

- 進級当初は、仲よしの女児と一緒に室内での製作やごっこ遊びをして過ごすことが多かった。その関係の中では安定した気持ちで自分の思いや考えが表現できていたが、初めてのことや自分が苦手に思っていることなどに対しては、遠巻きに見ていたり不安そうにしたりすることもあった。

- 保育者が「あなたならどう？」と問いかけて、自分なりの言葉で表現してみるよう促したり、少し先の見通しをもって考えるよう助言したりし、行動してうまくいった時にはそれを認めて、励ましてきた。

- 秋には、ハロウィンなどの行事やグルメ、エンターテイメントに対して豊富な知識を示すなど、自分の存在感を示すきっかけを得た。これまで関心のあったことを図書やインターネットなどを使ってさらに知識を広げ、調べた情報をクラスの集まりの場で発信したり、関心を示す友達に丁寧に説明したりする姿が周りから認められるようになった。　**ア**　**イ**

- 文字を使ったり、数量や形、色やデザインなどを考えて表現を工夫したりしながら様々な衣装や装飾品を作るなど、友達とのダイナミックな表現遊びを楽しむようになってきた。　**ウ**

- 次第に友達の輪も広がり、動物園に触れる活動、陣取りやおにごっこなど戸外で体を動かす遊びをはじめ、いろいろなことに意欲的に取り組む姿も多くなった。自分の役割や責任を意識しながらルールややり方を友達に伝え、共通の目的に向かってやり遂げようとする姿がみられ始めている。　**エ**　**オ**

備考	特記事項なし。

育ちの姿シートから要録へ

以前は慣れないことをする時には消極的であったが、初めてのことにも、歌いながら自分の順番が来るまで楽しく待つ姿に、Ｂ美の成長的な変化を見いだしている。

要録には、レストランごっこの時に、得意分野での知識を生かした様々なアイデアや創意工夫が周りに認められ、さらに表現を発展させるきっかけになった様子を、具体的な姿で捉えて記載している。

また、〈個人の重点〉に挙げられている「伸び伸びと活動」することや、「やり遂げた充実感を味わう」ために、保育者がＢ美なりの言葉を引き出そうとしたり、3歳児との関わりを作ったりしていることもわかる。

育ちの姿シートをもとに、Ｂ美の姿を「豊かな感性と表現」「言葉による伝え合い」「数量や図形、標識や文字などへの関心・感覚」「自然との関わり・生命尊重」「思考力の芽生え」「社会生活との関わり」などの視点から捉え、その成長をバランスよく、生き生きと伝えている。

5歳児後期の
育ちの姿シート

(　　　年　　　月　　　日ごろ)
〜
(　　　年　　　月　　　日ごろ)

●子どもの氏名

●クラス名

子どもの姿 ＜資質・能力の観点から＞		
ⓐ知識及び技能の基礎	ⓑ思考力、判断力、表現力等の基礎	ⓒ学びに向かう力、人間性等
(キーワード) ○ 気付く ○ 分かる ○ できる　など	○ 考える ○ 試す ○ 工夫する ○ 表現する　　など	○ 意欲をもつ ○ 頑張る ○ 粘り強く取り組む ○ 挑戦する ○ 協力する　　など

5領域

健康

明るく伸び伸びと行動し、充実感を味わう。

自分の体を十分に動かし、進んで運動しようとする。

健康、安全な生活に必要な習慣や態度を身に付け、見通しをもって行動する。

人間関係

園生活を楽しみ、自分の力で行動することの充実感を味わう。

身近な人と親しみ、関わりを深め、工夫したり、協力したりして一緒に活動する楽しさを味わい、愛情や信頼感をもつ。

社会生活における望ましい習慣や態度を身に付ける。

環境

身近な環境に親しみ、自然と触れ合う中で様々な事象に興味や関心をもつ。

身近な環境に自分から関わり、発見を楽しんだり、考えたりし、それを生活に取り入れようとする。

身近な事象を見たり、考えたり、扱ったりする中で、物の性質や数量、文字などに対する感覚を豊かにする。

言葉

自分の気持ちを言葉で表現する楽しさを味わう。

人の言葉や話などをよく聞き、自分の経験したことや考えたことを話し、伝え合う喜びを味わう。

日常生活に必要な言葉が分かるようになるとともに、絵本や物語などに親しみ、言葉に対する感覚を豊かにし、保育者や友達と心を通わせる。

表現

いろいろなものの美しさなどに対する豊かな感性をもつ。

感じたことや考えたことを自分なりに表現して楽しむ。

生活の中でイメージを豊かにし、様々な表現を楽しむ。

幼児期の終わりまでに育ってほしい姿 (キーワード)

❶ 健康な心と体
ⓒ 充実感をもってやりたいことに向かう
ⓑ 見通しをもって行動する
ⓐ 自ら健康で安全な生活をつくり出す

❷ 自立心
ⓐ しなければならないことを自覚する
ⓑ 自分で行うために考えたり、工夫したりする
ⓒ 諦めずにやり遂げる
ⓒ 自信をもって行動する

❸ 協同性
ⓐ 互いの思いを共有する
ⓑ 共通の目的に向けて、考え、工夫し、協力する
ⓒ 充実感をもってやり遂げる

❹ 道徳性・規範意識の芽生え
ⓐ してよいこと、悪いことが分かる
ⓑ 自分の行動を振り返ったり、相手の立場に立てる
ⓒ 気持ちを調整し、友達と折り合いを付ける
ⓑ きまりをつくり、守る

❺ 社会生活との関わり
ⓒ 家族を大切にしたり、地域の身近な人と触れ合う
ⓒ 自分が役に立つ喜びを感じる
ⓑ 情報を役立て活動する
ⓒ 公共の施設を大切にする

❻ 思考力の芽生え
ⓐ 物の性質や仕組みを感じ取ったり気付いたりする
ⓑ 考えたり、予想したり、工夫したりする
ⓐ 友達の様々な考えに触れる
ⓒ 新しい考えを生み出し、よりよいものにする

❼ 自然との関わり・生命尊重
ⓐ 自然の変化を感じ取る
ⓑ 好奇心をもって考え、言葉などで表現する
ⓒ 自然に畏敬の念をもつ
ⓐ 生命の不思議さや尊さに気付く
ⓒ 動植物を大切にする

❽ 数量や図形、標識や文字などへの関心・感覚
ⓐ 数量や図形、標識や文字に親しみ、役割に気付く
ⓑ 必要感に基づき活用する
ⓒ 興味や関心、感覚をもつ

❾ 言葉による伝え合い
ⓐ 豊かな言葉や表現を身に付ける
ⓑ 経験や考えを言葉で伝える
ⓒ 言葉による伝え合いを楽しむ

❿ 豊かな感性と表現
ⓐ 素材の特徴や表現の仕方に気付く
ⓑ 感じたことを自分で表現したり、友達同士で表現する過程を楽しむ
ⓒ 表現する喜びを味わい、意欲をもつ

第 **3** 章

指導要録
記入のポイント&
記入例

様々な個性をもった子どもたちの要録の記入例を
掲載しています。下記の順で見ていくとよくわかります。

●記入例の見方

テーマ　子どもに見られる特徴を端的に表しています。

✚ の視点で　プラスの視点での捉え方を示しています。

↓

○くんの保育記録より

・○くんってこんな子…子どもの背景や、要録に書かれていない日常の姿を記しています。

・指導の過程…○くんに対して、保育教諭が行ってきた指導を記しています。

↓

要録の記入例　上記の子どもの姿から要録を書く時の記入例を記載しています。

↓

Point　記入例のよい書き方やポイントなどを示しています。

※実際は「学年の重点」はその学年で同一の内容を記入します
　が、本書では、いろいろなケースを紹介するために、子
　どもごとに異なる「学年の重点」を掲載しています。

記入のポイント

実際に指導の記録を書く時に、意識したいポイントを紹介します。充実した指導要録を書くために、大切な内容です！

指導の記録を書く際に意識したいポイントは6つ

　実際に、指導要録の「指導等に関する記録」及び、「最終学年の指導に関する記録」を書く時には、どのような点に注意すればいいのでしょうか。

　指導要録の様式は、記録のスペースが限られていますから、書くべき情報を取捨選択し、記述することが大切になります。その際に意識しておきたいポイントとして、大きく右の6つが挙げられます。

　それぞれのポイントについて、順に説明をしていきましょう。

① その年度に「特にその子が伸びた所」を書く。

② 他児との比較や達成度ではなく、「育ちつつある姿」を書く。

③ 読み手が小学校の先生であることを意識し、できるだけ具体的に書く。

④ 否定的な視点での記述や、家庭事情などの背景の記載は避ける。

⑤ 保育教諭がしてきた指導・援助や、「こうするとよい」対応策も盛り込む。

⑥ 文字の大きさなどにも気を付け、読みやすい書面を心がける。

---

① その年度に「特にその子が伸びた所」を書く

　「最終学年の指導に関する記録」の様式には、「幼児期の終わりまでに育ってほしい姿」（10の姿）の10項目が記載されるようになりました。これを見ると、「最終学年の指導に関する記録」の「指導上の参考となる事項」の欄に、10項目すべてを書かなければいけないのかと思う人もいるかもしれませんが、決してそういうことではありません。「10の姿」を1つの参考として、「当該園児の発達の実情から向上が著しいと思われるもの」を記入することが大切です。つまり、最終学年の1年間で、その子が大きく伸びたと感じる所を取り上げて記述するようにしましょう。

　例えば、その子が取り組んだ遊びや活動の中で、遊びが広がった、夢中になってやっていたと感じるのはどんな場面でしょうか。そこをじっくり振り返ってみると、その遊びに取り組むことで、友達と目的を共有して活動する「協同性」や「言葉による伝え合い」、あるいは考えたり工夫したりする「思考力の芽生え」など、その子の伸びた所が捉えられるはずです。

　最終学年以外の学年について記述する「指導等に関する記録」も、上記の内容を念頭に記入します。その年齢なりの「10の姿」の育ちを記入したり、5領域の各項目を参考にしながら記入したりするとよいでしょう。

2 他児との比較や達成度ではなく、「育ちつつある姿」を書く

子どもの伸びた所に注目する時に、気を付けなければならないのは、それが「他の園児との比較や一定の基準に対する達成度についての評定によって捉えるものではない」という点です。

クラスという集団をみている保育教諭は、「この子とこの子ができていない」という他児との比較や、平均的な達成度を基準にして子どもを評価してしまいがちです。指導要録にはそのような"できる・できない"を書くのではなく、保育教諭から見てその子自身がこの1年でよりよく育った所、変化を感じる所を大切にして書きましょう。「以前は、友達に自分の気持ちをうまく伝えられず、葛藤がみられたが、言葉の表現が豊かになり、素直に表現できるよ

うになった」と書けば、その子なりに言葉による表現が"育ちつつある"姿を伝えられます。あるいは「友達と意見が合わずに困る経験を通して、徐々に折り合いが付けられるようになってきている」という記述に続いて、「一生懸命、毎日夢中になって取り組んでいた泥団子作りでは、どうしたら固く丈夫な物ができるかと繰り返し試行錯誤しながら考える姿がみられた」とすれば、夢中になるあまり友達とぶつかることがあっても、探究心や思考力も育ってきている子どもなのだということが、小学校の先生にもわかります。

1年間、子どもを見てきた担任だからこそわかる、子ども一人ひとりの持ち味を、上手に表現してみてください。

大切!! 「指導等に関する記録」や「最終学年の指導に関する記録」記入欄下部の注意書きを忘れずにチェックしましょう。

| 出欠状況 | 教育日数 | | | | 豊かな感性と表現 | 心を動かす出来事などに触れ感性を働かせる中で、様々な素材の特徴や表現の仕方などに気付き、感じたことや考えたことを自分で表現したり、友達同士で表現する過程を楽しんだりし、表現する喜びを味わい、意欲をもつようになる。 |
| | 出席日数 | | | | | |

学年の重点：年度当初に、教育課程に基づき長期の見通しとして設定したものを記入
個人の重点：1年間を振り返って、当該園児の指導について特に重視してきた点を記入
指導上参考となる事項：
(1) 次の事項について記入
① 1年間の指導の過程と園児の発達の姿について以下の事項を踏まえ記入すること。
　・幼保連携型認定こども園教育・保育要領に示された養護に関する事項を踏まえ、第2章第3の「ねらい及び内容」に示された各領域のねらいを視点として、当該園児の発達の実情から向上が著しいと思われるもの。
　　その際、他の園児との比較や一定の基準に対する達成度についての評定によって捉えるものではないことに留意すること。
　・園生活を通して全体的、総合的に捉えた園児の発達の姿。
② 次の年度の指導に必要と考えられる配慮事項等について記入すること。
③ 最終年度の記入に当たっては、特に小学校等における児童の指導に生かされるよう、幼保連携型認定こども園教育・保育要領第1章総則に示された「幼児期の終わりまでに育ってほしい姿」を活用して園児に育まれている資質・能力を捉え、指導の過程と育ちつつある姿を分かりやすく記入するように留意すること。その際、「幼児期の終わりまでに育ってほしい姿」が到達すべき目標ではないことに留意し、項目別に園児の育ちつつある姿を記入するのではなく、全体的、総合的に捉えて記入すること。
(2)「特に配慮すべき事項」には、園児の健康の状況等、指導上特記すべき事項がある場合に記入すること。

③ 読み手が小学校の先生であることを意識し、できるだけ具体的に書く

　指導要録を読むのは、小学校の先生です。小学校の先生は、園での生活や、遊びに夢中になっている子どもの姿を必ずしも詳しく知っているわけではありません。

　例えば、「外遊びをたくさん楽しんだ」と書けば、保育教諭は明るく元気に過ごした姿が伝わると思うかもしれません。しかし、小学校での外遊びは、指導対象の教科ではなく、あくまでも休憩時間です。そこでの「子どもの姿」は、小学校の先生には理解しづらいものです。外遊びなら外遊びの中で、その子がどんなことに夢中になり、どんな力が育ったのかがわかるように、できるだけ具体的に記述しましょう。

　ある子どもは、園庭で虫探しに熱中しながら図鑑で調べるなどして、虫の姿や餌の違いに気付いたかもしれませんし、サッカー遊びでは、どうすれば勝

てるのかを考え、みんなが楽しめるように仲間とルールを話し合った子もいるかもしれません。あるいは、色水遊びなどで、すりばちで花びらを潰しながら、手の操作性が育ったり、色の違いや美しさに気付いたり、また、量を比べたりして、季節の遊びを工夫して楽しんだ子もいるでしょう。そうした活動を通してどのような経験をし、何が育ちつつあるのかを具体的に記述すると、「この子は虫などの生物に興味がある」など、小学校での指導につながる情報になります。

④ 否定的な視点での記述や、家庭事情などの背景の記載は避ける

　第1章でも述べましたが、指導要録は学籍と指導の記録として保存される公的な文書であり、保護者が求めれば開示することもあります。保護者が目にするかもしれない文書として、できるだけプラスの視点で子どもを捉えて記述をしましょう。

　最近は、園と小学校の接続において、小学校側から「授業の間、座っていられるか」や「この子とこの子は同じクラスにしない方がよいか」といった情報を求めてくることがありますが、そうしたことは長く保存される公的な文書に残す記録としてはふさ

わしくないので、注意してください。

　また、小学校側に不要な先入観を与えるような書き方をしないことも重要です。「朝起きられずに遅刻が多い」というのは家庭の事情であって、子ども本人の育ちの記録ではありません。皮膚疾患やアレルギーなどの健康状態についても、小学校で生活する上で配慮が必要なことについては記録しますが、それも補足的な記述にとどめます。あくまでも園での指導と子どもの成長についての記述を中心に書くことを、忘れないでください。

⑤ 保育教諭がしてきた指導・援助や、「こうするとよい」などの対応策も盛り込む

特に発達障がいのある子や"気になる子"については、集団活動に入れない、友達とのトラブルが多い、といったマイナス面の記述が多くなりがちです。そうした子どもの課題に対し、保育教諭がどのように対応することで活動に参加できたのかといった、支援や対応策を忘れずに書くようにしましょう。

当初は友達と遊べなかった子どもでも、「保育教諭がタイミングをみて声をかけて誘っていくと、友達との関わりが増えた」とか「○○くんとの出会いをきっかけに、仲間と誘い合う姿がみられるようになった」など、こうするとうまくいったという手がかりを小学校に伝えることが大切です。気になる子であっても、1年間を振り返ってみれば、どんな子も必ず伸びた所があります。友達と遊ぶのは苦手だけれども、1年間お当番活動を地道に頑張った、という子もいるでしょう。それぞれの伸びしろに目を向けて、小学校でさらに伸ばしてほしいという気持ちで記述をしましょう。

⑥ 文字の大きさなどにも気を付け、読みやすい書面を心がける

指導要録は、読みやすい書面にすることも大切です。保育教諭がせっかく苦労して作成しても、小学校の先生に読んでもらえなければ、意味がなくなってしまいます。

伝えたいことがたくさんあるからと、細かい文字でびっしり隙間なく書いてしまうと読みにくくなります。文字の大きさや量を調整する、段落ごとに改行するなど、読みやすくする工夫をしてみてください。また、子どもによって記録の分量が多すぎたり少なすぎたりするのも、よくありません。不公平感が生じないためにも、適度な分量の範囲に全員がおさまるよう調整をしましょう。

さらに一文が長すぎる、主語・述語の関係がはっきりしておらず、保育教諭がしたことなのか子どもがしたことなのかがわからない、言葉や漢字の使い方に誤りがある、などの場合も、読み手に正しい情報が伝わりません。公的な文書として修正液の使用も不可ですから、くれぐれも間違いのないように気を付けましょう。

記入例 1

言葉よりも先に手が出る子

満3歳児　➕ **プラス** の視点で ➡ **行動力がある子**

〈指導等に関する記録〉

ふりがな	○○○○　○○○○	性別		平成○年度	
氏名	○○　A太	男	指導の重点等	**（学年の重点）** 生活や遊びを通して、友達と関わり、友達と一緒にいることや遊ぶことを喜ぶ。	
	平成○年○月○日生			**（個人の重点）** 自分の気持ちを言葉で伝える。	

ねらい（発達を捉える視点）		指導上参考となる事項	
健康	明るく伸び伸びと行動し、充実感を味わう。	・わからないことを保育教諭にたずねるなど、自分の思いを言葉で伝えようとしている。 ・活発で、時に言葉より先に手が出てしまうこともあったが、保育教諭の仲立ちにより、本児は友達と関われるようになっていった。 ・友達を気遣って声をかけるなど、相手を思いやるあたたかい気持ちがみられるようになってきた。 ・製作活動では、空き箱やプラスチック容器などの素材を使うことが得意で、友達に積極的に声をかけて活動をすすめている。 ・絵の具を使った取り組みの時は、自分が発見したり表現したりしたことを周りの友達にうれしそうに知らせる姿がみられた。	
	自分の体を十分に動かし、進んで運動しようとする。		
	健康、安全な生活に必要な習慣や態度を身に付け、見通しをもって行動する。		
人間関係	幼保連携型認定こども園の生活を楽しみ、自分の力で行動することの充実感を味わう。		
	身近な人と親しみ、関わりを深め、工夫したり、協力したりして一緒に活動する楽しさを味わい、愛情や信頼感をもつ。		
	社会生活における望ましい習慣や態度を身に付ける。		
環境	身近な環境に親しみ、自然と触れ合う中で様々な事象に興味や関心をもつ。		
	身近な環境に自分から関わり、発見を楽しんだり、考えたりし、それを生活に取り入れようとする。		
	身近な事象を見たり、考えたり、扱ったりする中で、物の性質や数量、文字などに対する感覚を豊かにする。		
言葉	自分の気持ちを言葉で表現する楽しさを味わう。		
	人の言葉や話などをよく聞き、自分の経験したことや考えたことを話し、伝え合う喜びを味わう。		
	日常生活に必要な言葉が分かるようになるとともに、絵本や物語などに親しみ、言葉に対する感覚を豊かにし、保育教諭等や友達と心を通わせる。		
表現	いろいろなものの美しさなどに対する豊かな感性をもつ。		
	感じたことや考えたことを自分なりに表現して楽しむ。	・特記事項なし。	
	生活の中でイメージを豊かにし、様々な表現を楽しむ。	**（特に配慮すべき事項）**	

出欠状況		○年度	○年度	○年度
	教育日数	○○	○○	○○
	出席日数	○○	○○	○○

[満3歳未満の園児に関する記録]

	平成○年度	平成○年度
園児の育ちに関する事項		

Aくんの保育記録より

●Aくんってこんな子

簡単な約束を守ることが難しく、言葉よりも先に手が出てしまうことや逃げ出してしまうことがあったが、友達を思いやる姿がみられるようになってきた。製作活動など、道具を使う活動が得意で、自分が表現したことを周りに伝えようとしている。

▼

●指導の過程

言葉をかけるように気を付ける。また、丁寧に本児の話を聞き、気持ちを受け止めるようにする。

▼

ここからの育ちを
プラスの視点で書こう！

Point 1

自分の気持ちを抑えることが難しい子なので、このような姿がみられたことは、特に成長した部分として要録に記入することが大切です。

Point 2

同じ製作活動でも、子どもによって得意なことは様々です。具体的に書かれているので、本児の姿が読み手によく伝わる書き方になっています。

Point 3

友達に聞いてもらいたいという気持ちは、友達との関わりが広がってきているからこそ出てきた思いです。他者との関わりは、自分と他者の気持ちの折り合いをつけていく上でも重要です。本児の成長でもありますので、このような内容は、しっかり記入しましょう。

記入例 2

場面によって戸惑いの多い子

満3歳児

プラス ➕ の視点で ➡ **考えてから行動する子**

〈指導等に関する記録〉

ふりがな	○○○○ ○○○○	性別		平成○年度	
氏名	○○ B子	女	指導の重点等	(学年の重点) 友達や保育教諭と園生活を楽しむ。	
平成○年○月○日生				(個人の重点) 保育教諭の仲立ちのもと、友達に興味をもち、一緒に遊ぶことを楽しむ。	

	ねらい（発達を捉える視点）	指導上参考となる事項	
健康	明るく伸び伸びと行動し、充実感を味わう。	・本児に合わせたゆったりとした保育教諭との関わりの中で、自分でできることが増えていき、自信も付いてきた。	
	自分の体を十分に動かし、進んで運動しようとする。		
	健康、安全な生活に必要な習慣や態度を身に付け、見通しをもって行動する。	・入園当初は、新しい環境に戸惑いを感じて保育教諭と活動を楽しむことが多かったが、次第に友達との関わりが増え、少しずつ積極的に行動するようになった。 ❶	
人間関係	幼保連携型認定こども園の生活を楽しみ、自分の力で行動することの充実感を味わう。		
	身近な人と親しみ、関わりを深め、工夫したり、協力したりして一緒に活動する楽しさを味わい、愛情や信頼感をもつ。		
	社会生活における望ましい習慣や態度を身に付ける。	・友達の様子を見て、確認しながら、一緒に食事の準備をするようになってきている。 ❷	
環境	身近な環境に親しみ、自然と触れ合う中で様々な事象に興味や関心をもつ。	・縦割り保育の時間に、異年齢児との活動を経験し、活動の幅を広げるよい機会になっている。	
	身近な環境に自分から関わり、発見を楽しんだり、考えたりし、それを生活に取り入れようとする。		
	身近な事象を見たり、考えたり、扱ったりする中で、物の性質や数量、文字などに対する感覚を豊かにする。	・絵を描くことが好きで、保育教諭に自分のイメージを話しながら、伸び伸びと描いている。	
言葉	自分の気持ちを言葉で表現する楽しさを味わう。	・戸外で体を動かす楽しさを知り、友達に誘われて、一緒にかけっこをする姿がみられるようになってきた。 ❸	
	人の言葉や話などをよく聞き、自分の経験したことや考えたことを話し、伝え合う喜びを味わう。		
	日常生活に必要な言葉が分かるようになるとともに、絵本や物語などに親しみ、言葉に対する感覚を豊かにし、保育教諭等や友達と心を通わせる。		
表現	いろいろなものの美しさなどに対する豊かな感性をもつ。		
	感じたことや考えたことを自分なりに表現して楽しむ。		
	生活の中でイメージを豊かにし、様々な表現を楽しむ。	(特に配慮すべき事項) ・除去食あり。	

出欠状況		○年度	○年度	○年度
	教育日数	○○	○○	○○
	出席日数	○○	○○	○○

［満3歳未満の園児に関する記録］

	平成○年度	平成○年度
園児の育ちに関する事項		

Bちゃんの保育記録より

●Bちゃんってこんな子

初めてのことに不安を感じて、取りかかりの時などに大人を頼ることが多かった。また、戸外活動が苦手で、泣くこともあった。友達の様子を見ながら徐々に活動に加わり、一緒に楽しめるようになってきている。

▼

●指導の過程

声をかけ、そばについてゆっくりと関わる。様々な活動に少しずつ繰り返し取り組めるよう配慮する。また、できることが本児の自信につながるように援助していく。

▼

ここからの育ちを
プラスの視点で書こう！

Point ❶

課題を書く時は、マイナスな印象にならないよう、文章表現に気を付けましょう。

書きがち例 保育教諭とばかり行動していて、一緒でないと行動できなかった。

Point ❷

周りの様子を見て、慎重に行動するという本児の様子がよくわかる書き方です。

Point ❸

友達からの誘いかけで、活動に参加できるようになることもあります。その状況を載せておくと、次年度の指導の参考になります。

記入例 3

気性の激しい子

3歳児 ╌╌╌╌╌ <ruby>＋<rt>プラス</rt></ruby> の視点で ➡ **感受性が豊かな子**

〈指導等に関する記録〉

ふりがな	○○○○ ○○○○	性別		平成○年度	
氏名	○○ C美	女	指導の重点等	（学年の重点）自分の気持ちを表現する方法を知り、友達との遊びや園生活を楽しむ。	
	平成○年○月○日生			（個人の重点）友達と関わって遊ぶ中で、相手の気持ちに気付く。	

	ねらい（発達を捉える視点）			
健康	明るく伸び伸びと行動し、充実感を味わう。	指導上参考となる事項	• 自分の気持ちをうまく表現できずに、手を出してしまうことがあり、友達と仲よく遊べず、葛藤する姿がみられた。保育教諭の仲立ちにより、本児は次第に自分の気持ちを言葉で伝えるようになってきた。 ① • 活動や給食の準備の時に、自分の身の回りのことができると、周りの様子を見て手伝う姿がみられる。 • 困っている友達を励ますような言葉をかける姿がみられ、友達から信頼されるようになってきた。 • 遊びに誘われるようになり、おにごっこなどに加わって、友達と体を動かすことを楽しんでいる。友達に受け入れられるようになったことをとても喜んでいる。 ② • 体を使った表現遊びが好きで、音楽や音色を聴いて、リズムを体で表現することを楽しんでいる。 ③	
	自分の体を十分に動かし、進んで運動しようとする。			
	健康、安全な生活に必要な習慣や態度を身に付け、見通しをもって行動する。			
人間関係	幼保連携型認定こども園の生活を楽しみ、自分の力で行動することの充実感を味わう。			
	身近な人と親しみ、関わりを深め、工夫したり、協力したりして一緒に活動する楽しさを味わい、愛情や信頼感をもつ。			
	社会生活における望ましい習慣や態度を身に付ける。			
環境	身近な環境に親しみ、自然と触れ合う中で様々な事象に興味や関心をもつ。			
	身近な環境に自分から関わり、発見を楽しんだり、考えたりし、それを生活に取り入れようとする。			
	身近な事象を見たり、考えたり、扱ったりする中で、物の性質や数量、文字などに対する感覚を豊かにする。			
言葉	自分の気持ちを言葉で表現する楽しさを味わう。			
	人の言葉や話などをよく聞き、自分の経験したことや考えたことを話し、伝え合う喜びを味わう。			
	日常生活に必要な言葉が分かるようになるとともに、絵本や物語などに親しみ、言葉に対する感覚を豊かにし、保育教諭や友達と心を通わせる。			
表現	いろいろなものの美しさなどに対する豊かな感性をもつ。			
	感じたことや考えたことを自分なりに表現して楽しむ。			
	生活の中でイメージを豊かにし、様々な表現を楽しむ。		（特に配慮すべき事項） • 特記事項なし。	
出欠状況		○年度	○年度	○年度
	教育日数	○○	○○	○○
	出席日数	○○	○○	○○

［満3歳未満の園児に関する記録］

園児の育ちに関する事項	平成○年度	平成○年度

Cちゃんの保育記録より

●Cちゃんってこんな子

気性が激しく、言葉より先に手が出てしまうことがあり、友達とぶつかり合う姿がみられた。一方で、友達を気遣う優しさがある。体を使った表現遊びが好きである。

▼

●指導の過程

保育教諭が仲立ちして、友達の気持ちも伝え、相手の気持ちに気付けるようにするとともに、気持ちを受け止めるようにした。

▼

ここからの育ちを
プラスの視点で書こう！

Point ①

本児の課題である部分を記載する時には、マイナスな印象にならないよう、文章表現に気を付けます。

Point ②

本児が、自分の課題を少しずつクリアし、他者と関われるようになり、それが喜びとなっていることが書かれています。これは、本児が大きく成長している所です。こうした内容を要録に記入することが大切です。

Point ③

課題が目立つ子の場合、課題に関連する記述だけを書いてしまいがちです。このように、5領域や「10の姿」の視点で育ちを振り返り、課題とは別の面からも本児の成長を記入しましょう。

記入例 4

好きなことに目を輝かせて 取り組む子

3歳児

〈指導等に関する記録〉

ふりがな	○○○○ ○○○○	性別
氏名	○○ D斗	男
	平成○年○月○日生	

	ねらい（発達を捉える視点）
健康	明るく伸び伸びと行動し、充実感を味わう。
	自分の体を十分に動かし、進んで運動しようとする。
	健康、安全な生活に必要な習慣や態度を身に付け、見通しをもって行動する。
人間関係	幼保連携型認定こども園の生活を楽しみ、自分の力で行動することの充実感を味わう。
	身近な人と親しみ、関わりを深め、工夫したり、協力したりして一緒に活動する楽しさを味わい、愛情や信頼感をもつ。
	社会生活における望ましい習慣や態度を身に付ける。
環境	身近な環境に親しみ、自然と触れ合う中で様々な事象に興味や関心をもつ。
	身近な環境に自分から関わり、発見を楽しんだり、考えたりし、それを生活に取り入れようとする。
	身近な事象を見たり、考えたり、扱ったりする中で、物の性質や数量、文字などに対する感覚を豊かにする。
言葉	自分の気持ちを言葉で表現する楽しさを味わう。
	人の言葉や話などをよく聞き、自分の経験したことや考えたことを話し、伝え合う喜びを味わう。
	日常生活に必要な言葉が分かるようになるとともに、絵本や物語などに親しみ、言葉に対する感覚を豊かにし、保育教諭等や友達と心を通わせる。
表現	いろいろなものの美しさなどに対する豊かな感性をもつ。
	感じたことや考えたことを自分なりに表現して楽しむ。
	生活の中でイメージを豊かにし、様々な表現を楽しむ。

指導の重点等

平成○年度

（学年の重点）
生活の流れを把握し、学年全体の活動や友達との遊びの中で楽しく過ごす。

（個人の重点）
自分の思いを積極的に表現しながら、様々な活動に取り組む。

指導上参考となる事項

- 進級児で、年度当初の落ち着かない雰囲気の中でも、感じたことをはっきりと話し、生き生きと活動に参加していた。

- 友達と一緒に、かけっこや簡単なルールのある遊びをするなど、体を動かして遊ぶことを十分に楽しんでいる。 ①

- よいことと悪いことの判断ができるようになり、周りの友達にも優しく接するようになってきている。

- 経験したことや自分の考えを、自分なりにわかりやすく説明しようとする姿がみられる。 ②

- 自信がつき、行事などにも意欲的に取り組んでいる。本児の積極的な姿に周りの友達も刺激を受け、意欲的な行動につながっている。 ③

（特に配慮すべき事項）
- 特記事項なし。

出欠状況		○年度	○年度	○年度
	教育日数	○○	○○	○○
	出席日数	○○	○○	○○

［満3歳未満の園児に関する記録］

園児の育ちに関する事項	平成○年度	平成○年度

Dくんの保育記録より

●Dくんってこんな子

体を動かす遊びが好きで、生き生きと活動に参加している。友達に優しく積極的である。また、自分の考えをわかりやすく説明しようとする姿がみられる。

▼

●指導の過程

様々な遊びを設定し、本児が遊びの中で、さらにいろいろな経験ができるよう、また、積極的に自分を表現できるよう援助する。

▼

ここからの育ちを
プラスの視点で書こう！

Point ①
学年の重点である「友達と楽しく過ごす」ことについて書かれており、本児が楽しく関われていることが読み手に伝わります。

Point ②
本児がコミュニケーションの面でどのように成長しているか具体的に書かれていて、わかりやすいです。

Point ③
本児の意欲的な姿に、周りの子どもたちも刺激を受けていることが読み手に伝わる書き方です。

第3章 記入例 3歳児

記入例 5

体を動かすのが好きな子

3歳児

〈指導等に関する記録〉

ふりがな	○○○○　○○○○	性別		平成○年度
氏名	○○ E助	男	指導の重点等	**(学年の重点)** 園生活の流れがわかり、友達や保育教諭と楽しく過ごす。
平成○年○月○日生				**(個人の重点)** 積極的に活動に参加し、体を十分に動かして遊ぶ。

	ねらい（発達を捉える視点）		
健康	明るく伸び伸びと行動し、充実感を味わう。	指導上参考となる事項	・進級児で、様々な活動に積極的に参加し、自分の思いや考えを友達に伝えるだけではなく、友達の意見にも耳を傾け、一緒に遊びをすすめるようになってきている。
	自分の体を十分に動かし、進んで運動しようとする。		
	健康、安全な生活に必要な習慣や態度を身に付け、見通しをもって行動する。		・体を動かす遊びが得意で、活発におにごっこやボール遊びなどの運動遊びを楽しんでいる。生き生きとした姿が周りの友達へのよい刺激となっている。
人間関係	幼保連携型認定こども園の生活を楽しみ、自分の力で行動することの充実感を味わう。		
	身近な人と親しみ、関わりを深め、工夫したり、協力したりして一緒に活動する楽しさを味わい、愛情や信頼感をもつ。		・誰とでも関わって遊ぶ。製作活動などでは、困っている友達がいると優しい言葉をかけたり、励ましたりするなど、積極的に友達と関わっている。
	社会生活における望ましい習慣や態度を身に付ける。		
環境	身近な環境に親しみ、自然と触れ合う中で様々な事象に興味や関心をもつ。		・遊びのルールなど、自分の知っていることを、筋道を立ててわかりやすく友達に伝えようとする姿がみられる。
	身近な環境に自分から関わり、発見を楽しんだり、考えたりし、それを生活に取り入れようとする。		
	身近な事象を見たり、考えたり、扱ったりする中で、物の性質や数量、文字などに対する感覚を豊かにする。		・何事にも興味・関心を示して参加し、意欲的に取り組む姿がみられる。
言葉	自分の気持ちを言葉で表現する楽しさを味わう。		
	人の言葉や話などをよく聞き、自分の経験したことや考えたことを話し、伝え合う喜びを味わう。		
	日常生活に必要な言葉が分かるようになるとともに、絵本や物語などに親しみ、言葉に対する感覚を豊かにし、保育教諭等や友達と心を通わせる。		
表現	いろいろなものの美しさなどに対する豊かな感性をもつ。		
	感じたことや考えたことを自分なりに表現して楽しむ。		
	生活の中でイメージを豊かにし、様々な表現を楽しむ。		**(特に配慮すべき事項)** ・特記事項なし。

出欠状況		○年度	○年度	○年度
	教育日数	○○		○○
	出席日数	○○		○○

[満3歳未満の園児に関する記録]

関する事項 園児の育ちに	平成○年度	平成○年度

Eくんの保育記録より

●Eくんってこんな子

運動が得意で、意欲的に体を動かして遊ぶ姿がみられ、積極的に友達と関わっている。友達の意見に耳を傾けられるようになってきており、自分の考えをわかりやすく説明しようとする姿もみられる。

▼

●指導の過程

仲立ち役となり、言葉を補いながら、友達に本児の思いを伝える。また、友達にも思いがあることを本児に知らせ、友達の意見に耳を傾けられるよう配慮する。

▼

ここからの育ちをプラスの視点で書こう！

Point ①

人の話に興味をもったり、友達と遊びをすすめたりするようになるなど、本児の成長が伝わる書き方になっています。

Point ②

積極的に周囲と関わり、友達によい影響を与えている様子が具体的に書かれていて、読み手がわかりやすい記述です。

Point ③

筋道を立て、自分の言葉でわかりやすく説明しようとする、本児の「言葉の力」や「理解する力」の育ちが読み手に伝わる書き方です。

記入例 6

意志を押し通そうとしてしまう子

3歳児

➕ プラス の視点で ➡ 最後までやりとげようとする子

〈指導等に関する記録〉

ふりがな	○○○○　○○○○	性別	
氏名	○○ F志	男	

平成○年○月○日生

	ねらい（発達を捉える視点）
健康	明るく伸び伸びと行動し、充実感を味わう。
	自分の体を十分に動かし、進んで運動しようとする。
	健康、安全な生活に必要な習慣や態度を身に付け、見通しをもって行動する。
人間関係	幼保連携型認定こども園の生活を楽しみ、自分の力で行動することの充実感を味わう。
	身近な人と親しみ、関わりを深め、工夫したり、協力したりして一緒に活動する楽しさを味わい、愛情や信頼感をもつ。
	社会生活における望ましい習慣や態度を身に付ける。
環境	身近な環境に親しみ、自然と触れ合う中で様々な事象に興味や関心をもつ。
	身近な環境に自分から関わり、発見を楽しんだり、考えたりし、それを生活に取り入れようとする。
	身近な事象を見たり、考えたり、扱ったりする中で、物の性質や数量、文字などに対する感覚を豊かにする。
言葉	自分の気持ちを言葉で表現する楽しさを味わう。
	人の言葉や話などをよく聞き、自分の経験したことや考えたことを話し、伝え合う喜びを味わう。
	日常生活に必要な言葉が分かるようになるとともに、絵本や物語などに親しみ、言葉に対する感覚を豊かにし、保育教諭等や友達と心を通わせる。
表現	いろいろなものの美しさなどに対する豊かな感性をもつ。
	感じたことや考えたことを自分なりに表現して楽しむ。
	生活の中でイメージを豊かにし、様々な表現を楽しむ。

出欠状況		○○年度	○○年度	○○年度
	教育日数	○○	○○	○○
	出席日数	○○	○○	○○

[満3歳未満の園児に関する記録]

関園児の育ちに する事項	平成○年度	平成○年度

指導の重点等

平成○年度

（学年の重点）
生活の中でルールを守り、役割をもって活動する。

（個人の重点）
周りの話を聞き、自分の思いを伝える。

指導上参考となる事項

- 自己主張が強い反面、自分の考えや意志をもち、目標に向かって最後までやり抜こうとする。

- 友達関係の中で、自分の思いを通そうとしてうまくいかず、伝えることの難しさを感じていた。保育教諭が気持ちを代弁することで、本児は次第に友達の話に耳を傾けられるようになっていった。　①

- 相手にも思いがあることがわかるようになり、友達との関わり方がわかってきている。

- 追いかけっこやごっこ遊びなどを一緒に楽しみながら、友達と関わる姿が増えてきている。　②

- 発表会に向けた活動では、楽器に興味をもち、繰り返し取り組んでいた。もっとやりたいと夢中になる性格がよい面で発揮され、本番では堂々とした態度で演奏でき、自信につながっている。　③

（特に配慮すべき事項）
- 特記事項なし。

Fくんの保育記録より

● **Fくんってこんな子**

自己主張が強く、自分の考えを押し通そうとする。一方で、最後までやり抜こうとする意欲があり、発表会に向けた活動に意欲的に取り組んでいた。友達にも思いがあることがわかるようになり、友達との関わりが増えてきている。

▼

● **指導の過程**

意見が受け入れられ、安心感をもつ経験ができるよう、丁寧に本児の話を聞く。また、友達との関わり方を伝えたり、一緒に遊びに加わったりする。

▼

ここからの育ちを
プラスの視点で書こう！

Point ①
本児の課題と、その課題に対してどのように成長したかが読み手に伝わります。

Point ②
どのような遊びを通じて友達との関わりを広げているかが具体的に書かれているため、読み手が本児の姿をイメージしやすい書き方になっています。

Point ③
本児の課題を肯定的に捉えたよい書き方になっています。

第3章 記入例 3歳児

55

記入例 7

自己中心的な子

4歳児

✚の視点で ➡ 意志がはっきりしている子

〈指導等に関する記録〉

ふりがな	○○○○ ○○○○	性別	指導の重点等	平成○年度
氏名	○○ G里	女		（学年の重点）自分の思いを伝えたり、相手の思いを聞いたりして、お互いに伝え合うことを喜ぶ。
	平成○年○月○日生			（個人の重点）友達関係の中で、自分の思いだけではなく、相手の思いも知ろうとするようになる。

	ねらい（発達を捉える視点）		指導上参考となる事項	
健康	明るく伸び伸びと行動し、充実感を味わう。			・色おになど、ルールのある集団遊びでは、ルールを守りながら楽しんで遊ぶようになってきている。
	自分の体を十分に動かし、進んで運動しようとする。			
	健康、安全な生活に必要な習慣や態度を身に付け、見通しをもって行動する。			・意志がはっきりしており、思った通りに遊びをすすめようとして、友達とのトラブルを経験する中で、徐々に相手の気持ちに気付くようになってきた。 ①
人間関係	幼保連携型認定こども園の生活を楽しみ、自分の力で行動することの充実感を味わう。			
	身近な人と親しみ、関わりを深め、工夫したり、協力したりして一緒に活動する楽しさを味わい、愛情や信頼感をもつ。			
	社会生活における望ましい習慣や態度を身に付ける。			・帰りの会で毎日行われる「友達のよい所探し」を通して、友達の様子をよく見るようになり、友達の「よい所」についての発言が増えている。 ②
環境	身近な環境に親しみ、自然と触れ合う中で様々な事象に興味や関心をもつ。			
	身近な環境に自分から関わり、発見を楽しんだり、考えたりし、それを生活に取り入れようとする。			・絵画製作が好きで、自分の思いやイメージしたことを伸び伸びと表現している。
	身近な事象を見たり、考えたり、扱ったりする中で、物の性質や数量、文字などに対する感覚を豊かにする。			
言葉	自分の気持ちを言葉で表現する楽しさを味わう。			・製作活動後は満足した表情を浮かべ、思いや工夫した所を友達に話すなど、友達との関わりを楽しむ姿がみられる。 ③
	人の言葉や話などをよく聞き、自分の経験したことや考えたことを話し、伝え合う喜びを味わう。			
	日常生活に必要な言葉が分かるようになるとともに、絵本や物語などに親しみ、言葉に対する感覚を豊かにし、保育教諭等や友達と心を通わせる。			
表現	いろいろなものの美しさなどに対する豊かな感性をもつ。			
	感じたことや考えたことを自分なりに表現して楽しむ。			
	生活の中でイメージを豊かにし、様々な表現を楽しむ。			（特に配慮すべき事項）・特記事項なし。

出欠状況		○年度	○年度	○年度
	教育日数	○○	○○	○○
	出席日数	○○	○○	○○

［満3歳未満の園児に関する記録］

関する事項園児の育ちに	平成○年度		平成○年度

Gちゃんの保育記録より

●Gちゃんってこんな子

気分次第で、遊びに参加しないことがあり、遊びのルールを思い通りに変えようとして、友達とトラブルになることもあった。友達の思いに気付くことができるようになってからは、好きな製作活動などで、友達との関わりを楽しんでいる。

▼

●指導の過程

友達とのトラブルでは、保育教諭が仲立ち役となり、ゆっくりと話を聞いて本児の思いに寄り添う。また、他児の姿に目が向けられるよう配慮した活動を展開していく。

▼

ここからの育ちを
プラスの視点で書こう！

Point 1

本児が1年を通して成長していることが読み手に伝わる書き方になっています。

Point 2

本児が自分のことから他者へと目を向け、よく見て、よい所を探すことができたことを記入しています。本児の課題への取り組みがよく表現されている記述です。

Point 3

自分の思いやイメージを、よい方向に表現できていることが伝わる記述になっています。「10の姿」の「言葉による伝え合い」などに関連した4歳児なりの育ちが書かれています。

記入例
8

明るく活動的な子

4歳児

〈指導等に関する記録〉

ふりがな	○○○○　○○○○		性別	
氏名	○○ H之		男	
平成○年○月○日生				

	ねらい（発達を捉える視点）
健康	明るく伸び伸びと行動し、充実感を味わう。
	自分の体を十分に動かし、進んで運動しようとする。
	健康、安全な生活に必要な習慣や態度を身に付け、見通しをもって行動する。
人間関係	幼保連携型認定こども園の生活を楽しみ、自分の力で行動することの充実感を味わう。
	身近な人と親しみ、関わりを深め、工夫したり、協力したりして一緒に活動する楽しさを味わい、愛情や信頼感をもつ。
	社会生活における望ましい習慣や態度を身に付ける。
環境	身近な環境に親しみ、自然と触れ合う中で様々な事象に興味や関心をもつ。
	身近な環境に自分から関わり、発見を楽しんだり、考えたりし、それを生活に取り入れようとする。
	身近な事象を見たり、考えたり、扱ったりする中で、物の性質や数量、文字などに対する感覚を豊かにする。
言葉	自分の気持ちを言葉で表現する楽しさを味わう。
	人の言葉や話などをよく聞き、自分の経験したことや考えたことを話し、伝え合う喜びを味わう。
	日常生活に必要な言葉が分かるようになるとともに、絵本や物語などに親しみ、言葉に対する感覚を豊かにし、保育教諭等や友達と心を通わせる。
表現	いろいろなものの美しさなどに対する豊かな感性をもつ。
	感じたことや考えたことを自分なりに表現して楽しむ。
	生活の中でイメージを豊かにし、様々な表現を楽しむ。

出欠状況		○年度	○年度	○年度
	教育日数	○○	○○	○○
	出席日数	○○	○○	○○

[満3歳未満の園児に関する記録]

入園児の育ちに関する事項	平成○年度	平成○年度

指導の重点等

平成○年度

（学年の重点）
約束事やルールを守り、クラスの友達との関わりや遊びを楽しむ。

（個人の重点）
考えたことを遊びの中に取り入れて、遊びを発展させて楽しむ。

指導上参考となる事項

・関わりの少ない友達に対しても、自分から笑顔で挨拶し、クラスのよい雰囲気をつくっている。

・合奏の時などには、うまくいかない部分も、友達と一緒に粘り強く取り組み、できた喜びを味わっている。 ①

・給食の配膳や帰りの準備など、身の回りのことに自分から取り組んでいる。

・困っている友達がいると、すぐに気付いて声をかけ、自分なりにできることを手伝っている。

・時には失敗を気にする様子をみせながらも、積極的に友達と関わり、遊びに誘ったり、遊びの新しいルールを提案したりするなど、遊びを発展させていく姿がみられる。

（特に配慮すべき事項）
・特記事項なし。

Hくんの保育記録より

●Hくんってこんな子

明るく活発で、誰とでも仲よく関わっている。身の回りのことにも自ら取り組み、困っている友達がいると手伝おうとする。一方で、失敗を気にする姿がみられることもある。

▼

●指導の過程

失敗を経験しても、気持ちを立て直して、本児のよさである積極性が発揮できるよう、気持ちに寄り添って話を聞いていく。

▼

ここからの育ちをプラスの視点で書こう！

Point ❶

「10の姿」の視点で見ると、「自立心」「協同性」などに関連する4歳児なりの育ちが書かれています。

Point ❷

本児が葛藤しながら、友達との関係性を広げ、遊びを発展させていく様子が読み手によく伝わる書き方になっています。

第3章 記入例 4歳児

57

記入例 9

集団活動が苦手な子

4歳児

➕ プラス の視点で ➡ **集団での遊びに参加するようになった子**

〈指導等に関する記録〉

ふりがな	○○○○ ○○○○		性別
氏名	○○ I義		男
	平成○年○月○日生		

	ねらい（発達を捉える視点）
健康	明るく伸び伸びと行動し、充実感を味わう。
	自分の体を十分に動かし、進んで運動しようとする。
	健康、安全な生活に必要な習慣や態度を身に付け、見通しをもって行動する。
人間関係	幼保連携型認定こども園の生活を楽しみ、自分の力で行動することの充実感を味わう。
	身近な人と親しみ、関わりを深め、工夫したり、協力したりして一緒に活動する楽しさを味わい、愛情や信頼感をもつ。
	社会生活における望ましい習慣や態度を身に付ける。
環境	身近な環境に親しみ、自然と触れ合う中で様々な事象に興味や関心をもつ。
	身近な環境に自分から関わり、発見を楽しんだり、考えたりし、それを生活に取り入れようとする。
	身近な事象を見たり、考えたり、扱ったりする中で、物の性質や数量、文字などに対する感覚を豊かにする。
言葉	自分の気持ちを言葉で表現する楽しさを味わう。
	人の言葉や話などをよく聞き、自分の経験したことや考えたことを話し、伝え合う喜びを味わう。
	日常生活に必要な言葉が分かるようになるとともに、絵本や物語などに親しみ、言葉に対する感覚を豊かにし、保育教諭等や友達と心を通わせる。
表現	いろいろなものの美しさなどに対する豊かな感性をもつ。
	感じたことや考えたことを自分なりに表現して楽しむ。
	生活の中でイメージを豊かにし、様々な表現を楽しむ。

出欠状況		○年度	○年度	○年度
	教育日数	○○	○○	○○
	出席日数	○○	○○	○○

指導の重点等

平成○年度

（学年の重点）
集団の中で、自己を表現できるようになる。

（個人の重点）
友達と一緒の活動や譲り合いを経験し、集団で行動ができるようになる。

指導上参考となる事項

- 生き物に興味をもっており、年度当初は、虫捕りなどを一人で楽しむ姿が多かった。

- 友達関係ができてくると、椅子取りゲームなどのゲーム性のある集団遊びにも参加し、友達と一緒に最後まで楽しめるようになってきた。 ①

- 自分の思い通りにできない場面でも、自分の気持ちと向き合う時間を保育教諭と過ごしたり、友達から優しくされたりすることで、気持ちをうまく立て直すようになってきている。 ②

- 縄跳びや製作遊びなどの様々な活動に友達と一緒に取り組むことで、集団で遊ぶ楽しさを感じるようになってきている。 ③

（特に配慮すべき事項）
- 特記事項なし。

［満3歳未満の園児に関する記録］

関する事項 園児の育ちに	平成○年度	平成○年度

Iくんの保育記録より

● Iくんってこんな子

周囲とペースを合わせることが苦手で、集団遊びを嫌がっていたが、友達関係ができてくると、最後まで一緒に楽しめるようになっていった。また、気持ちを抑えるのが難しく、切り替えに時間がかかっていたが、徐々に早く切り替えることができるようになってきた。

▼

● 指導の過程

様々な集団遊びに誘い、友達と遊ぶ楽しさやおもしろさを知っていくことができるようにする。気持ちの切り替えが必要な場面では、本児が自分の気持ちに向き合えるよう促していく。

▼

ここからの育ちを
プラスの視点で書こう！

Point ①

本児が一人遊びだけではなく、集団遊びも楽しめるようになってきていることが読み手にも伝わる書き方になっています。

Point ②

本児が自分の気持ちと向き合い、保育教諭や友達と関わる中で、成長していることがよくわかる書き方になっています。

Point ③

「10の姿」の「協同性」などに関連した4歳児なりの育ちが書かれています。

よく考えて行動する子

4歳児

〈指導等に関する記録〉

ふりがな	○○○○　○○○○		性別			平成○年度
氏名	○○　J太郎		男	指導の重点等		（学年の重点） 自分の思いや考えを伝え、友達と一緒に行動することを楽しむ。
	平成○年○月○日生					（個人の重点） 友達の思いに気付き、気持ちに折り合いが付けられるようになる。

	ねらい（発達を捉える視点）		
健康	明るく伸び伸びと行動し、充実感を味わう。	指導上参考となる事項	• 遊びの中で、友達と考えて新しいルールを作り、一緒に遊んでいる。
	自分の体を十分に動かし、進んで運動しようとする。		
	健康、安全な生活に必要な習慣や態度を身に付け、見通しをもって行動する。		• しっかりと話を聞き、よく考えて行動するので、友達と良好な関係ができており、周囲に安心感や親しみやすさを感じさせている。①
人間関係	幼保連携型認定こども園の生活を楽しみ、自分の力で行動することの充実感を味わう。		
	身近な人と親しみ、関わりを深め、工夫したり、協力したりして一緒に活動する楽しさを味わい、愛情や信頼感をもつ。		• 1番になろうとする気持ちが強くなり過ぎて、納得いかないことがあった時には、保育教諭の援助を受けながら、時間をかけて気持ちに折り合いを付けようとする姿がみられる。②
	社会生活における望ましい習慣や態度を身に付ける。		
環境	身近な環境に親しみ、自然と触れ合う中で様々な事象に興味や関心をもつ。		
	身近な環境に自分から関わり、発見を楽しんだり、考えたりし、それを生活に取り入れようとする。		• 音楽が好きで、鍵盤ハーモニカを吹くことに自信があり、クラスで1番上手に演奏しようと意欲的に取り組んでいた。②
	身近な事象を見たり、考えたり、扱ったりする中で、物の性質や数量、文字などに対する感覚を豊かにする。		
言葉	自分の気持ちを言葉で表現する楽しさを味わう。		• 友達と一緒に、積み木や段ボール箱で工夫して海賊船を作るなど、製作遊びを楽しんでいる。作った物を使い、ごっこ遊びに発展させ、表現する姿もみられる。③
	人の言葉や話などをよく聞き、自分の経験したことや考えたことを話し、伝え合う喜びを味わう。		
	日常生活に必要な言葉が分かるようになるとともに、絵本や物語などに親しみ、言葉に対する感覚を豊かにし、保育教諭等や友達と心を通わせる。		
表現	いろいろなものの美しさなどに対する豊かな感性をもつ。		
	感じたことや考えたことを自分なりに表現して楽しむ。		
	生活の中でイメージを豊かにし、様々な表現を楽しむ。		（特に配慮すべき事項） • 特記事項なし。

出欠状況		○年度	○年度	○年度
	教育日数	○○	○○	○○
	出席日数	○○	○○	○○

［満3歳未満の園児に関する記録］

	平成○年度		平成○年度
園児の育ちに関する事項			

Jくんの保育記録より

● Jくんってこんな子

よく考えて行動することができ、工夫して遊ぶのが得意で、良好な友達関係をつくっている。一方で、1番になろうとこだわる所があったり、納得いかないと行動できず、気持ちに折り合いを付けるのに時間がかかったりする。

▼

●指導の過程

1番になろうとする気持ちが強くなり過ぎて、友達とトラブルになった時には、その意欲を大切にしながら、相手の思いにも気付いて気持ちに折り合いが付けられるよう、援助していく。

▼

**ここからの育ちを
プラスの視点で書こう！**

Point ①

友達関係が良好な理由が伝わる表現になっています。

Point ②

1番になりたい気持ちは、本児の課題にもなっている部分ですが、育ちとしては大事なことです。マイナスな印象にならないよう、文章表現に注意して記入しましょう。

Point ③

「10の姿」の「豊かな感性と表現」「協同性」などに関連した4歳児なりの育ちが書かれています。

記入例 11

やんちゃで荒々しい子

5歳児

➕ プラスの視点で ➡ 元気いっぱいで、自己主張ができる子

〈最終学年の指導に関する記録〉

ふりがな		○○○○　○○○○	指導の重点等	平成○年度
氏名		○○ K介		**(学年の重点)** 友達と協力して様々な活動をする中で、相手の気持ちに気付いたり、達成感や充実感を味わったりする。
		平成○年○月○日生		
性別		男		**(個人の重点)** 自分の気持ちに自信をもち、人との関わりを大切にする。

	ねらい （発達を捉える視点）	指導上参考となる事項
健康	明るく伸び伸びと行動し、充実感を味わう。	• 遊びに夢中になるあまり、友達とぶつかり合ったことなどから葛藤する気持ちを経験し、その中で次第に自分の気持ちを言葉で素直に伝えられるようになってきた。
	自分の体を十分に動かし、進んで運動しようとする。	
	健康、安全な生活に必要な習慣や態度を身に付け、見通しをもって行動する。	
人間関係	幼保連携型認定こども園の生活を楽しみ、自分の力で行動することの充実感を味わう。	• 保育教諭の仲立ちがなくても、その場で友達とお互いの気持ちを言葉で伝え合い、自分たちで問題を解決することも増えてきている。
	身近な人と親しみ、関わりを深め、工夫したり、協力したりして一緒に活動する楽しさを味わい、愛情や信頼感をもつ。	
	社会生活における望ましい習慣や態度を身に付ける。	• 虫に興味をもっていて、人一倍虫に詳しい。友達から質問されると、自分の知識の豊富さに自信をもって、生き生きと話をする姿がみられる。
環境	身近な環境に親しみ、自然と触れ合う中で様々な事象に興味や関心をもつ。	• 目新しい虫や生き物を見つけると、生態を図鑑で調べたり、よく観察したりするなど、自ら探究心をもって生き物との触れ合いを楽しんでいる。
	身近な環境に自分から関わり、発見を楽しんだり、考えたりし、それを生活に取り入れようとする。	
	身近な事象を見たり、考えたり、扱ったりする中で、物の性質や数量、文字などに対する感覚を豊かにする。	
言葉	自分の気持ちを言葉で表現する楽しさを味わう。	• 製作活動では、イメージがわかない時にも、保育教諭の話をヒントにしながら、試行錯誤して製作してきた。アイデアが浮かぶようになり、自分の作品に自信がもてるようになってきている。
	人の言葉や話などをよく聞き、自分の経験したことや考えたことを話し、伝え合う喜びを味わう。	
	日常生活に必要な言葉が分かるようになるとともに、絵本や物語などに親しみ、言葉に対する感覚を豊かにし、保育教諭等や友達と心を通わせる。	
表現	いろいろなものの美しさなどに対する豊かな感性をもつ。	
	感じたことや考えたことを自分なりに表現して楽しむ。	
	生活の中でイメージを豊かにし、様々な表現を楽しむ。	**(特に配慮すべき事項)** • 特記事項なし。

出欠状況		○年度
	教育日数	○○
	出席日数	○○

Kくんの保育記録より

● Kくんってこんな子

とびきり元気で、調子付き、友達に手を出してしまうことがあったが、友達と認め合えるようになってきた。苦手な製作遊びも、作品に自信がもてるようになっている。クラスの「虫博士」という一面もある。

▼

● 指導の過程

トラブルの時は、本児の話を十分に聞き、受け止め、安心感がもてるようにする。製作活動では、製作のヒントとなるよう、いろいろな素材を用意し、使い方を伝えていく。

▼

ここからの育ちを
プラスの視点で書こう！

Point ①

5歳児にとって大きすぎる課題を設定しないようにしましょう。

書きがち例 どんな時でも、自分の気持ちに自信をもち、人と関わる。

Point ②

本児の人間関係の様子が記されており、「10の姿」の視点でみると「言葉による伝え合い」や「協同性」などに関連する内容が書かれています。

Point ③

興味や関心のあることに意欲的に関わる姿がよくわかる書き方です。「10の姿」の「自然との関わり・生命尊重」「思考力の芽生え」などに関連する内容が書かれています。

記入例 12

思いやりのある子

5歳児

〈最終学年の指導に関する記録〉

ふりがな	○○○○　○○○○		平成○年度
氏名	○○ L乃　平成○年○月○日生	指導の重点等	(学年の重点) 生活や行事を通して友達の思いに気付き、言葉で伝え合いながら、達成感や充実感を味わう。
性別	女		(個人の重点) 友達の気持ちに寄り添いながらも自己表現も行い、友達との関係を深める。

	ねらい （発達を捉える視点）		
健康	明るく伸び伸びと行動し、充実感を味わう。	指導上参考となる事項	• 進級当初は室内遊びを好んでいたが、気の合う友達の影響や保育教諭の誘いを受けて、戸外で大縄跳びやおにごっこなどで積極的に遊ぶ姿が増えている。 ① • 最年長児としての自覚をもち、4歳児クラスの時以上に、困っている子に声をかけるなど、優しい姿がみられる。 • 2人組になる活動では、相手がいない子を見つけて2人組になることが多く、みんなの輪に入りにくい子をうまく輪の中に入れている。周りをよく見て、他児の気持ちを考えながら行動することができる。 ② • 虫に興味があり、図鑑を持って戸外に出て、見つけた虫を友達と一緒に図鑑で調べたり、保育教諭に見せたりして、生き物との関わりを楽しんでいる。 ③ • 異年齢児との関わりでは、年下の子に折り紙やリズム遊びを教える姿がみられた。相手の速度に合わせるなど、寄り添いながら関わっている。 • 製作活動やごっこ遊びが好きで、ポリ袋でスカートを作って、友達とイメージを伝え合いながら、ファッションショーごっこなどをして楽しんでいる。
	自分の体を十分に動かし、進んで運動しようとする。		
	健康、安全な生活に必要な習慣や態度を身に付け、見通しをもって行動する。		
人間関係	幼保連携型認定こども園の生活を楽しみ、自分の力で行動することの充実感を味わう。		
	身近な人と親しみ、関わりを深め、工夫したり、協力したりして一緒に活動する楽しさを味わい、愛情や信頼感をもつ。		
	社会生活における望ましい習慣や態度を身に付ける。		
環境	身近な環境に親しみ、自然と触れ合う中で様々な事象に興味や関心をもつ。		
	身近な環境に自分から関わり、発見を楽しんだり、考えたりし、それを生活に取り入れようとする。		
	身近な事象を見たり、考えたり、扱ったりする中で、物の性質や数量、文字などに対する感覚を豊かにする。		
言葉	自分の気持ちを言葉で表現する楽しさを味わう。		
	人の言葉や話などをよく聞き、自分の経験したことや考えたことを話し、伝え合う喜びを味わう。		
	日常生活に必要な言葉が分かるようになるとともに、絵本や物語などに親しみ、言葉に対する感覚を豊かにし、保育教諭等や友達と心を通わせる。		
表現	いろいろなものの美しさなどに対する豊かな感性をもつ。		
	感じたことや考えたことを自分なりに表現して楽しむ。		(特に配慮すべき事項) • 特記事項なし。
	生活の中でイメージを豊かにし、様々な表現を楽しむ。		
出欠状況		○年度	
	教育日数	○○	
	出席日数	○○	

Lちゃんの保育記録より

●Lちゃんってこんな子

進級当初は室内遊びが好きで、戸外で遊ぶことが少なかった。他児の気持ちに寄り添う優しさがあり、それが行動にも表れている。虫に興味が出てきた。

▼

●指導の過程

戸外遊びに誘い、遊びの幅が広げられるようにする。また、相手の気持ちに寄り添えるという本児のよさをさらに伸ばしていけるよう、見守りながら援助していく。

▼

ここからの育ちを
プラスの視点で書こう！

Point ①

友達の影響や保育教諭の援助で、遊びの幅が広がったことがわかりやすく記入されています。

Point ②

相手の気持ちを考え、思いやりをもって関わる姿が具体的に表現されていて、読み手によく伝わります。

Point ③

「10の姿」の「自然との関わり・生命尊重」「思考力の芽生え」「協同性」などに関連した内容が書かれています。子どもの姿を総合的な視点で捉えて書くことが大切です。

第3章　記入例　5歳児

61

記入例 13

苦手な食べ物が食べられるようになった子

5歳児

〈最終学年の指導に関する記録〉

ふりがな	○○○○　○○○○	平成○年度	
氏名	○○　M恵	指導の重点等	（学年の重点） 友達との関わりの中で相手の思いを感じたり、自分の気持ちを伝えたりする。
	平成○年○月○日生		（個人の重点） 昼食で必要な量を、嫌いな物でもしっかりと食べることなどを通して、嫌なことにも挑戦することができるようになる。
性別	女		

	ねらい（発達を捉える視点）		
健康	明るく伸び伸びと行動し、充実感を味わう。	指導上参考となる事項	・進級当初から、ままごとやだんごむし探しや泥団子作りなどを気の合う友達と楽しむ姿がみられた。自分のやりたいことが決まっており、興味・関心のもてる活動には友達を誘いながら関わっている。
	自分の体を十分に動かし、進んで運動しようとする。		
	健康、安全な生活に必要な習慣や態度を身に付け、見通しをもって行動する。		
人間関係	幼保連携型認定こども園の生活を楽しみ、自分の力で行動することの充実感を味わう。		・葉物野菜や皮の付いた魚などが苦手で、給食を食べるのに時間がかかっていた。食べる前に保育教諭と相談して食べる量を決め、その分は頑張って食べきるようにしたことで、徐々に食べられるようになった。
	身近な人と親しみ、関わりを深め、工夫したり、協力したりして一緒に活動する楽しさを味わい、愛情や信頼感をもつ。		
	社会生活における望ましい習慣や態度を身に付ける。		・苦手な食べ物を完食できたことが自信になり、他の苦手な食材を食べてみようとしたり、苦手な活動に自ら取り組もうとしたりする姿につながっている。
環境	身近な環境に親しみ、自然と触れ合う中で様々な事象に興味や関心をもつ。		
	身近な環境に自分から関わり、発見を楽しんだり、考えたりし、それを生活に取り入れようとする。		・気持ちが高ぶった時にも、落ち着いて自分の気持ちを言葉で友達や保育教諭に伝えられるようになってきた。
	身近な事象を見たり、考えたり、扱ったりする中で、物の性質や数量、文字などに対する感覚を豊かにする。		
言葉	自分の気持ちを言葉で表現する楽しさを味わう。		・歌うことや踊ることが好きで、運動会で踊った曲が気に入り、何度も踊っていた。いろいろな友達と誘い合い、やり方を工夫しながら踊ったり歌ったりすることを楽しんでいる。
	人の言葉や話などをよく聞き、自分の経験したことや考えたことを話し、伝え合う喜びを味わう。		
	日常生活に必要な言葉が分かるようになるとともに、絵本や物語などに親しみ、言葉に対する感覚を豊かにし、保育教諭等や友達と心を通わせる。		
表現	いろいろなものの美しさなどに対する豊かな感性をもつ。		
	感じたことや考えたことを自分なりに表現して楽しむ。		
	生活の中でイメージを豊かにし、様々な表現を楽しむ。		（特に配慮すべき事項） ・特記事項なし。
出欠状況		○年度	
	教育日数	○○	
	出席日数	○○	

Mちゃんの保育記録より

●Mちゃんってこんな子

苦手な食べ物が食べられず、給食を食べるのに時間がかかっていたが、少しずつ食べられるようになってきた。これが自信につながってきて、思いが通らない時にも、かんしゃくを起こさずに、自分の気持ちを伝えられるようになってきた。

●指導の過程

苦手な食べ物を食べる前に食べる量を相談して決め、頑張って食べきるように促した。完食できた時は、その姿を認め、自信につながるようにする。また、本児の気持ちが高ぶった時には、落ち着いてから話を聞き、言葉で気持ちが伝えられるよう援助した。

ここからの育ちをプラスの視点で書こう！

Point 1

苦手な食べ物について、具体的な内容が記入されていると、配慮がしやすくなります。「野菜や魚など……」などの表現だと、読み手が野菜や魚全般が苦手だと思ってしまいます。

Point 2

食事は「健康な心と体」、歌や踊りは「豊かな感性と表現」などの「10の姿」と関連があります。他にも、総合的に「10の姿」が記入されています。

記入例 14

何事にも意欲的な子

5歳児

〈最終学年の指導に関する記録〉

ふりがな	○○○○ ○○○○	指導の重点等	平成○年度
氏名	○○ N貴 平成○年○月○日生		**(学年の重点)** 見通しをもち、自信をもって意欲的に活動し、興味や関心を広げていく。
性別	男		**(個人の重点)** クラス全体で取り組むことに興味や関心をもち、自ら関わろうとする。

	ねらい （発達を捉える視点）		
健康	明るく伸び伸びと行動し、充実感を味わう。	指導上参考となる事項	・進級当初、以前から仲のよい友達と一緒に室内遊びを楽しむ姿がみられた。友達が楽しそうに遊ぶ姿に影響を受け、すすんで戸外で遊ぶようになった。
	自分の体を十分に動かし、進んで運動しようとする。		
	健康、安全な生活に必要な習慣や態度を身に付け、見通しをもって行動する。		
人間関係	幼保連携型認定こども園の生活を楽しみ、自分の力で行動することの充実感を味わう。		・運動会に向けた活動では、リレーのアンカーに立候補し、クラスで1番足が速いことをみんなに認めてもらってアンカーになった。熱心に取り組み、運動会本番では、リレーで1位になり、クラス全体で達成感を味わうことができた。
	身近な人と親しみ、関わりを深め、工夫したり、協力したりして一緒に活動する楽しさを味わい、愛情や信頼感をもつ。		
	社会生活における望ましい習慣や態度を身に付ける。		・運動会などを通じて仲間意識が高まり、クラス全体での活動や遊びに、意欲的に参加するようになった。
環境	身近な環境に親しみ、自然と触れ合う中で様々な事象に興味や関心をもつ。		・保育教諭の言葉かけや友達からのアドバイスを受けて自分のすべきことがわかると、一生懸命に取り組む姿がみられる。
	身近な環境に自分から関わり、発見を楽しんだり、考えたりし、それを生活に取り入れようとする。		
	身近な事象を見たり、考えたり、扱ったりする中で、物の性質や数量、文字などに対する感覚を豊かにする。		・みんなの前で頑張りを認めてもらったことが自信につながり、自ら考えて行動に移すことが増えてきている。
言葉	自分の気持ちを言葉で表現する楽しさを味わう。		・水に浮く物と沈む物があることに気付き、様々な物を水に入れて確認するなど、不思議に思ったことを自ら確かめようとする姿がみられる。
	人の言葉や話などをよく聞き、自分の経験したことや考えたことを話し、伝え合う喜びを味わう。		
	日常生活に必要な言葉が分かるようになるとともに、絵本や物語などに親しみ、言葉に対する感覚を豊かにし、保育教諭等や友達と心を通わせる。		
表現	いろいろなものの美しさなどに対する豊かな感性をもつ。		
	感じたことや考えたことを自分なりに表現して楽しむ。		
	生活の中でイメージを豊かにし、様々な表現を楽しむ。		**(特に配慮すべき事項)** ・特記事項なし。

出欠状況		○年度
	教育日数	○○
	出席日数	○○

Nくんの保育記録より

●Nくんってこんな子

外遊びに誘っても、参加しようとしなかったが、次第に楽しめるようになった。運動会のリレーでアンカーになったことで、他の活動にも意欲が増している。長時間の活動で集中力を保つのが苦手だが、友達からのアドバイスを受けて、頑張ろうとする。

●指導の過程

戸外遊びに興味をもってほしいので、環境を工夫して遊びに誘い、楽しさを伝えていった。また、クラス全体の活動中に集中力が保てない時などは、最後まで取り組めるように声をかけていく。

ここからの育ちを
プラスの視点で書こう！

Point ①

「10の姿」では、「健康な心と体」「自立心」「協同性」などに関連した内容が書かれています。

Point ②

運動会を通して、クラス全員で思いを1つにし、目標を達成した経験が、本児の興味や関心の幅を広げるきっかけになったということが、読み手によく伝わる書き方です。

Point ③

「10の姿」の「思考力の芽生え」「自然との関わり・生命尊重」などに関連した内容が書かれています。

記入例 15

じっくりと取り組む子

3・4歳児

〈指導等に関する記録〉

ふりがな	○○○○　○○○○	性別		平成○年度	平成○年度
氏名	○○　○香	女	指導の重点等	(学年の重点) 様々な遊びや活動を楽しみながら、園生活に慣れていく。	(学年の重点) 身の回りの環境に働きかけ、楽しい遊びの環境をつくるようになる。
	平成○年○月○日生			(個人の重点) 思いを保育教諭に伝え、解決の方法をじっくりと自分で考える。	(個人の重点) 友達と十分に体を動かして遊び、劇遊びやごっこ遊びを楽しむ。

	ねらい （発達を捉える視点）				
健康	明るく伸び伸びと行動し、充実感を味わう。		指導上参考となる事項	・いつも笑顔で周囲に声をかけ、クラスの明るい雰囲気をつくっている。 ・園庭や園外の活動では、葉を拾って、大きさを比べたり、動物の形や物の形に見立てたり、色の組み合わせを楽しんだりするなど、工夫して遊んでいる。① ・造形活動が好きで、じっくりと取り組む姿がみられる。 ・丁寧に取り組むあまり、時間がかかることもあるが、何事にもじっくりと取り組むことができる。② ・身支度など、身の回りのことが自分でできるようになり、それが意欲につながっている。「できた」と、うれしそうに保育教諭や友達に報告している。③	・自然素材を使って、森の絵を描くなど、豊かな想像力と感性をもっている。④ ・自分の思いをなかなか口にすることができなかったが、葛藤しながら徐々に気持ちを言葉で表現するようになってきた。 ・劇遊びやごっこ遊びの中で、自分の考えを提案するようになってきた。みんなが賛同してくれた時には、自信に満ちた笑顔がみられた。⑤ ・身の回りのことをすすんで自分から行い、周りの友達の様子を見ながら、一人で自立して行動できるようになってきている。 ・運動遊びでは、リズムに合わせたダンスなどに積極的に参加している。自分から音楽をかけて、友達と誘い合い、喜んで取り組む姿がみられる。⑥
	自分の体を十分に動かし、進んで運動しようとする。				
	健康、安全な生活に必要な習慣や態度を身に付け、見通しをもって行動する。				
人間関係	幼保連携型認定こども園の生活を楽しみ、自分の力で行動することの充実感を味わう。				
	身近な人と親しみ、関わりを深め、工夫したり、協力したりして一緒に活動する楽しさを味わい、愛情や信頼感をもつ。				
	社会生活における望ましい習慣や態度を身に付ける。				
環境	身近な環境に親しみ、自然と触れ合う中で様々な事象に興味や関心をもつ。				
	身近な環境に自分から関わり、発見を楽しんだり、考えたりし、それを生活に取り入れようとする。				
	身近な事象を見たり、考えたり、扱ったりする中で、物の性質や数量、文字などに対する感覚を豊かにする。				
言葉	自分の気持ちを言葉で表現する楽しさを味わう。				
	人の言葉や話などをよく聞き、自分の経験したことや考えたことを話し、伝え合う喜びを味わう。				
	日常生活に必要な言葉が分かるようになるとともに、絵本や物語などに親しみ、言葉に対する感覚を豊かにし、保育教諭等や友達と心を通わせる。				
表現	いろいろなものの美しさなどに対する豊かな感性をもつ。				
	感じたことや考えたことを自分なりに表現して楽しむ。				
	生活の中でイメージを豊かにし、様々な表現を楽しむ。		(特に配慮すべき事項) ・特記事項なし。	(特に配慮すべき事項) ・特記事項なし。	

出欠状況		○年度	○年度	○年度
	教育日数	○○	○○	○○
	出席日数	○○	○○	○○

［満3歳未満の園児に関する記録］

園児の育ちに関する事項	平成○年度	平成○年度	平成○年度

○ちゃんの保育記録より

●○ちゃんってこんな子

造形活動が得意で、豊かな感性をもっている。何事にもじっくりと取り組むことができるが、丁寧に取り組むあまり時間がかかる。活動に没頭すると、他児との関わりが希薄になる傾向がある。友達から強く言われると、影響を受けやすい。

▼

●指導の過程

その都度声をかけ、身の回りのことを自分でできるように援助していく。友達関係では、作品を通して友達から認められる喜びが味わえるように配慮する。また、友達に気持ちが伝えられるよう、仲立ちをする。

▼

ここからの育ちを
プラスの視点で書こう！

Point 1

本児が様々なことに興味をもち、工夫して遊びを展開していく様子が具体的に記入されているので、本児の姿が読み手によく伝わります。

Point 2

時間がかかる様子は課題でもありますが、丁寧に取り組むことができ、そのために時間を要する子の場合は、それが伝わるような書き方をしましょう。

書きがち例 丁寧に取り組めるが、時間がかかる。

Point 3

本児が園生活に慣れ、自信がついてきたことがよくわかる文章表現になっています。

Point 4

想像力が豊かであることが読み手に伝わる表現になっています。

Point 5

本児の成長の様子が具体的に書かれています。

Point 6

個人の重点にも体を動かして遊ぶことを設定しています。どんな成長があったのか、しっかりと記入しておくことが大切です。「10の姿」の視点でみると、「健康な心と体」「豊かな感性と表現」「協同性」などに関連した4歳児なりの育ちが書かれています。

記入例 16 生活文化の違いに適応した外国籍の子

3・4歳児

〈指導等に関する記録〉

ふりがな	○○○○ ○○○○	性別				平成○年度	平成○年度
氏名	Pフィー　○○	女	指導の重点等			(学年の重点) 園生活の流れがわかり、友達と遊ぶことを楽しむ。	(学年の重点) 自分の思いやイメージを言葉で伝え、みんなと一緒に遊びや生活をすすめる。
平成○年○月○日生						(個人の重点) 初めてのことに戸惑いながらも積極的に取り組む。	(個人の重点) 自分からすすんで遊びに参加し、友達との関わりを深める。

	ねらい （発達を捉える視点）				
健康	明るく伸び伸びと行動し、充実感を味わう。	指導上参考となる事項		• 日本に来たばかりで、入園当初は言葉を理解するのが難しく、不安な様子であったが、新しい生活文化の中で戸惑いながらも、他児や保育教諭に関わろうとしていた。❶ • 保育教諭が、本児の意志をくみ取ろうと絵カードを使用していたが、これを音声機器に変更したところ、本児も単語の意味がわかり、とても喜ぶ姿がみられた。 • 使う言葉の意味がわかるようになってからは、自信をもって活動に取り組むようになり、笑顔も増えてきている。❷ • 意欲的に自分の身の回りのことに取り組み、遊びに参加している。 • 体を動かすことが好きで、友達を誘い、音楽に合わせて振り付けをして踊ったり、かけっこをしたりする姿がみられる。❸	• 友達と一緒にしりとりや早口言葉などの言葉遊びを楽しむ姿がみられる。❹ • 調べたことをみんなの前で発表する活動で、発表をクラス全体で楽しんだことなどが、本児の言葉で伝えようという意欲につながっている。❺ • 体を動かす活動が得意で、何度も挑戦して、スキップやギャロップができるようになった。跳べた時の達成感が、次の挑戦に向かう力になっている。 • 発表会の劇では、友達や保育教諭のアドバイスに素直に耳を傾け、積極的に取り組む姿がみられた。本番では、役になりきって、大きな動きで表現し、楽しい雰囲気が周囲にも伝わった。❻ • 劇遊びや歌などの活動に積極的に参加し、イメージを表現することを楽しんでいる。
	自分の体を十分に動かし、進んで運動しようとする。				
	健康、安全な生活に必要な習慣や態度を身に付け、見通しをもって行動する。				
人間関係	幼保連携型認定こども園の生活を楽しみ、自分の力で行動することの充実感を味わう。				
	身近な人と親しみ、関わりを深め、工夫したり、協力したりして一緒に活動する楽しさを味わい、愛情や信頼感をもつ。				
	社会生活における望ましい習慣や態度を身に付ける。				
環境	身近な環境に親しみ、自然と触れ合う中で様々な事象に興味や関心をもつ。				
	身近な環境に自分から関わり、発見を楽しんだり、考えたりし、それを生活に取り入れようとする。				
	身近な事象を見たり、考えたり、扱ったりする中で、物の性質や数量、文字などに対する感覚を豊かにする。				
言葉	自分の気持ちを言葉で表現する楽しさを味わう。				
	人の言葉や話などをよく聞き、自分の経験したことや考えたことを話し、伝え合う喜びを味わう。				
	日常生活に必要な言葉が分かるようになるとともに、絵本や物語などに親しみ、言葉に対する感覚を豊かにし、保育教諭等や友達と心を通わせる。				
表現	いろいろなものの美しさなどに対する豊かな感性をもつ。				
	感じたことや考えたことを自分なりに表現して楽しむ。				
	生活の中でイメージを豊かにし、様々な表現を楽しむ。			(特に配慮すべき事項) • 特記事項なし。	(特に配慮すべき事項) • 特記事項なし。

出欠状況		○年度	○年度	○年度
	教育日数	○○	○○	○○
	出席日数	○○	○○	○○

［満3歳未満の園児に関する記録］

園児の育ちに関する事項	平成○年度	平成○年度	平成○年度

Point 1

本児の課題となる部分を記入する時には、マイナスな印象になり過ぎないよう、文章表現に気を付けましょう。

Point 2

本児が新しい生活文化に慣れてきた様子が読み手にもよく伝わります。

Point 3

外国籍の子の場合、5領域の「言葉」や「人間関係」に関する記述が多くなりますが、このように、他の領域に関しても、しっかりと記入していきましょう。

Pちゃんの保育記録より

● Pちゃんってこんな子

入園当初は、来日間もなくでもあり、日本語を理解するのが難しく、不安な様子だった。言葉が理解できるようになってからは、好きな運動遊びをはじめ、様々な活動に意欲的に取り組んでいる。

● 指導の過程

絵カードよりも、音声機器を用いた方が、本児の意志をくみ取りやすいことがわかり、積極的に活用する。安心感がもてるよう丁寧に関わり、本児が言葉に興味をもてるような活動を提案していく。

**ここからの育ちを
プラスの視点で書こう！**

Point 4

言葉遊びを楽しむ姿からは、新しい生活文化に触れ、成長したことがわかります。本児が大きく成長した所ですので、このような姿を要録に記入していくことが大切です。

Point 5

1つの活動が、他の活動への意欲につながっていることが読み手によく伝わる書き方です。

Point 6

本児がすっかりなじんで、園生活を楽しむ様子がよくわかる文章表現になっています。「10の姿」の視点でみると、「自立心」「言葉による伝え合い」「豊かな感性と表現」などに関連した4歳児なりの育ちが書かれています。

記入例 17

気持ちの表現の仕方が消極的な子

4・5歳児

プラス の視点で ➡ よく考えてから行動する子

〈指導等に関する記録〉

ふりがな	○○○○　○○○○	性別	
氏名	○○ Q実	女	

平成○年○月○日生

	ねらい（発達を捉える視点）
健康	明るく伸び伸びと行動し、充実感を味わう。
	自分の体を十分に動かし、進んで運動しようとする。
	健康、安全な生活に必要な習慣や態度を身に付け、見通しをもって行動する。
人間関係	幼保連携型認定こども園の生活を楽しみ、自分の力で行動することの充実感を味わう。
	身近な人と親しみ、関わりを深め、工夫したり、協力したりして一緒に活動する楽しさを味わい、愛情や信頼感をもつ。
	社会生活における望ましい習慣や態度を身に付ける。
環境	身近な環境に親しみ、自然と触れ合う中で様々な事象に興味や関心をもつ。
	身近な環境に自分から関わり、発見を楽しんだり、考えたりし、それを生活に取り入れようとする。
	身近な事象を見たり、考えたり、扱ったりする中で、物の性質や数量、文字などに対する感覚を豊かにする。
言葉	自分の気持ちを言葉で表現する楽しさを味わう。
	人の言葉や話などをよく聞き、自分の経験したことや考えたことを話し、伝え合う喜びを味わう。
	日常生活に必要な言葉が分かるようになるとともに、絵本や物語などに親しみ、言葉に対する感覚を豊かにし、保育教諭等や友達と心を通わせる。
表現	いろいろなものの美しさなどに対する豊かな感性をもつ。
	感じたことや考えたことを自分なりに表現して楽しむ。
	生活の中でイメージを豊かにし、様々な表現を楽しむ。

出欠状況		○年度	○年度	○年度
	教育日数	○○	○○	○○
	出席日数	○○	○○	○○

［満3歳未満の園児に関する記録］

園児の育ちに関する事項	平成○年度	平成○年度

指導の重点等

平成○年度

（学年の重点）
思っていることや感じていることを、園生活の中で素直に表現する。

（個人の重点）
思ったことや感じたこと、考えたことを言葉や態度で伝える。

指導上参考となる事項

- 戸外で遊ぶ準備や生活に必要な準備では、保育教諭と一緒に行うことで、安心して取り組んでいる。 **①**

- 積極的に自己を発揮することが少なかったが、気の合う友達と一緒にいることで、気持ちを表現したり、楽しく遊びに参加したりする姿がみられる。

- 自分の担当する当番活動に、意欲的に取り組むようになってきた。

- 運動会などの活動では、友達の様子をよく見て、勇気をもって取り組んでいた。ダンスでは、リズムに合わせて体を動かせるようになると、自信をもって楽しみながら参加するようになっていった。 **②**

（特に配慮すべき事項）
- 特記事項なし。

Qちゃんの保育記録より

● Qちゃんってこんな子

消極的で自分からは、なかなか活動の輪に入れず、保育教諭と一緒にいることを好む。様々な活動を通じて、次第に自信がついてきて、当番活動などに意欲をみせるようになってきた。ごっこ遊びが好きで、数への興味・関心が高い。

● 指導の過程

全体での活動が難しい時は、個人の活動ができるように配慮する。安心感をもち、自信がもてるよう、丁寧に関わっていく。

ここからの育ちをプラスの視点で書こう！

Point ①

課題になっているところを記載する時は、マイナスな印象になり過ぎないよう、文章表現に注意しましょう。

書きがち例 保育教諭と一緒にいることを好み、保育教諭がそばにいないと活動に参加することができない。

Point ②

本児が課題を乗り越え、活動に参加しようとする姿がよく伝わる書き方です。「10の姿」の視点でみると、「健康な心と体」「自立心」「豊かな感性と表現」などに関連した4歳児なりの育ちが書かれています。

〈最終学年の指導に関する記録〉

ふりがな	○○○○　○○○○	指導の重点等	平成○年度
氏名	○○　Q実		(学年の重点) 友達と協力しながら、考えたり工夫したりし、意欲的に活動を深めていく。
	平成○年○月○日生		
性別	女		(個人の重点) 自信をもって、様々な活動に意欲的に取り組む。
ねらい (発達を捉える視点)			

	ねらい（発達を捉える視点）		指導上参考となる事項
健康	明るく伸び伸びと行動し、充実感を味わう。		・みんなで育てている植物の観察や世話をする中で、周りが見過ごしてしまうようなことにもよく気が付き、すすんで行動する。　③
	自分の体を十分に動かし、進んで運動しようとする。		・自分からすすんで行動できることを、クラスの中で紹介され、認められたことが、本児の自信につながっている。　④
	健康、安全な生活に必要な習慣や態度を身に付け、見通しをもって行動する。		
人間関係	幼保連携型認定こども園の生活を楽しみ、自分の力で行動することの充実感を味わう。		・クラスの一員として、活動の準備などの役割を積極的に行うようになり、周囲にもよい影響を与えている。
	身近な人と親しみ、関わりを深め、工夫したり、協力したりして一緒に活動する楽しさを味わい、愛情や信頼感をもつ。		・運動会や発表会などの行事では、人前で演じることに戸惑いがあったが、保育教諭と一緒に取り組む時間を通して、みんなとの活動に参加していき、本番では楽しみながら自信をもって演じることができた。　⑤
	社会生活における望ましい習慣や態度を身に付ける。		
環境	身近な環境に親しみ、自然と触れ合う中で様々な事象に興味や関心をもつ。		・数への興味・関心が高く、おやつの数を数えたり、製作物を数えたりしている。
	身近な環境に自分から関わり、発見を楽しんだり、考えたりし、それを生活に取り入れようとする。		・お店やさんごっこなどのごっこ遊びを楽しんでおり、クラスの友達との積極的な関わりがみられるようになった。商店街で買い物をした経験を生かして、紙でお金を作ったり、店員になりきったりして遊んでいる。　⑥
	身近な事象を見たり、考えたり、扱ったりする中で、物の性質や数量、文字などに対する感覚を豊かにする。		
言葉	自分の気持ちを言葉で表現する楽しさを味わう。		
	人の言葉や話などをよく聞き、自分の経験したことや考えたことを話し、伝え合う喜びを味わう。		
	日常生活に必要な言葉が分かるようになるとともに、絵本や物語などに親しみ、言葉に対する感覚を豊かにし、保育教諭等や友達と心を通わせる。		
表現	いろいろなものの美しさなどに対する豊かな感性をもつ。		
	感じたことや考えたことを自分なりに表現して楽しむ。		
	生活の中でイメージを豊かにし、様々な表現を楽しむ。		(特に配慮すべき事項) ・特記事項なし。
出欠状況		○年度	
	教育日数	○○	
	出席日数	○○	

Point ③
「10の姿」の「自然との関わり・生命尊重」「自立心」などに関連した内容が書かれています。

Point ④
本児が頑張っている様子をクラス全体で認め、本児が自信を深めていることがよくわかる書き方になっています。

Point ⑤
保育教諭との一対一の時間があると、課題に取り組みやすくなるという本児の様子が記入されているので、小学校の指導の参考にすることができます。

Point ⑥
本児の課題に対しての成長が書かれています。また、「10の姿」の「豊かな感性と表現」「協同性」「社会生活との関わり」などに関連した内容が書かれています。

記入例 18

よく気が付く子

4・5歳児

〈指導等に関する記録〉

ふりがな	○○○○ ○○○○	性別	
氏名	○○ R央	男	指導の重点等
	平成○年○月○日生		

ねらい（発達を捉える視点）

健康	明るく伸び伸びと行動し、充実感を味わう。
	自分の体を十分に動かし、進んで運動しようとする。
	健康、安全な生活に必要な習慣や態度を身に付け、見通しをもって行動する。
人間関係	幼保連携型認定こども園の生活を楽しみ、自分の力で行動することの充実感を味わう。
	身近な人と親しみ、関わりを深め、工夫したり、協力したりして一緒に活動する楽しさを味わい、愛情や信頼感をもつ。
	社会生活における望ましい習慣や態度を身に付ける。
環境	身近な環境に親しみ、自然と触れ合う中で様々な事象に興味や関心をもつ。
	身近な環境に自分から関わり、発見を楽しんだり、考えたりし、それを生活に取り入れようとする。
	身近な事象を見たり、考えたり、扱ったりする中で、物の性質や数量、文字などに対する感覚を豊かにする。
言葉	自分の気持ちを言葉で表現する楽しさを味わう。
	人の言葉や話などをよく聞き、自分の経験したことや考えたことを話し、伝え合う喜びを味わう。
	日常生活に必要な言葉が分かるようになるとともに、絵本や物語などに親しみ、言葉に対する感覚を豊かにし、保育教諭等や友達と心を通わせる。
表現	いろいろなものの美しさなどに対する豊かな感性をもつ。
	感じたことや考えたことを自分なりに表現して楽しむ。
	生活の中でイメージを豊かにし、様々な表現を楽しむ。

平成○年度

（学年の重点）
友達と意欲的に活動に取り組むことで、一緒に遊びをつくり上げる喜びを味わう。

（個人の重点）
自然に触れながら季節の変化や植物の生長に気付き、関心をもつ。

指導上参考となる事項

- 身の回りを丁寧に整えることができ、積極的に手伝いをする姿がみられる。
- 困っている友達がいると、すぐに手を貸すなど、優しく安心できる存在として、友達から信頼されている。
- 友達が持ち帰るのを忘れていた荷物をたくさん抱え、部屋に持ってくるなど、友達のためにすすんで行動している。
- 植物の世話が好きで、当番と一緒に水やりを欠かさずにしている。生長の変化に気付き、喜ぶことも多い。
- 植物のことを自分で調べたり、保育教諭に聞いたりして、知識の範囲も広がってきている。

（特に配慮すべき事項）
- 特記事項なし。

出欠状況		○年度	○年度	○年度
	教育日数	○○	○○	○○
	出席日数	○○	○○	○○

［満3歳未満の園児に関する記録］

園児の育ちに関する事項	平成○年度	平成○年度

Rくんの保育記録より

● Rくんってこんな子

妹の面倒をよく見ている。園でも、困っている友達や異年齢児を手助けし、信頼されている。よく気が付き、積極的に手伝いをしている。遊びの中では、みんなが楽しめるよう工夫する姿がみられ、リーダー的な存在になっている。

● 指導の過程

よく気が付き、自ら行動できるというよさをさらに伸ばしていけるよう、その姿を認め、みんなの前で伝えていく。また、遊びや知識の幅が広がるよう、様々な遊びや素材を提供する。

ここからの育ちをプラスの視点で書こう！

Point 1
本児が他者に対してどのように関わり、他者からどのように思われているのか、読み手に伝わる表現になっています。

Point 2
本児がよく気が付いて、みんなを手伝っている様子が具体的なエピソードとともに書かれているので、本児の姿をイメージしやすい書き方になっています。

Point 3
動植物に対しても愛情をもち、生長を喜べる本児のよい所が記入されています。「10の姿」の視点でみると、「自立心」「自然との関わり・生命尊重」などに関連した4歳児なりの育ちが書かれています。

〈最終学年の指導に関する記録〉

ふりがな	○○○○　○○○○	指導の重点等	平成○年度
氏名	○○ R央　　　平成○年○月○日生		（学年の重点）いろいろな活動に見通しをもち、みんなで考えたり工夫をしたりする。
性別	男		（個人の重点）友達と積極的に関わり、活動を工夫して楽しみながら、遊びや経験の幅を広げていく。

	ねらい（発達を捉える視点）		指導上参考となる事項
健康	明るく伸び伸びと行動し、充実感を味わう。		・椅子を整頓したり、食器を重ねやすいように並べたりするなど、クラスの整理を自発的にしている様子がみられる。④
	自分の体を十分に動かし、進んで運動しようとする。		・欠席をしている友達の週末の準備をすすんで行うなど、周りのことに気を配る様子は、友達からも信頼されている。
	健康、安全な生活に必要な習慣や態度を身に付け、見通しをもって行動する。		・新入園児が困っていると、優しく声をかけ、元気になるまでなぐさめたり、親身になって話を聞いたりするなど、丁寧に関わっている。⑤
人間関係	幼保連携型認定こども園の生活を楽しみ、自分の力で行動することの充実感を味わう。		・異年齢児交流では、下の学年の子にわかるように、着替えの仕方などを丁寧に伝えている。⑥
	身近な人と親しみ、関わりを深め、工夫したり、協力したりして一緒に活動する楽しさを味わい、愛情や信頼感をもつ。		・製作遊びでは、絵本に登場した怪獣を作ろうと、空き箱やラップの芯などを組み合わせて立体的に作るなど、自分のイメージを形にしようと積極的に取り組んでいる。
	社会生活における望ましい習慣や態度を身に付ける。		・音楽活動や運動遊びなどでは、積極的に友達に声をかけている。楽器の数や音の鳴らし方、リズムやダンスなど、みんなで楽しめるように工夫し、先の見通しをもって行動するなど、リーダー的な役割をしている。⑦
環境	身近な環境に親しみ、自然と触れ合う中で様々な事象に興味や関心をもつ。		
	身近な環境に自分から関わり、発見を楽しんだり、考えたりし、それを生活に取り入れようとする。		
	身近な事象を見たり、考えたり、扱ったりする中で、物の性質や数量、文字などに対する感覚を豊かにする。		
言葉	自分の気持ちを言葉で表現する楽しさを味わう。		
	人の言葉や話などをよく聞き、自分の経験したことや考えたことを話し、伝え合う喜びを味わう。		
	日常生活に必要な言葉が分かるようになるとともに、絵本や物語などに親しみ、言葉に対する感覚を豊かにし、保育教諭等や友達と心を通わせる。		
表現	いろいろなものの美しさなどに対する豊かな感性をもつ。		
	感じたことや考えたことを自分なりに表現して楽しむ。		
	生活の中でイメージを豊かにし、様々な表現を楽しむ。		（特に配慮すべき事項）・特記事項なし。

出欠状況		○年度
	教育日数	○○
	出席日数	○○

Point ④
「10の姿」の「自立心」「道徳性・規範意識の芽生え」などに関連した内容が書かれています。

Point ⑤
本児の丁寧な関わりが、「元気になるまで」という時間を表す表現からも伝わる書き方になっています。

Point ⑥
異年齢児との関わりが、具体的に書かれていて、読み手によく伝わる表現になっています。

Point ⑦
「10の姿」の「健康な心と体」「自立心」「協同性」「思考力の芽生え」「数量や図形、標識や文字などへの関心・感覚」などに関連した内容が書かれています。

苦手なことを克服していった子

0～5歳児

〈指導等に関する記録〉

ふりがな	○○○○　○○○○	性別	指導の重点等	平成○年度	平成○年度	平成○年度
氏名	○○　S子	女		（学年の重点）	（学年の重点）安心できる人や場所を見つけ、好きな遊びを楽しむ。	（学年の重点）自己を発揮しながら、友達と一緒に遊ぶ楽しさを味わう。
	平成○年○月○日生			（個人の重点）	（個人の重点）安心して園生活を送り、保育教諭や友達と遊ぶ楽しさを味わう。	（個人の重点）友達に関心をもち、自分の思いを表現しながら、友達と積極的に関わる。

ねらい（発達を捉え〔る視点〕）

Point ❶
3歳児にとって安心できる人がいることは、とても大切なことです。本児が安心感をもとに気持ちを立て直している様子が、読み手に伝わる書き方になっています。

Point ❷
徐々に環境に慣れ、友達関係の幅が広がっていることが、読み手に伝わります。

Point ❸
「10の姿」の視点でみると「協同性」などに関連した、4歳児なりの育ちが書かれています。

Point ❹
遊びを通して人との関わりが広がり、徐々に課題を克服していく様子がよくわかる書き方です。

健康
- 明るく伸び伸び〔と〕わう。
- 自分の体を十〔分に〕しようとする。
- 健康、安全な〔生活〕を身に付け、〔楽しむ。〕

人間関係
- 幼保連携型認定こども園〔での生〕活を楽しみ、自分の力で行動することの充実感を味わう。
- 身近な人と親しみ、〔関わりを深め〕したり、協力し〔たりして〕楽しさを味わ〔う。〕
- 社会生活にお〔ける望ましい習慣や態度〕を身に付ける。

環境
- 身近な環境に親〔しみ、自然と触れ合う〕中で様々な事象に興味や関心をもつ。
- 身近な環境に自分〔から関わり、発見を〕楽しんだり、考え〔たりし、それを生活〕に取り入れよ〔うとする。〕
- 身近な事象を見〔たり、考えたり、扱った〕りする中で、物〔の性質や数量、文字など〕に対する感覚を〔豊かにする。〕

言葉
- 自分の気持ち〔を言葉で表現する楽しさ〕を味わう。
- 人の言葉や話などをよく聞き、自分の経験したことや考えたことを話し、伝え合う喜びを味わう。
- 日常生活に必要な言〔葉が分かるようになるととも〕に、絵本や物語な〔どに親しみ、言葉〕を豊かにし、保育〔教諭や友達と心を通わせる。〕

表現
- いろいろなもの〔の美しさなどに対する感覚〕豊かな感性を〔もつ。〕
- 感じたことや〔考えたことを自分なりに〕表現して楽しむ。
- 生活の中でイメージを豊かにし、様々な表現を楽しむ。

指〔導上参考と〕な〔る事項〕

平成○年度
- 保育教諭が声をかけたり、ほほえみかけたりすると、本児は緊張感が和らぎ、うれしそうにしている。
- 嫌だと思うことがあると、泣いてしまうが、保育教諭のそばで安心して過ごせるようになると、気持ちを切り替えられるようになってきた。
- クラスに慣れ、保育教諭や友達の誘いに応じて、友達と一緒に砂場遊びなどをして楽しんでいる姿が増えている。
- ごっこ遊びで役を決め、友達と一緒に遊ぶ楽しさを感じるようになってきた。
- 園で飼っているモルモットの世話をしている。すすんで水を替えたり、だっこしてかわいがったりと、愛情をもって毎日のように関わっている。

平成○年度
- 友達が楽しそうに遊んでいる姿に興味を示し、遊びに参加しようとしている。特定の友達と仲よくなりたいという気持ちをもつようになってきた。
- 製作遊びが好きで、遠足の時に見たぞうを、画用紙や空き箱を使って丁寧に作る姿がみられた。
- 大人数での集団遊びに興味はあっても、友達の様子や顔色を気にする姿がみられた。誘われて参加するうちに、大人数の友達と遊ぶ楽しさを感じ始め、自分から遊びに入ることが増えている。
- みんなと一緒にいることの楽しさや居心地のよさを感じるようになったことで、関わりが少なかった友達にも自分から話しかける姿がみられるようになってきている。

| | （特に配慮すべき事項） | （特に配慮すべき事項）
・特記事項なし。 | （特に配慮すべき事項）
・特記事項なし。 |

出欠状況

	○年度	○年度	○年度
教育日数	○○	○○	○○
出席日数	○○	○○	○○

［満3歳未満の園児に関する記録］

園児の育ちに関する事項	平成○年度	平成○年度	平成○年度	平成○年度
		担当の保育教諭に慣れ、伸び伸びと過ごす。他の人が来ると人見知りをして泣くことがある。	徐々に発語が増えてきて、指差しなどで自分の意思を示すようになってきている。	自分の気持ちを言葉や身振りなどで表現しようとしている。

〈最終学年の指導に関する記録〉

	○○○○ ○○○○（ふりがな）		平成○年度
氏名	○○ S子　　　　平成○年○月○日生	指導の重点等	（学年の重点）生活や行事を通して、友達の思いに気付きながら一緒に活動し、達成感や充実感を味わう。
性別	女		（個人の重点）間違いや失敗を恐れずに、周りの人に支えてもらいながら、自信をもって自分の思いを伝えられるようになる。
	ねらい（発達を捉える視点）	指導上参考となる事項	
健康	明るく伸び伸びと行動し、充実感を味わう。		• 5歳児クラスになったことへの自信や今までの経験から、新しい友達と仲よくなろうと、自分から積極的に関わっている。役割を分担し、イメージを伝え合いながら、ごっこ遊びなどをして楽しんでいる。
	自分の体を十分に動かし、進んで運動しようとする。		
	健康、安全な生活に必要な習慣や態度を身に付け、見通しをもって行動する。		• 間違いや失敗を気にして、みんなの前で話すことに戸惑いを感じながらも、繰り返し取り組んでいった。回を重ねるにつれ、自信がもてるようになり、友達の前に立って、堂々と発表する姿がみられた。
人間関係	幼保連携型認定こども園の生活を楽しみ、自分の力で行動することの充実感を味わう。		
	身近な人と親しみ、関わりを深め、工夫したり、協力したりして一緒に活動する楽しさを味わい、愛情や信頼感をもつ。		• 自分の気持ちを抑え込んでしまうことがあり、言いたいことを言わずに我慢する姿がみられた。運動会や共同製作などで、みんなで力を合わせる経験を通して、自分の思いを言葉にして伝えることの大切さを知り、言葉で伝えることが増えている。
	社会生活における望ましい習慣や態度を身に付ける。		
環境	身近な環境に親しみ、自然と触れ合う中で様々な事象に興味や関心をもつ。		
	身近な環境に自分から関わり、発見を楽しんだり、考えたりし、それを生活に取り入れようとする。		• 様々な活動を通して、相手の思いを知り、そこからどうしていくのかを友達と一緒に考えるようになった。みんなで力を合わせてやり遂げることで、達成感を味わっている。
	身近な事象を見たり、考えたり、扱ったりする中で、物の性質や数量、文字などに対する感覚を豊かにする。		
言葉	自分の気持ちを言葉で表現する楽しさを味わう。		• ダンスや跳び箱などに意欲的に取り組み、失敗してもまた頑張ろうという前向きな気持ちで、笑顔でもう一度挑戦する姿がみられる。
	人の言葉や話などをよく聞き、自分の経験したことや考えたことを話し、伝え合う喜びを味わう。		
	日常生活に必要な言葉が分かるようになるとともに、絵本や物語などに親しみ、言葉に対する感覚を豊かにし、保育教諭等や友達と心を通わせる。		
表現	いろいろなものの美しさなどに対する豊かな感性をもつ。		
	感じたことや考えたことを自分なりに表現して楽しむ。		
	生活の中でイメージを豊かにし、様々な表現を楽しむ。		（特に配慮すべき事項）• 特記事項なし。
出欠状況		○年度	
	教育日数	○○	
	出席日数	○○	

Sちゃんの保育記録より

● Sちゃんってこんな子

人見知りで消極的な面があり、失敗を恐れ、挑戦に尻込みしてしまうことがある。活動や行事を通して、徐々に友達と関われるようになり、失敗しても、再び挑戦する前向きな気持ちが出てきた。

▼

● 指導の過程

保育教諭に対して安心感がもてるよう、丁寧に関わる。無理強いはせずに、遊びに誘うことで、友達関係を広げていけるように留意する。同じ活動を繰り返すと、安心感が得られるので、繰り返し取り組める機会を設ける。

▼

ここからの育ちをプラスの視点で書こう！

Point 5

進級するごとに成長を感じます。要録全体を読むと、本児が次第に自信をつけてきたことが示されており、わかりやすいです。

Point 6

本児が安心しながら共同の学びができており、とてもよい体験をしている様子を伝えています。

Point 7

「10の姿」の「健康な心と体」「自立心」などに関連する内容が書かれています。

73

自ら積極的に取り組もうとする子

0〜5歳児

〈指導等に関する記録〉

ふりがな	○○○○　○○○○	性別	指導の重点等	平成○年度	平成○年度	平成○年度
氏名	○○ Ｔ也	男		（学年の重点）	（学年の重点）いろいろな経験をする中で、自分なりの思いを表現する。	（学年の重点）様々な環境に積極的に関わろうとする。
	平成○年○月○日生			（個人の重点）	（個人の重点）好奇心旺盛に様々な活動に参加し、園生活を思い切り楽しむ。	（個人の重点）友達と関わる楽しさを感じながら生活できるようになる。

ねらい（発達を捉える視点）

領域		
健康	明るく伸び伸び〜わう。 自分の体を十〜しようとする。 健康、安全な〜を身に付け、	
人間関係	幼保連携型認定〜み、自分の力で行動することの充実感を味わう。 身近な人と親しみ〜したり、協力し〜楽しさを味わい〜 社会生活にお〜身に付ける。	
環境	身近な環境に親〜中で様々な事象に興味や関心をもつ。 身近な環境に自分〜楽しんだり、考〜に取り入れよ〜 身近な事象を見〜りする中で、〜に対する感覚を〜	
言葉	自分の気持ち〜を味わう。 人の言葉や話〜経験したことやや〜え合う喜びを味わう。 日常生活に必要な言葉が〜に、絵本や物語などに〜を豊かにし、保育者〜	
表現	いろいろなも〜豊かな感性を〜 感じたことや〜表現して楽し〜 生活の中でイメージを豊かにし、様々な表現を楽しむ。	

Point ❶ 動植物に興味をもち、触れ合いの中で安心感を深めてクラスに慣れていく様子が具体的に書かれており、本児の姿が読み手に伝わりやすいです。

Point ❷ 自分の経験したことを遊びに取り入れる力をもっていることがよくわかる記述です。

Point ❸ 疑問に感じたことや不思議に思ったことを自ら解決しようとする姿が具体的に書かれているので、本児の姿がイメージしやすい記述です。

Point ❹ 「10の姿」の「道徳性・規範意識の芽生え」などに関連した4歳児なりの育ちが書かれています。

平成○年度欄の記述:

❶ ・進級当初は環境の変化に不安な様子だったが、園庭の身近な動植物に興味をもち、触れ合うことが安心感につながっていった。特に、園で飼っているやぎに餌をあげることを楽しみにしている。

・季節ごとの栽培物にも興味をもち、実った物を見つけると、保育教諭や友達に報告する姿がみられる。

❷ ・自分の経験を遊びに取り入れている。レストランに行った体験から、注文を聞いたり、食べ物をお盆に載せて運んだりと、具体的にイメージして遊んでいる。

・イメージを友達と共有し、盛り上がる姿もみられる。マットをタクシーに見立て、運転手になりきったり、島にいる設定で高い台に登ったりするなど、様々な場面を想像して友達と楽しんでいる。

（特に配慮すべき事項）
・特記事項なし。

平成○年度欄の記述:

・乳児クラスや3歳児クラスのことを気にかけて、様子を見に行ったり、一度遊んだ子に声をかけたりしている。

・乳児との関わりでは、相手が言葉を話せない分、表情から気持ちをくみ取ろうとしている。❸ 不思議に感じることがあれば保育教諭にたずねて、理解しようとする。

❹ ・保育教諭を手伝ったり、困っている子に手を差し伸べたりと、気付いた時に、すぐ行動に移すことができる。また、自分が使っていない場所の片付けなども丁寧にしようとする。

・色おになどのルールのある遊びの時に、違う意見が飛び交うと、解決策を提案する姿がみられるようになってきた。

（特に配慮すべき事項）
・特記事項なし。

出欠状況		○年度	○年度	○年度
	教育日数	○○	○○	○○
	出席日数	○○	○○	○○

[満3歳未満の園児に関する記録]

関する事項に園児の育ちに	平成○年度	平成○年度	平成○年度	平成○年度
		周りの環境に興味をもち、自分の行きたい所に自由に行く姿がみられる。	指差しや身振りで自分の思いを伝えようとする姿がみられ、徐々に発語も増えてきている。	体を動かして遊ぶことが好きで、活動する範囲が広がり、いろいろな場所で遊んでいる。

〈最終学年の指導に関する記録〉

			平成○年度
ふりがな	○○○○　○○○○	指導の重点等	（学年の重点） 主体的に物事に取り組みながら、自分なりの興味や関心を広げていく。
氏名	○○　Ｔ也		
	平成○年○月○日生		
性別	男		（個人の重点） 友達の意見を聞き、自分の意見との調整ができるようになる。

ねらい （発達を捉える視点）		指導上参考となる事項
健康	明るく伸び伸びと行動し、充実感を味わう。	• クラスの話し合いで決まったことや、連絡事項をみんなの前で話したり、忘れ物に気付いて声をかけたりする。周りがよく見えており、自分の気付いたことや、思いを堂々と伝えるようになっている。⑤ • 友達や保育教諭と一緒に、こおりおになどの戸外遊びを楽しんでいる。年下の子と一緒に遊ぶことがよくあり、年下の子には手加減するなどの配慮をしている。⑥ • おにごっこでは、役割を決める時に、他児にやりたい役を譲ることが多い。譲ったあとも、自分の立場で楽しむ方法を見つけている。 • 体を動かす遊びが好きで、なげごま、リレー、ドッジボール、おにごっこなどの遊びに意欲的に参加している。 • 苦手意識のある製作活動でも、作品展に向けてみんなで共同製作をした時には、大きなロケットを完成させるという目標に向かって、様々な工夫をする姿がみられた。⑦
	自分の体を十分に動かし、進んで運動しようとする。	
	健康、安全な生活に必要な習慣や態度を身に付け、見通しをもって行動する。	
人間関係	幼保連携型認定こども園の生活を楽しみ、自分の力で行動することの充実感を味わう。	
	身近な人と親しみ、関わりを深め、工夫したり、協力したりして一緒に活動する楽しさを味わい、愛情や信頼感をもつ。	
	社会生活における望ましい習慣や態度を身に付ける。	
環境	身近な環境に親しみ、自然と触れ合う中で様々な事象に興味や関心をもつ。	
	身近な環境に自分から関わり、発見を楽しんだり、考えたりし、それを生活に取り入れようとする。	
	身近な事象を見たり、考えたり、扱ったりする中で、物の性質や数量、文字などに対する感覚を豊かにする。	
言葉	自分の気持ちを言葉で表現する楽しさを味わう。	
	人の言葉や話などをよく聞き、自分の経験したことや考えたことを話し、伝え合う喜びを味わう。	
	日常生活に必要な言葉が分かるようになるとともに、絵本や物語などに親しみ、言葉に対する感覚を豊かにし、保育教諭等や友達と心を通わせる。	
表現	いろいろなものの美しさなどに対する豊かな感性をもつ。	
	感じたことや考えたことを自分なりに表現して楽しむ。	
	生活の中でイメージを豊かにし、様々な表現を楽しむ。	（特に配慮すべき事項） • 特記事項なし。

出欠状況		○年度
	教育日数	○○
	出席日数	○○

Ｔくんの保育記録より

●Ｔくんってこんな子

3歳児クラス進級当初はよく泣いていたが、クラスに慣れてからは積極性がみられた。行動力があり、周囲のこともよく見えている。友達や年下の子を思いやる気持ちがある。体を動かす遊びが得意で、積極的に遊ぶ。一方で、製作活動には苦手意識があり、消極的。

▼

●指導の過程

行動力があり、他児を思いやる優しさがある所など、よい所がさらに伸ばせるよう、見守りながら援助していく。

▼

ここからの育ちを
プラスの視点で書こう！

Point ⑤

4歳児の頃から行動力があったことが読み取れますが、5歳児になって、堂々と言葉で伝えることも増えて、成長が感じられます。このように本児が大きく成長した所をしっかりと記入します。

Point ⑥

「10の姿」の「健康な心と体」「道徳性・規範意識の芽生え」などに関連する内容が書かれています。

Point ⑦

苦手な活動でも目標をもって活動に参加する様子が記入されています。課題を含む内容も、成長として捉えて記入しているよい書き方です。

第3章　記入例　0〜5歳児

75

記入例 21

気になる子

葛藤を乗り越え
人との関係をつくってきた子

3歳児

〈指導等に関する記録〉

ふりがな	○○○○　○○○○		性別			平成○年度		
氏名	○○ U輔		男	指導の重点等		(学年の重点) 園での生活の流れがわかり、簡単な生活のルールを守るようになる。		
	平成○年○月○日生					(個人の重点) 園での生活の仕方がわかるようになる。		
	ねらい (発達を捉える視点)							
健康	明るく伸び伸びと行動し、充実感を味わう。			指導上参考となる事項		・製作活動が好きで、様々な物を作ったり、絵を描いたりして楽しんでいる。 ・入園当初は、園生活の流れがわからず、戸惑いを感じる姿がみられた。保育教諭が、絵カードを用いて、その都度、園での生活の流れを本児に知らせたところ、流れがわかるようになり、友達と一緒に活動するようになっていった。 ・給食では、気持ちをわかってくれる友達や特定の保育教諭と食事をとることで、最後まで楽しく食べることができる。 ・興味をもつことが複数あると、落ち着かず、動きが多くなる。落ち着いた時に、保育教諭が1つに絞った活動を提案すると、本児は落ち着いて遊ぶことができる。		
	自分の体を十分に動かし、進んで運動しようとする。							
	健康、安全な生活に必要な習慣や態度を身に付け、見通しをもって行動する。							
人間関係	幼保連携型認定こども園の生活を楽しみ、自分の力で行動することの充実感を味わう。							
	身近な人と親しみ、関わりを深め、工夫したり、協力したりして一緒に活動する楽しさを味わい、愛情や信頼感をもつ。							
	社会生活における望ましい習慣や態度を身に付ける。							
環境	身近な環境に親しみ、自然と触れ合う中で様々な事象に興味や関心をもつ。							
	身近な環境に自分から関わり、発見を楽しんだり、考えたりし、それを生活に取り入れようとする。							
	身近な事象を見たり、考えたり、扱ったりする中で、物の性質や数量、文字などに対する感覚を豊かにする。							
言葉	自分の気持ちを言葉で表現する楽しさを味わう。							
	人の言葉や話などをよく聞き、自分の経験したことや考えたことを話し、伝え合う喜びを味わう。							
	日常生活に必要な言葉が分かるようになるとともに、絵本や物語などに親しみ、言葉に対する感覚を豊かにし、保育教諭等や友達と心を通わせる。							
表現	いろいろなものの美しさなどに対する豊かな感性をもつ。							
	感じたことや考えたことを自分なりに表現して楽しむ。							
	生活の中でイメージを豊かにし、様々な表現を楽しむ。					(特に配慮すべき事項) ・特記事項なし。		
出欠状況		○年度	○年度	○年度				
	教育日数	○○	○○	○○				
	出席日数	○○	○○	○○				

[満3歳未満の園児に関する記録]

園児の育ちに関する事項	平成○年度	平成○年度

Uくんの保育記録より

●Uくんってこんな子

園生活の流れがわからず、戸惑っている様子がみられたが、特定の人と一緒なら、楽しく食事や様々な活動ができる。興味のあることがたくさんあると、落ち着きがなくなってしまう。また、順番を守ることが難しく、友達とトラブルになることがある。得意な活動としては、製作遊びが挙げられる。

▼

●指導の過程

興味をもって取り組めるよう絵カードを用いて、園生活の流れを伝えてきた。個性に合った援助ができるよう、よくみて、丁寧に関わっていく。落ち着きをなくした時には、声をかけ、活動を1つに絞る。

▼

ここからの育ちを
プラスの視点で書こう！

Point 1

本児が園生活を理解するための具体的な援助の方法が示されているので、読み手にもよく伝わります。

Point 2

本児が落ち着きをなくした時に、どう援助するとよいかが書かれています。このように次年度の指導の参考となる援助を記入していきましょう。

記入例 22

気になる子

一方的にしゃべる子

4歳児

^{プラス}
➕ の視点で ➡ おしゃべりが好きな子

〈指導等に関する記録〉

ふりがな	○○○○　○○○○	性別		平成○年度
氏名	○○　V穂	女	指導の重点等	(学年の重点) 様々な活動に積極的に取り組む。
平成○年○月○日生				(個人の重点) 活動や行事などを通して、友達と関わる。

	ねらい (発達を捉える視点)			
健康	明るく伸び伸びと行動し、充実感を味わう。		指導上参考となる事項	・どのようなことにも興味をもち、気が散りがちだったが、徐々に園生活の流れがわかり、落ち着いてきた。
	自分の体を十分に動かし、進んで運動しようとする。			
	健康、安全な生活に必要な習慣や態度を身に付け、見通しをもって行動する。			
人間関係	幼保連携型認定こども園の生活を楽しみ、自分の力で行動することの充実感を味わう。			・思ったことや伝えたいことがたくさんあり、一生懸命に話をするが、一方的で友達に通じにくい面もあった。 ①
	身近な人と親しみ、関わりを深め、工夫したり、協力したりして一緒に活動する楽しさを味わい、愛情や信頼感をもつ。			
	社会生活における望ましい習慣や態度を身に付ける。			・本児が人の話にも耳を傾けられるよう、保育教諭が丁寧に話を聞いたり、園生活の流れを伝えたりした。家庭とも連携し、園と同じ対応をするよう働きかけた。 ②
環境	身近な環境に親しみ、自然と触れ合う中で様々な事象に興味や関心をもつ。			
	身近な環境に自分から関わり、発見を楽しんだり、考えたりし、それを生活に取り入れようとする。			
	身近な事象を見たり、考えたり、扱ったりする中で、物の性質や数量、文字などに対する感覚を豊かにする。			・人の話を聞いたり、聞かれたことに答えたりするなど、友達とのやり取りがうまくできるようになっていった。
言葉	自分の気持ちを言葉で表現する楽しさを味わう。			
	人の言葉や話などをよく聞き、自分の経験したことや考えたことを話し、伝え合う喜びを味わう。			・歌うことが好きで、気に入った曲を生き生きと大きな声で歌っている。 ③
	日常生活に必要な言葉が分かるようになるとともに、絵本や物語などに親しみ、言葉に対する感覚を豊かにし、保育教諭等や友達と心を通わせる。			
表現	いろいろなものの美しさなどに対する豊かな感性をもつ。			
	感じたことや考えたことを自分なりに表現して楽しむ。			
	生活の中でイメージを豊かにし、様々な表現を楽しむ。			(特に配慮すべき事項) ・特記事項なし。

出欠状況		○年度	○年度	○年度
	教育日数	○○	○○	○○
	出席日数	○○	○○	○○

［満3歳未満の園児に関する記録］

	平成○年度	平成○年度
関する事項 園児の育ちに		

Vちゃんの保育記録より

●Vちゃんってこんな子

好奇心旺盛で様々なことに興味をもつが、興味の持続時間は短い。時間を忘れて一方的に話し続けてしまう。少しずつ園生活のルールを理解し、会話もできるようになっていき、友達に関わろうとする様子が見られる。

▼

●指導の過程

個別に対応し、人の話を聞くよう促していく。また、少しずつ園生活のルールを伝える。保護者にクラスでのエピソードを伝え、園と同じ対応を家庭でもしてもらうなど、家庭と連携しながら援助する。

▼

ここからの育ちを
プラスの視点で書こう！

Point ①

課題になることを記入する時にはマイナスの印象になり過ぎないよう、文章表現に気を付けましょう。

書きがち例 一方的にしゃべり続けてしまい、人の話を聞くことができない。

Point ②

家庭と連携し、同じ対応をすることで、本児が迷うことなく成長できます。今後の援助の方針を考える時に役立つ記録でもあります。

Point ③

「10の姿」の「豊かな感性と表現」などに関連した4歳児の本児なりの育ちが書かれています。

記入例 23

気になる子

自分のやり方にこだわりがある子

5歳児

〈最終学年の指導に関する記録〉

プラス ➕ の視点で ➡ 自分の好みがはっきりしている子

ふりがな	○○○○ ○○○○	指導の重点等	平成○年度
氏名	○○ W吾		（学年の重点） 友達と協力して様々な活動をする中で、相手の気持ちに気付き、達成感や充実感を味わう。
	平成○年○月○日生		（個人の重点） 落ち着いて物事を考え、自信をもっていろいろな活動に参加できるようになる。
性別	男		

ねらい （発達を捉える視点）		指導上参考となる事項
健康	明るく伸び伸びと行動し、充実感を味わう。	・進級当初、自分のしたい遊びを一人で十分に楽しむ姿があった。次第におにごっこなどの集団遊びに参加するようになり、友達と遊ぶことが増えてきている。
	自分の体を十分に動かし、進んで運動しようとする。	
	健康、安全な生活に必要な習慣や態度を身に付け、見通しをもって行動する。	・友達と遊ぶ楽しさやおもしろさを感じられるようになり、自ら遊びに誘ってみたり、積極的に遊びの輪に入ろうとしたりするなど、いろいろな友達に興味をもって関われるようになってきた。
人間関係	幼保連携型認定こども園の生活を楽しみ、自分の力で行動することの充実感を味わう。	
	身近な人と親しみ、関わりを深め、工夫したり、協力したりして一緒に活動する楽しさを味わい、愛情や信頼感をもつ。	
	社会生活における望ましい習慣や態度を身に付ける。	・納得できないことがあり、本児の気持ちが高ぶった時は、保育教諭がタイミングを見計らい、落ち着くまで待ってから声をかけることで、本児も時間をかけながら気持ちを切り替えようとする。 ①
環境	身近な環境に親しみ、自然と触れ合う中で様々な事象に興味や関心をもつ。	
	身近な環境に自分から関わり、発見を楽しんだり、考えたりし、それを生活に取り入れようとする。	・自分なりにこだわりのある事柄によって、友達とトラブルになるなど、葛藤を経験する中で、保育教諭の援助を受けながら、徐々に友達の思いを理解できるようになってきている。 ②
	身近な事象を見たり、考えたり、扱ったりする中で、物の性質や数量、文字などに対する感覚を豊かにする。	
言葉	自分の気持ちを言葉で表現する楽しさを味わう。	・音楽会などでは、友達に応援されることで、頑張ろうと意欲的になり、最後まで自分なりに一生懸命に取り組む姿がみられた。また、友達や保育教諭に認められることで自分に自信がもてるようになってきている。 ③
	人の言葉や話などをよく聞き、自分の経験したことや考えたことを話し、伝え合う喜びを味わう。	
	日常生活に必要な言葉が分かるようになるとともに、絵本や物語などに親しみ、言葉に対する感覚を豊かにし、保育教諭等や友達と心を通わせる。	
表現	いろいろなものの美しさなどに対する豊かな感性をもつ。	
	感じたことや考えたことを自分なりに表現して楽しむ。	
	生活の中でイメージを豊かにし、様々な表現を楽しむ。	（特に配慮すべき事項） ・特記事項なし。

出欠状況		○年度
	教育日数	○○
	出席日数	○○

Wくんの保育記録より

●Wくんってこんな子

一人遊びが多かったが、友達と関われるようになってきた。気持ちが高ぶると、大声を出すなどしてしまい、気持ちの切り替えに時間がかかる。長時間の活動では、集中力が途切れてしまうことも多いが、周囲からの応援を受けると、頑張ろうとする。

▼

●指導の過程

集団遊びに誘い、友達と遊ぶ楽しさを伝え、周りに認められる喜びが味わえるようにする。また、感情的になっている時には、タイミングを見計らいながら声をかけていく。

▼

**ここからの育ちを
プラスの視点で書こう！**

Point 1

どのような配慮をするとよいのかが書かれています。本児にとってタイミングが大切なことが読み手に伝わり、小学校での指導の参考になる記述です。

Point 2

文章表現に気を付けながら、本児にとっての課題を明確にすることで、今後どのような配慮が必要なのかが読み手に伝わります。

Point 3

本児にとって、大切な経験が記されており、今後の関わり方にもつながるよい記録です。また、「10の姿」の「自立心」「協同性」などに関連する内容が書かれています。

アレンジして使える！
指導要録 文例

年齢別に各欄の文例を掲載しています。

「指導上参考となる事項」では、

5領域＆「10の姿」ごとに、文例をまとめました。

参考になる文例を見つけたら、そのまま使うのではなく、

子どもの発達や活動内容に応じて調整することが大切です。

一人ひとりの子どもに合わせて、自由にアレンジして使いましょう。

 **文例** 満３歳児 **学年の重点**

P080_01

安心できる環境の中で食事、排泄、睡眠の基本的な生活習慣を身に付ける。

P080_02

身の回りのことを自分なりにやってみようとする意欲をもつ。

P080_03

自分でできることを喜び、身の回りのことを積極的にやろうとする。

P080_04

好きな遊びを見つけて十分に遊び、楽しく過ごす。

P080_05

保育教諭や友達と一緒に伸び伸びと楽しく遊ぶ。

P080_06

園生活に慣れ、友達に関心をもち、積極的に関わる。

P080_07

生活や遊びの中で、保育教諭や友達と一緒に過ごすことを楽しむ。

P080_08

生活や遊びを通して友達と触れ合い、自分なりに思いを表現する。

P080_09

様々な自然に触れながら、体を十分に動かして伸び伸びと遊ぶ。

P080_10

友達や保育教諭と一緒に、いろいろな遊具や素材に触れて遊ぶ。

P080_11

全身を使う遊びや、指先を使った遊びに喜んで取り組み、好きな遊びを見つける。

P080_12

園生活の約束事を知り、守ろうとする。

文例 満3歳児 個人の重点

P081_01
園生活の流れがわかり、自分から行動しようとする。

P081_02
好きなことや好きな物で遊びながら、園生活に慣れていく。

P081_03
様々な遊びを楽しみ、元気に伸び伸びと遊ぶことで、園生活に慣れていく。

P081_04
登園することを喜び、好きな遊びを通して保育教諭や友達との関わりを楽しむ。

P081_05
自分の要求や感じたことを、身振りや言葉で伝えたり、表現したりする。

P081_06
保育教諭の話を聞いて、自分なりに考え、気持ちを表現しようとする。

P081_07
気付いたことや自分の思いを言葉にして伝えようとする。

P081_08
いろいろな遊びや環境に興味をもち、伸び伸びと遊ぶ。

P081_09
友達に親しみ、一緒に戸外遊びや触れ合い遊びを楽しむ。

P081_10
いろいろな遊びを経験することを通して、興味や関心を広げていく。

P081_11
好きな遊びを十分に楽しみながら、新しい活動にも取り組もうとする。

P081_12
友達や保育教諭との関わりを通して、集団生活でのルールを知っていく。

満3歳児

指導上参考
となる事項

生活

P082_01

● 認められることを喜ぶ

給食を食べ終わったり、着替えができたりすると保育教諭に伝え、その姿を認められることでさらに意欲的に取り組む姿がみられる。

P082_02

● 問題を自分で解決しようとする

困ったことがあると保育教諭に伝え、援助を受けながら自分でも解決しようと行動する。

P082_03

● 安定した気持ちで登園する

入園当初は泣くことも多かったが、保育教諭に思いを受け止められることで安心感をもち、笑顔で登園する日が増えていった。

P082_04

● 保育教諭と安心して活動する

慎重で、新しい活動には尻込みしてしまうこともあるが、保育教諭と一緒に取り組むことで、安心して行動する姿がみられる。

P082_05

● 楽しい雰囲気で食事をする

保育教諭や友達と一緒に楽しい雰囲気の中で食事をすることで、苦手な食べ物も食べてみようとするようになってきた。

P082_06

● 心を落ち着ける

不安そうな様子の時には、保育教諭が手を握って穏やかに話しかけると、本児は気持ちを落ち着かせることができる。

P082_07

● 絵を見て理解する

絵カードなどを使って視覚的に表示されることで、初めて行う活動や生活にも見通しをもつことができ、活動を楽しめる。

P082_08

● 説明を理解する

保育教諭から一対一で活動の説明を受けると、本児は内容を理解し、友達と一緒に行動することができる。

P082_09

● できることが増えて意欲的になる

遊びや生活を通して、できることが増えたことが自信につながり、意欲的に行動するようになっていった。

文例 満３歳児 指導上参考となる事項 遊び

P083_01

● 落ち着いた雰囲気の中で遊ぶ

落ち着いた環境の中で、積み木遊びや描画や製作などの室内遊びを楽しむ姿がみられる。

P083_02

● 好きな遊びを見つける

自分の好きな遊びや気に入った玩具を見つけて、伸び伸びと遊んでいる。

P083_03

● 楽しみながら片付けをする

片付けに遊びの要素が加わることで、楽しみながら片付けを済ませようとする姿がみられた。

P083_04

● 音に合わせて体を動かすことを喜ぶ

3歳児クラスのリトミックに参加したことで、音に合わせて体を動かす楽しさを知り、体操にも積極的に参加している。

P083_05

● いろいろな体の動きを身に付ける

体を動かすことを好み、巧技台や平均台などに喜んで取り組む中で、様々な体の動きが身につきつつある。

P083_06

● ブロックを使ってイメージを形にする

ブロック遊びが好きで、いろいろな乗り物を作っている。自分なりにイメージを膨らませながら作品の車を走らせて楽しんでいる。

P083_07

● 作った物で遊ぶ

製作や見立て遊びが好きで、描いた物や作った物を様々な物に見立てて遊んでいる。

P083_08

● 楽器を鳴らす楽しさを味わう

楽器に興味をもち、鈴やタンバリンなどのリズム楽器を鳴らして楽しむ姿がみられる。

P083_09

● 経験をごっこ遊びに取り入れる

ごっこ遊びの中で、エプロンを着けてもらい、料理をしたり人形をあやしたりと、自分なりに生活を再現して遊んでいる。

文例 | **満3歳児** | 指導上参考となる事項 | # 友達関係

P084_01
● **友達の遊びに加わる**

友達に興味が出てきて、友達が楽しそうに遊んでいると、話しかけたり、近くで同じ遊びをしたりして、関わろうとする。

P084_02
● **相手に思いがあることを知る**

友達関係の中で、自分の思いが通らないことや、気持ちを受け入れてもらう経験を通し、相手にも思いがあることを知っていった。

P084_03
● **友達と遊んだ内容を伝える**

友達と遊ぶことを喜び、一緒に遊んだ友達の名前を出して、どんなことをしたか保育教諭や保護者にうれしそうに伝える。

P084_04
● **友達を気にかける**

友達が泣いていたり、元気がなかったりする姿を見て、頭や背中をなでて「どうしたの」と話しかける姿がみられる。

P084_05
● **友達の表情を見て行動する**

相手の表情を見て気持ちを感じ取り、喜んだり、謝ったり、励ましたりなど、考えて行動する姿がみられる。

P084_06
● **友達と登場人物になりきって遊ぶ**

絵本やテレビ番組の中の登場人物になりきり、友達と一緒に楽しむ姿がみられる。

P084_07
● **友達と名前を呼び合う**

友達の名前を呼んだり、自分の名前を呼んでもらったりすることを喜び、一緒に過ごすことを楽しんでいる。

P084_08
● **友達と一緒に遊びを楽しむ**

保育教諭に誘われ、簡単な集団遊びに参加したことで、友達と一緒に1つの遊びをする楽しさを知り、積極的に参加しようとしている。

P084_09
● **順番を守り、玩具の貸し借りをする**

友達との関わりを通して、遊具を使う際に順番を守ったり、友達に玩具を貸したりする姿がみられるようになってきた。

文例 　**満3歳児**　指導上参考となる事項　# 興味や関心

P085_01
● 積極的に関わる

保育教諭や仲のよい友達と一緒にいることで安心感をもち、どんぐり拾いなど、興味のあることに積極的に取り組もうとしている。

P085_02
● 新しいことや人に興味をもつ

初めてのことや初めて会う人に対して興味をもち、自分からすすんで取り組む姿や積極的に関わろうとする姿がみられる。

P085_03
● 好きなことに夢中になる

製作遊びが好きで、一度始めると周りの音が気にならないほど夢中になって楽しんでいる。

P085_04
● 絵本が好き

絵本が好きで、保育教諭の読み聞かせが始まると1番近くで見ようとし、長いストーリーも飽きずに最後まで楽しんで聞いている。

P085_05
● 水遊びを楽しむ

水遊びでは、穴の空いた容器から水を流したり、水面をたたいて水が跳ねる様子に喜んだりして、水の感触を楽しんでいた。

P085_06
● 木の実に興味をもつ

散歩先の公園では、園庭にない木の実を見つけて興味を示し、様々な大きさや形の実を集めて保育教諭や友達に見せる姿があった。

P085_07
● いろいろな植物に興味をもつ

園庭や花壇で栽培している花を見て、様々な種類の植物があることを知り、興味をもってじっくりと見ていた。

P085_08
● 身近な生き物に興味をもって探す

園庭でだんごむしを見つけて、丸まることを発見し、もっと見つけようと探す姿がみられた。

P085_09
● 楽器に興味をもつ

楽器に興味が出てきて、鈴やマラカスなどを鳴らしながら、季節の歌を歌って楽しんでいる。

文例　3歳児　学年の重点

P086_01

友達や保育教諭と園生活を楽しみ、様々な経験をする。

P086_02

友達や保育教諭に親しみをもち、安心して遊ぶ。

P086_03

安心できる人や場所を見つけ、自分の好きな遊びを楽しむ。

P086_04

全身を十分に使って、伸び伸びと遊ぶ。

P086_05

友達と一緒に遊び、いろいろなことに興味や関心をもつ。

P086_06

クラスの活動や遊びを通して、友達と一緒に取り組む楽しさを知る。

P086_07

友達と一緒に生活する中で、自分の思いを表現する。

P086_08

様々な活動に積極的に取り組み、自らの成長を喜ぶ。

P086_09

生活や遊びを通して身近な環境に関わり、その特徴や変化に気付く。

P086_10

楽しんで遊ぶ中で、興味や関心を広げていく。

P086_11

自分でやってみようという意欲をもって、様々なことに取り組む。

P086_12

生活や遊びを通して、決まりがあることを知り、守りながら楽しく過ごす。

文例 ３歳児 個人の重点

P087_01

園生活に慣れ、好きなことや興味のあることに取り組む。

P087_02

基本的な生活習慣を身に付け、園生活を楽しむ。

P087_03

集団生活を通して人との関わり方を知り、ルールを身に付けていく。

P087_08

保育教諭や友達に、自信をもって言葉で自分の思いを伝える。

P087_04

遊びや経験の幅を広げ、積極的に園生活を楽しむ。

P087_09

親しい人との関わりを通して、自分の思いを伝える喜びや楽しさを感じていく。

P087_05

様々な遊びに参加する中で、イメージを膨らませて遊ぶ力を伸ばしていく。

P087_10

好きなことにじっくり取り組む所を伸ばしながら、友達と遊ぶ楽しさを経験する。

P087_06

他者と関わろうという意欲をもち、相手の気持ちに目を向けるようになる。

P087_11

友達と気持ちを共感し合う経験を通して、積極的に自己表現をしていく。

P087_07

親しい人とたくさん遊ぶ中で、楽しさや喜びを味わう。

P087_12

知らないことや見たことのない物に興味をもち、自分から積極的に関わる。

文例 　**3歳児**　指導上参考 となる事項　**健康**

10の姿　健康な心と体

P088_01

●いろいろな運動を楽しむ

ボール遊びやおにごっこなど、様々な運動遊び に積極的に参加して、体を動かすことを楽しむ 姿がみられる。

P088_02

●体の使い方を知る

好きな運動遊びで夢中になって遊ぶうちに、体 の動かし方や走る際のスピードを調節する力が 身に付いてきている。

P088_03

●年長児の姿に憧れる

年長児が縄跳びをする姿を見て、自分も縄跳び に取り組み、様々な遊び方をするようになった。

P088_04

●意欲的に取り組む

友達よりも速く走りたいという目標をもち、友 達を誘ってかけっこをするなど、意欲的に取り 組んでいる。

P088_05

●目標をもって取り組む

苦手意識のある水遊びでは、少しずつ手で水を すくって顔につけるなど、自分なりに目標を もって、やってみようとしている。

P088_06

●着替えに意欲的になる

水遊びへの期待感から、苦手であった着替えに も意欲的になり、早く着替えられるように工夫 する姿がみられる。

P088_07

●ダンスを楽しむ

ダンスをしている年長児の輪に入れてもらえた ことがうれしくて、楽しそうに踊る姿がみられ た。

P088_08

●見通しをもって活動する

給食の当番活動を楽しみにしており、保育教諭 の合図があると、早めに片付けを始めるなど、 見通しをもって取り組んでいる。

P089_01

● 気持ちを切り替える

園生活の流れがわかり、夢中で遊んでいても、活動の節目や片付けの時間に納得して気持ちを切り替えられるようになってきている。

P089_02

● 生活習慣が整う

衣服の着脱・食事・排泄などの生活習慣が整ってきており、状況に応じて自分で行動しようとしている。

P089_03

● 汚れに気付き清潔を保とうとする

衣服の汚れに気付いて着替えたり、手洗いの際に飛び散った水滴を拭き取ったりと、清潔に気を配ることができる。

P089_04

● 安心感をもち、園生活を楽しむ

自分の好きな遊びをしたり、保育教諭や仲のよい友達と遊んだりすることで、安定した気持ちで園での生活をすすめている。

P089_05

● 友達との関わりを大切にする

周りの友達に親しみをもって関わり、友達がかぜで欠席した際には、気にかけて心配を口にする姿がみられた。

P089_06

● かぜの予防をする

友達が上手にがらがらうがいをする姿を見て、自分も上手になりたいと、鏡に映る自分を見ながら繰り返し取り組んでいた。

P089_07

● 食べ物に関心をもつ

食べ物に関する絵本が好きで、実際の食材にも関心を広げ、自分の知っている食材について生き生きと伝えながら、友達と楽しく給食を食べている。

P089_08

● 必要な時に休息をとる

休息の必要性がわかってきており、夢中で遊んでいる時も、保育教諭の声かけに応じて、気持ちを切り替え、休息する姿がみられる。

P089_09

● 災害時の適切な行動がわかる

避難訓練を通して地震の時にどうすればよいかを知り、避難訓練の放送を聞くと「お・か・し・も」の約束事を守って行動するなど、知ったことを行動に移す姿がみられる。

文例 ３歳児 指導上参考となる事項 人間関係

10の姿 自立心

P090_01

● **自信をもって発表する**

集会などの人が集まる場面で言いたいことがある時は、手を挙げ、はっきりとした大きな声で発言している。

P090_02

● **自分から行動する**

入園当初は園生活の流れがわからず、戸惑っていたが、保育教諭の話を聞いて流れを理解し、着替えや降園の準備を自分で行っている。

P090_03

● **すすんで片付けをする**

片付けられていない玩具を見つけると、すすんで片付けている。

P090_04

● **諦めずにやり遂げる**

縄跳びのにょろにょろへびに取り組んで跳べるようになったことで、達成感を味わっていた。この経験が、本児の他の活動への意欲や自信にもつながっている。

10の姿 協同性

P090_05

● **同じ遊びを楽しむ**

友達がしている砂遊びに興味をもち、園庭で泥団子作りや川作りに取り組み、友達と同じ遊びをする楽しさを味わっている。

P090_06

● **友達と関わる楽しさを味わう**

一緒に遊びたい友達を自分から誘ったり、遊びの中で友達とのやり取りを楽しんだりと、友達と関わることを喜んでいる。

P090_07

● **友達と遊びを広げる**

気の合う友達と木の枝をつなげて線路を作り、一緒に電車を走らせて楽しむなど、友達と遊びを広げていく姿が増えている。

P090_08

● **友達と合奏を楽しむ**

合奏の活動に意欲的に取り組み、自分と同じ鈴を担当する友達を誘い、一緒に楽しんでいた。

10の姿 ## 道徳性・規範意識の芽生え

10の姿 ## 社会生活との関わり

第**4**章　文例　3歳児　人間関係

P091_01

● するべきことを理解し、伝える

保育教諭が片付けの合図をすると、本児は気持ちを切り替えて取り組み、遊びに夢中で気付いていない友達に声をかける姿がみられる。

P091_02

● 人の気持ちを考える

進級当初は環境の違いに戸惑い、時に友達に手が出てしまうこともあったが、嫌なことをされて泣いている友達を見て、友達に対してやってはいけないことがわかっていった。

P091_03

● 気持ちを受け止める

玩具の取り合いの際に、自分が使いたいという意志は表現しながらも、相手の思いも受け止め、「一緒に使おう」と提案することが増えている。

P091_04

● ルールを理解し、守る

日々の生活の中で、廊下を走らない、トイレで遊ばないといった園生活のルールを理解し、守ろうとする姿がみられる。

P091_05

● 役に立つ喜びを味わう

困っている友達に声をかけたり、保育教諭を手伝ったりすることが多く、人の役に立つことに喜びを感じて、積極的に行動している。

P091_06

● 年下の子に優しく関わる

年下の子どもたちに対する関わり方を自分なりに考え、自分が使っていた玩具を貸そうとする姿がみられる。

P091_07

● 地域に親しみをもつ

家族で参加した地域の祭りの経験を園で再現して遊んだり、友達に生き生きと話したりするなど、地域への親しみを感じている。

P091_08

● 地域の人々との関わりを楽しむ

登降園の時に、近隣の人と挨拶を交わしたり、会話を楽しんだりすることで、様々な人との関わり方を知っていった。

文例 **3歳児** 指導上参考となる事項 **環境**

10の姿 思考力の芽生え

P092_01

● **不思議に思ったことを確かめる**

こまが回る様子を観察し、興味をもったことや、不思議に思ったことを、自分で確かめようとする姿がみられた。

P092_02

● **疑問を解決しようとする**

身近な動植物に興味をもち、疑問に思ったことを保育教諭に聞いたり、絵本で調べたりする。

P092_03

● **植物の仕組みを観察する**

あさがおやおしろいばなの花びらを使って色水を作り、その美しさや不思議さに気付いて、保育教諭に知らせる姿がみられた。

P092_04

● **性質の違いに気付く**

積み木を高く積み上げる遊びでは、積み上げやすい形と崩れやすい形があることに気付き、いろいろな積み方を工夫している。

10の姿 自然との関わり・生命尊重

P092_05

● **自然の変化に気付く**

季節によって変化する園庭の草花に興味をもち、色の変わった葉っぱなどを製作の素材に使って遊んでいる。

P092_06

● **空模様を観察する**

空の雲に興味をもって見て、流れる速さや形の違いなど、気付いたことを保育教諭や友達に生き生きと伝えている。

P092_07

● **小さな生き物を観察する**

ありやだんごむしなどの小さな生き物に興味をもち、巣穴に餌を運ぶ様子を見たり、容器に集めて世話をしたりするようになった。

P092_08

● **生き物の生態に気付く**

小さな虫が好きで、石の下や花壇の陰などに多くいることに気付くと、園庭中を探し回るなど、意欲的に確認していく姿がみられた。

10の姿 数量や図形、標識や文字などへの関心・感覚

P093_01
● 数を数えて遊ぶ

自分で並べたブロックや人形の数を、声に出して繰り返し数える姿がみられる。

P093_02
● 数字を書こうとする

乗り物が好きで、新幹線の図鑑をよく見ている。新幹線について知る中で、関連する数字に興味をもち、車両を絵で描く際には数字を書き込もうとする。

P093_03
● 人数に合わせた数を用意する

おうちごっこでは、皿にごちそうを盛り付けたり、人数に合わせて皿やスプーンを用意したりして準備を楽しんでいた。

P093_04
● 数量を比べる

大きなうさぎには餌をたくさん皿に入れ、赤ちゃんうさぎには少し入れるなど、「たくさん・少し・大・小」などの違いに興味をもった。

P093_05
● 12ピースのパズルを楽しむ

1つのピースが大きなパズルを楽しんでいる。枠の中に工夫してピースをはめていき、完成させて喜ぶ姿がみられる。

P093_06
● 図形に興味をもつ

丸・三角・四角の違いに興味をもち、クラスや園庭で丸い物や四角い物を見つけると、「これも丸」などと保育教諭に知らせる姿がみられる。

P093_07
● 標識に興味をもつ

通園途中にある道路標識や信号に興味をもち、不思議に感じたことを保護者や保育教諭にたずねる姿がよくみられる。

P093_08
● 文字に興味をもつ

文字に対する興味が出てきて、掲示物の中に、自分の名前に含まれる文字と同じ文字を見つけると、うれしそうに知らせる。

P093_09
● 文字を読もうとする

自分の持ち物に書かれた名前や、保育教諭に書いてもらった文字などを読んでみようとする姿がみられる。

第**4**章 文例 3歳児 環境

文例 **3歳児** 指導上参考となる事項 **言葉**

10の姿 **言葉による伝え合い**

P094_01
● 言葉のやりとりを楽しむ
友達の誕生日会では、保育教諭の話に関心をもち、その子のどんな所が好きかを言葉にして伝える姿がみられた。

P094_02
● 気持ちを言葉にして共有する
好きなプール遊びなどでは、仲のよい友達と顔を合わせると「楽しいね」「冷たいね」と言葉を交わし、気持ちを共有して楽しんでいた。

P094_03
● 言葉にして伝える
製作活動で作った作品について、何をどういう方法で作ったか、自分の言葉で保育教諭や友達に生き生きと楽しそうに伝える。

P094_04
● 出来事を言葉で伝える
家庭での出来事や友達と遊んだ内容、友達や兄弟のおもしろい発言などを保育教諭に詳しく伝えながら、会話を楽しんでいる。

P094_05
● 相手の気持ちを考える
友達の行動をよく観察し、相手が何をしたいのかを考えて、保育教諭に伝える姿がみられる。

P094_06
● 状況を説明する
けがをした友達に対し、心配をして声をかけたり、その気持ちや痛がっていることを保育教諭に伝えたりする姿がみられる。

P094_07
● 葛藤を乗り越え気持ちを表現する
自分の気持ちを言葉でうまく伝えられずに戸惑う姿がみられたが、友達や保育教諭の言葉に刺激を受けて、少しずつ気持ちを言葉で表現するようになってきた。

P094_08
● 気持ちを言葉にする
保育教諭が表現した言葉を自分でも少しずつ使うようになり、うれしい気持ちや悲しい気持ちを言葉で表現するようになってきている。

P095_01

● 言葉で解決しようとする

遊びに参加したいことを自分の言葉で友達に伝えたり、友達と意見がぶつかった時には、理由を相手に言おうとしたりする。

P095_02

● 相手に気持ちを伝える

友達と言い合いになった時には、保育教諭に支えられながら一緒に、「悲しい気持ちだった」と自分の思いを言葉にして伝えている。

P095_03

● 相手の言葉を理解し、行動する

保育教諭が言葉で説明した活動内容を理解し、わからないことは聞きながら行動に移すことができるようになってきている。

P095_04

● 言葉を使った遊びを楽しむ

友達と一緒に、お互いが発した言葉をやまびこのようにまねし合うなど、言葉を使った遊びやゲームを楽しむ姿がみられる。

P095_05

● 読み聞かせを楽しむ

絵本の読み聞かせでは、集中して楽しそうに耳を傾けている。読み聞かせのあと、ストーリーなどを自分なりに友達に説明している。

P095_06

● 状況に合わせた言葉を使う

毎日、笑顔で挨拶をし、状況に合わせてお礼や謝罪の言葉も使うなど、お互いに気持ちよく生活しようとする姿がみられる。

P095_07

● 興味のある単語を覚えて伝える

新幹線や食べ物の種類など、興味のある言葉を覚えることが得意で、覚えた言葉を保育教諭や友達に教える姿がみられる。

P095_08

● 自分のイメージを言葉にする

忍者ごっこや動物ごっこが好きで、自分のイメージを言葉で友達に伝え、遊びを楽しんでいる。

P095_09

● やり方をたずねる

入園当初は、恥ずかしさからか消極的であったが、次第に園生活に慣れ、遊びのやり方がわからない時には、保育教諭や友達にたずねて、やってみようとするようになった。

第**4**章

文例

3歳児　言葉

３歳児　指導上参考となる事項　表現

10の姿　豊かな感性と表現

P096_01

● こだわりをもって表現する

塗り絵に集中して取り組んでおり、様々な色を使い、線からはみ出ることなく、丁寧に塗ろうとする意欲的な姿がみられる。

P096_02

● 経験を造形で表現する

粘土遊びでは、自分が絵本で見たり食べたりしたことのある様々な種類のパンを再現して楽しんでいた。

P096_03

● 大小の違いを表現する

園で生まれたうさぎの赤ちゃんを見て感動していた。お母さんうさぎと赤ちゃんうさぎを絵で描き分けて表現するなど、大きさの違いにも気付いている。

P096_04

● 経験を別の活動に生かす

お店や絵本で見たアクセサリーをイメージして製作に取り組み、作品を身に着けて、パーティーごっこをして遊んでいる。

P096_05

● 感じたことを表現する

目で見て感じたことをクレヨンや色鉛筆を使って描き、自分の思いを友達や保育教諭に伝える姿がみられる。

P096_06

● 様々な素材で表現する

製作活動が得意で、空き箱や牛乳パックなどの廃材で、自分のイメージする形を作り上げ、継続的に遊んでいる。

P096_07

● 見た物を絵や作品で表す

実際に見た物を描くのが得意で、雛人形を描いた際には実物を何度も見に行き、確認しながら自分なりに表現しようとしていた。

P096_08

● 色の変化を楽しむ

色水遊びに熱中し、保育教諭や他児のアイデアを参考にしながら自分なりに工夫して、混色や自然物を使った色出しを楽しんでいた。

P097_01

● 自信をもって歌う

歌うことが好きで、年長児が歌っている曲も、耳で聴いたり歌の絵本を見たりして意欲的に覚え、自信をもって歌っている。

P097_02

● 音を聴いてイメージを膨らませる

生活の中の様々な音に興味をもち、何の音に聞こえるかを保育教諭や友達にたずねる姿がみられた。

P097_03

● リズムを感じ、表現する

音楽に関する遊びが好きで、音楽をよく聴き、リズムに合わせて楽器を鳴らしたり、体を動かしたりすることを楽しんでいる。

P097_04

● 優れた表現をまねする

テレビで観たドラムの演奏をまねして、リズムを取りながら身近な道具で箱をたたき、音を出して楽しんでいる。

P097_05

● 堂々と踊る

運動遊びでの楽しい動きや踊りを保育教諭や友達に認められたことが自信となり、運動会などの人前でも堂々と踊ることができた。

P097_06

● 身体表現を楽しむ

年長児のダンスに憧れ、自分なりに鏡や友達の前で踊るなどして、何度も楽しんで踊っている姿がみられた。

P097_07

● 全身でイメージを表現する

イメージを体の動きで表現するのが得意で、リズム遊びなどでは、動物や魚になりきってリズムに合わせて動きを表現している。

P097_08

● 演じる楽しさを味わう

人形遊びが好きで、複数の人形を使ってそれぞれに役を振り分け、ストーリーをつくって楽しむ姿がみられる。

P097_09

● 様々な物に触れ イメージを膨らませる

感触遊びでは、泡や液状の物に触れ、自分が今までに食べたソフトクリームやケーキなどに見立てて表現する姿がみられた。

第**4**章

文例

3歳児　**表現**

97

文例 | 4歳児 | 学年の重点

P098_01

基本的な生活習慣を身に付け、自主的に行動し、いろいろな活動に取り組む。

P098_02

園生活の流れがわかり、見通しをもって、様々な活動に参加して楽しむ。

P098_03

自分がしたい遊びを十分に楽しみながら、興味や関心を広げていく。

P098_04

身の回りの環境に触れ、自分の興味や関心のあるものを見つけて積極的に関わる。

P098_05

新しいことにすすんで取り組み、できるようになったことに自信をもつ。

P098_06

友達と一緒にいろいろな活動を経験し、充実感を味わう。

P098_07

クラスの中で、自分らしさを発揮しながら友達との信頼関係を深め、認め合う。

P098_08

友達や保育教諭とともに過ごす中で、自分の思いや考えを素直に表現する。

P098_09

生活や遊びを通して友達と関わり、思いや考えを言葉や表情で伝え合う。

P098_10

友達の思いに気付き、自分の思いを伝えながら、ともに生活することを楽しむ。

P098_11

友達と考えやイメージを出し合って、活動をすすめる楽しさを味わう。

P098_12

身近な環境や自然に好奇心をもって関わり、遊びや活動に取り入れていく。

P099_01

基本的な生活習慣を身に付け、見通しをもって身の回りのことを自分で行う。

P099_02

集団生活の中で決まりの大切さに気付き、守ろうとする。

P099_03

毎日の積み重ねから自分でできることを増やし、自信を付けていく。

P099_04

苦手なことに対して挑戦しようとする心をもち、自分なりに乗り越えようとする。

P099_05

友達と一緒にする遊びを十分に楽しみ、充実感を味わう。

P099_06

友達の気持ちに気付き、思いやりの気持ちをもって関わる。

P099_07

気の合う友達と遊ぶ中で、相手の気持ちに気付いたり考えたりしていく。

P099_08

自分の気持ちを友達に伝え、友達の気持ちも聞きながら活動をすすめていく。

P099_09

身近な社会の出来事に関心をもち、話したり関わったりする。

P099_10

感じたことや思ったことを様々な方法で自由に表現する。

P099_11

いろいろな素材や製作方法を経験し、表現することを楽しむ。

P099_12

身近な自然に関わりながら、季節の変化や植物の生長に関心をもつ。

99

文例 **4歳児** 指導上参考となる事項 **健康**

10の姿 **健康な心と体**

P100_01
● **運動遊びで体の使い方を知る**

うんていが得意で、握力や脚力が付いてきたことが自信につながり、様々な運動遊びを楽しみながら体の使い方を知っていった。

P100_02
● **得意な運動遊びを楽しむ**

体を動かす活動が好きで、大縄跳びやキックスケーターなど、少し難しい活動にも積極的に取り組んで楽しんでいる。

P100_03
● **友達との関わりを楽しむ**

おにごっこやボール遊びなどを友達と一緒に楽しむ姿がみられ、遊びの中で、友達関係も広がってきている。

P100_04
● **できた喜びを自信につなげる**

プール遊び、ダンス、リレーなど、様々な運動遊びに興味をもち、できた喜びから自信を付け、さらにいろいろな活動に積極的に取り組んでいる。

P100_05
● **意欲的に取り組む**

鉄棒の前回りができたことが自信となり、縄跳びやかけっこなどの運動遊びも、やってみようという意欲がわいてきている。

P100_06
● **目標に向かって主体的に行動する**

年長児の遊びが刺激となり、教えてもらいながら、竹馬やこま回しなどに取り組んでいる。

P100_07
● **見通しをもって行動する**

保育教諭の話をよく聞いて、次の活動を理解し、見通しをもって取り組んでいる。

P100_08
● **時間の見通しをもって行動する**

保育教諭が「時計の短い針が3になったらおやつの時間だよ」と声をかけたことで、本児は時計を気にかけて、決められた時間で行動しようとしている。

P101_01

●安心できる人や場所を見つける

進級当初は、新しい環境に戸惑い、不安な様子であったが、保育教諭や友達などの親しい人と一緒に行動することで安心し、次第に新しい活動や環境に親しんでいった。

P101_02

●好きな遊びをして情緒が安定する

仲のよい友達と砂場で団子作りをしたり、室内でごっこ遊びなどの興味のある遊びをしたりする中で、情緒が安定してきている。

P101_03

●環境を大切にする

ままごとで使うエプロンを丁寧に端を揃えて畳み、食器類は大きさを揃えてしまうなど、物を大切に扱う姿がみられる。

P101_04

●自分から着替えをする

友達と戸外で活発に遊び、戸外から戻ると、自発的に手洗い・うがいをして、汗でぬれた衣服を着替える姿がみられる。

P101_05

●体調に合わせた行動をする

戸外で遊んだり、室内で遊んだりするなど、静と動のバランスの調整や水分補給などが自分の体調に合わせてできるようになってきている。

P101_06

●自分の成長を喜ぶ

身体測定などを通じて自分の成長に喜びと自信を感じ、年下の子どもたちに優しく接したり、遊びを教えたりする姿がみられる。

P101_07

●安全かどうかを考える

冒険家になりきって、戸外で探検ごっこを楽しんでいる時も、安全かどうかを考えて行動する姿がみられる。

P101_08

●防災への意識をもつ

「お・か・し・も」の約束事を知って、避難訓練では、一緒に遊んでいた友達と机の下にもぐったり、保育教諭のもとに集まったりする姿がみられた。

P101_09

●状況に合わせて休憩する

重い荷物を友達と運ぶ際は、自分や相手の腕の疲れに合わせて、荷物を落とさないように休憩をとるなど、先を見通して行動していた。

第**4**章

文例 4歳児 健康

文例　**4歳児**　指導上参考となる事項　**人間関係**

10の姿　自立心

P102_01
● **根気強く取り組む**

苦手意識のある製作遊びであっても、根気強く取り組み、諦めることなく最後までやり遂げようとする姿がみられる。

P102_02
● **自信をもって取り組む**

園内の手伝いに自ら参加し、人の役に立つことの喜びを感じながら、自信をもって取り組んでいる。

P102_03
● **諦めずに取り組む**

5歳児が作るきれいな泥団子に憧れ、同じ物を作ろうと何回も工夫しながら取り組んでいた。

P102_04
● **自分の役割を果たそうとする**

朝の会の当番活動では、みんなの前に立ち、日付や予定をはっきりと伝えるなど、自分の役割を果たそうとしている。

10の姿　協同性

P102_05
● **同じ目的をもって遊びを作る**

友達と一緒に遊ぶ中で、積極的に意見を伝え、遊びが展開していく楽しさや共通のイメージを実現していく喜びを味わっている。

P102_06
● **友達と遊びを展開する楽しさを味わう**

誰とでも分け隔てなく関わり、友達と一緒に遊びの新しいルールを作るなど、楽しみながら遊びを工夫していく姿がみられる。

P102_07
● **友達と助け合う**

手助けが必要な時に、手のあいている友達に声をかけることや、困っている友達に気付いて手伝うことができている。

P102_08
● **協力して1つの物を作る**

夏祭りのおみこしの飾り付けを友達と協力して行い、何を付けるか、何色にするかなどを話し合いながら、楽しんで取り組んでいた。

10の姿 道徳性・規範意識の芽生え

P103_01
● 物を大切にし、片付ける

物を大切にしようと、自分のロッカーや玩具の棚を自発的に整え、丁寧に片付けをしている。

P103_02
● 自分の気持ちを調整する

友達とけんかになった時には、自分の気持ちを伝えて、相手の話を聞こうとするなど、相手の立場に立って関わっている。

P103_03
● 友達を心配して言葉をかける

落ち込んでいる友達を心配して、「どうしたの」「だいじょうぶ」と声をかけるなど、相手の気持ちに気付き、行動する姿がみられる。

P103_04
● 順番を守る

遊びや生活の中で、順番待ちの状況が生まれると、自ら列に並んで静かに自分の番を待つなど、園生活のルールを守ろうとしている。

P103_05
● 約束を守る

保育教諭が言ったことや友達との約束を守ろうとし、できないときは悔し涙を流すことがあるほど正義感が強い。

10の姿 社会生活との関わり

P103_06
● 相手に合わせた関わり方をする

年下の子の身支度や活動の手伝いをすすんで行い、年下の子に対して無理強いすることなく、優しく関わろうとしている。

P103_07
● 人の役に立つことを喜ぶ

保育教諭の片付けを手伝ったり、当番活動や頼まれたことに積極的に取り組んだりと、人の役に立とうとする姿がみられる。

P103_08
● 地域の人々との関わり

地域の祭りを通して、自分を取り巻く地域の人々に興味を示し、散歩先などで積極的に関わりながら伸び伸びと活動している。

P103_09
● 情報を集める

わからないことがあった時には、保育教諭に聞いたり調べたりして、自ら情報を集め、解決しようとする。

第4章 文例 4歳児 人間関係

文例 **4歳児** 指導上参考となる事項 **環境**

10の姿 思考力の芽生え

P104_01

● **興味のあることを調べ、伝える**

興味をもったことに対する探究心が強く、本やテレビ番組から知識を得て、保育教諭や友達に教えたり、疑問を投げかけたりしている。

P104_02

● **イメージを実現しようと工夫する**

砂場で水を流して遊ぶうちに、水の流れ方に興味をもち、イメージした通りに砂場に川を流そうと工夫する姿がみられた。

P104_03

● **こぼさず運ぶ方法を考える**

給食の配膳当番にすすんで取り組み、どうすればこぼさずに運べるか考え、こつをつかんでいく姿がみられた。

P104_04

● **もっとよくしようと工夫する**

紙飛行機によく飛ぶものと飛ばないものがあることに気付き、もっと遠くまで飛ばそうと熱心に取り組む。友達を誘い、一緒に競い合って楽しんでいる。

P104_05

● **道具の使い方を理解する**

はさみや粘着テープなどの道具や、園庭の遊具の正しい使い方を理解し、使いこなして活動を楽しんでいる。

P104_06

● **異なる考えに触れる**

友達と意見が食い違う時には、保育教諭の仲立ちを受けながら、自分の考えを伝え、友達の話も聞いて、友達の異なる考え方を知っていった。

P104_07

● **新しい考えを生み出す喜びを感じる**

新しい遊び方やルールを考えるのが得意で、友達にもその遊びを提案し、おもしろがってもらうことに喜びを感じている。

10の姿 自然との関わり・生命尊重

P105_01
● 植物を観察し、変化に気付く

栽培している野菜の生長を見逃さず、虫眼鏡で観察したり、枯れた所や虫食いを見つけて保育教諭に報告したりと、大切に世話をしている。

P105_02
● 工夫して植物を育てる

野菜や花の世話をすすんで行い、苗が伸びてきた際には、支柱となる棒を立てるというアイデアを出す姿があった。

P105_03
● 植物の生態を知ろうとする

園で栽培しているヒヤシンスに興味をもち、花壇の植物とは異なり、水だけで生長することを疑問に思って、保育教諭にたずねる姿がみられた。

P105_04
● 自然への親しみを深める

絵本で食べられるどんぐりがあることを知って興味をもち、保育教諭に確認しながら実際に食べる経験をしたことなどから、身近な自然に親しみを深めている。

P105_05
● 自然物に愛着をもつ

自然物に興味をもち、散歩先で摘んできた様々な野の花を飾って、観賞したり絵に描いたりして楽しむ姿がみられる。

P105_06
● 自然物を使って遊ぶ

自然物を取り入れた遊びが好きで、草花を潰して色水を作ったり、泥をこねて大きな団子を作ったりするなど、様々な遊びを楽しむ姿がみられる。

P105_07
● 自然物で友達と一緒に遊ぶ

おなもみやせんだんぐさなど、衣服にくっつく植物に興味をもち、友達と一緒に衣服のあちこちに付け合って遊ぶなど、自然に親しむ経験を重ねている。

P105_08
● 身近な生き物に関心をもつ

虫に苦手意識があったが、友達が手に虫を載せて観察している所に近付き、近くで見せてもらうことで、虫への興味が芽生えてきている。

第4章 文例 4歳児 環境

105

P106_01

● 生き物への関わり方を知る

捕まえた虫が死んでしまったことで、小さな生き物への関わり方を知り、触り方に気を付けて観察する姿がみられるようになった。

P106_02

● 生き物に親しむ

飼育しているかめやめだかをよく観察しており、掃除や餌やりなどの世話を積極的にしている。

P106_03

● 生態の違いに気付く

園で飼育しているうさぎやちゃぼの世話を積極的に行う中で、生き物の種類によって餌が異なることに気付き、図鑑で調べる姿がみられる。他の生き物への興味にもつながっている。

P106_04

● 動植物に愛着をもつ

捕まえたザリガニをクラスで飼育し、脱皮することを知って、その不思議さに驚き、熱心に観察を続けるなど、身近な動植物に愛着をもって関わっている。

P106_05

● 生き物の生態を調べる

とかげなどの生き物を捕まえて飼い方を図鑑で調べ、飼育が難しい時には逃がすなど、生き物の命を大切にしながら関わろうとする姿がみられる。

P106_06

● 自然現象に興味をもつ

雲に名前があることや形が変化することに興味をもち、図鑑や絵本で調べて、覚えた雲の名前を保育教諭にうれしそうに伝える姿があった。

P106_07

● 観察したり試したりする

水たまりに物が落ちると、波紋が広がることに気付き、自ら様々な物を落として観察するなど、自然事象に対する関心が高まっている。

P106_08

● 疑問を確かめる

落ち葉が風に舞う様子に興味をもち、どんな物が飛ぶのか、ビニール袋や紙テープなどを飛ばしてみるなど、疑問に思ったことを自ら確かめている。

P106_09

● 不思議に思ったことをたずねる

真っ赤な夕焼けの美しさに気付き、昼間の空の色との違いを不思議に思って、保育教諭にたずねる姿がみられる。

10の姿 **数量や図形、標識や文字などへの関心・感覚**

P107_01
● 必要な数を用意する

製作活動の時に、自分のグループの人数を数え、必要な分の素材を取って友達に配布するなど、自分のできることを積極的に行っている。

P107_02
● 10程度の数を
　数えることを楽しむ

数への興味が出てきて、給食のみかんの皮をむき、房の数を数えて、友達のみかんと比べるなどして数えることを楽しんでいる。

P107_03
● 大小を比べる

様々な大きさのどんぐりがあることを知り、友達と一緒に集めたどんぐりを大きな順に並べたり、同じ大きさの物を皿に集めたりして遊んでいた。

P107_04
● 同じ量の水をそそごうとする

友達と協力して、同量の水をコップに入れようと、コップを並べて見比べながら水を少しずつつぎ足すなど、工夫する姿がみられた。

P107_05
● 道路標識に興味をもつ

散歩先の道路で見かけた草花の名前や道路標識の意味を保育教諭にたずねるなど、疑問に思ったことを積極的に質問する姿がみられる。

P107_06
● 図形の組み合わせを楽しむ

丸や三角形、四角形に切り取った折り紙を画用紙に貼り、形を組み合わせて生き物や乗り物の形を表現して楽しんでいる。

P107_07
● ひらがなに興味をもつ

文字が読めることに喜びを感じるようになり、絵本や図鑑に載っているひらがなを、1文字ずつたどりながら読みあげている。

P107_08
● 友達の名前を読みあげる

落とし物を見つけると、ひらがなで書かれた名前を読みあげ、持ち主に届けようとする姿がみられる。

文例 **4歳児** 指導上参考となる事項 **言葉**

10の姿 言葉による伝え合い

P108_01

● 会話を楽しむ

自分が好きな分野について知っている知識を友達に話し、友達が知っていることを聞いて感心するなど、言葉のやりとりを楽しんでいる。

P108_02

● 発見や知識を友達と伝え合う

友達と一緒に図鑑を見ながら、お互いの発見や知っていることを伝え合って楽しむ姿がみられる。

P108_03

● 質問に答える

保育教諭や友達から質問されると、内容を自分なりに考え、言葉にして答えることができる。

P108_04

● 自分なりの言葉で表現しようとする

保育教諭や友達とのやりとりを通して、自分の気持ちや状況を表す言葉を少しずつ身に付け、自分なりの言葉で伝えようとしている。

P108_05

● 自分の気持ちを言葉で伝える

友達とぶつかり合った時は、時に保育教諭に気持ちを代弁してもらいながら、自分の思いや考えを相手に言葉で伝えようとするようになってきた。

P108_06

● 自分の考えや経験を言葉にする

自分が思ったことや経験したことを、自分なりの言葉にして保育教諭や友達に伝えている。

P108_07

● 説明を理解して行動する

折り紙の新しい折り方に取り組む際に、保育教諭の言葉での説明をよく聞いて内容を理解し、折りすすめる姿がみられた。

P108_08

● 友達に言葉で説明する

保育教諭や友達の話をよく理解し、他の友達にもわかりやすく説明する姿がみられる。

P109_01

●アイデアを言葉で説明する

自分が思い付いた遊びや製作のアイデアを友達にわかりやすく説明したり、友達のアイデアに対して質問したりする。

P109_02

●好き嫌いを言葉で伝える

「これは甘いから好き」「食べにくいから残したい」など、食べ物の好き嫌いとその理由を言葉にして保育教諭に伝えることができる。

P109_03

●人前で発表する

自分の気付いたことや考えを人前で発表することを楽しみ、保育教諭の話や友達の発表にも興味をもって耳を傾けている。

P109_04

●積極的に発言する

様々なことに興味をもち、物事や言葉をたくさん知っている。これが本児の自信になっており、人前で積極的に発言する姿にもつながってきている。

P109_05

●知っている言葉を使いこなす

語彙が豊富で、友達とのやり取りでもたくさんの言葉を使いこなし、ユーモアのある表現も用いて、周りを楽しませている。

P109_06

●感謝の言葉を伝える

5歳児と一緒に遊ぶことが好きで、卒園お別れ会の時には感謝の気持ちを自ら言葉にして伝えていた。

P109_07

●話し合いをすすめる

発表会の演目を決める時には、自分の経験や考えを積極的に発表し、話し合いをすすめるきっかけをつくっていた。

P109_08

●相手に合わせた言葉を探す

乳児と関わる際には、自分が知っている1番簡単で優しい雰囲気の言葉遣いをするなど、言葉を選んで話しかけている。

P109_09

●物語を話す

好きな絵本を繰り返し読むことで内容を覚え、ページをめくりながらストーリーを自分なりに話して、友達や保育教諭に聞いてもらうことを喜んでいる。

第**4**章

文例　4歳児　言葉

文例 　4歳児　指導上参考となる事項　表現

10の姿	豊かな感性と表現

P110_01

● 丁寧に製作に取り組む

発想力が豊かで、自分のイメージを形にするために、丁寧に時間をかけて製作に取り組んでいる。

P110_02

● 様々な画材で絵を描く

見たものやイメージしたものを絵にすることが得意で、クレヨンや絵の具などの様々な画材を使って描くことを楽しんでいる。

P110_03

● 素材を工夫してイメージを表現する

製作が得意で、牛乳パックや空き容器などの素材を工夫して使い、イメージを立体的に表現することを楽しんでいる。

P110_04

● 写真を組み合わせて楽しむ

チラシから好きな食べ物の写真を切り取り、貼り合わせて、写っている物や色の違いを味わいながらコラージュ作品を作って楽しんでいる。

P110_05

● 記憶をたどり、色を塗る

塗り絵遊びや描画が好きで、自分が好きなキャラクターや動物をよく思い出して、色や形を再現しようとしている。

P110_06

● 写真を見ながら絵を描く

図鑑の写真を見ながら、好きな電車の絵を線画で描き、実物と同じ色にしようと、こだわって色を塗る姿がみられる。

P110_07

● 色の組み合わせを楽しむ

色水遊びでは、異なる色の絵の具を混ぜたり、花や葉を使ったりして、色と色の組み合わせや素材から出る色の違いを楽しんでいた。

P110_08

● 自然物を使って表現する

園庭に落ちている花びらで、地面に描いた絵を飾り付けて色を表現するなど、豊かな発想力をもっている。

● 感動を表現につなげる

音楽鑑賞会でコーラス隊の歌声を聴いて、歌うことに興味をもち、きれいな歌声を出そうと工夫したり試したりする姿がみられた。

P111_02

● リズムに合わせて楽器を鳴らす

合奏の活動が好きで、保育教諭のピアノの音をよく聞き、主旋律を捉え、リズムに合わせて鈴を鳴らすことを楽しんでいる。

P111_03

● 音の違いを楽しむ

様々な楽器に触れ、鉄琴と木琴の音の違いや、大太鼓と小太鼓の響きの差など、音の特徴を味わう姿がみられる。

P111_04

● 音の変化を感じ取り、体で表現する

リトミックでは、音の強弱や速さに合わせて体の動きに変化を付け、表現することを楽しんでいた。

P111_05

● 音楽に合わせて踊ることを楽しむ

運動会のダンスに意欲的に取り組んでいた。歌詞に沿った動きを自分で考え、みんなの前で踊って見せるなど、身体表現を楽しんでいる。

P111_06

● 発表会の小道具を作る

発表会のダンスのための小道具を丁寧に作り、自分で作った小道具を使うことで、より楽しんで踊る姿がみられた。

P111_07

● 豊かな発想で遊びをつくる

空き箱や空き容器を使った遊びを保育教諭に提案するなど、豊かな発想力で新しい遊びをつくりだし、友達にも提案している。

P111_08

● 作った物を使って遊ぶ

空き箱やラップの芯などの廃材を組み合わせて剣や道具を作り、仲のよい友達とテレビ番組のヒーローになりきって遊んでいる。

P111_09

● 演じることを楽しむ

劇遊びでは、自分が演じる役の特徴や、それに合う表現方法を自分なりに考えて、演じることを楽しんでいた。

文例 **5歳児** **学年の重点**

P112_01

見通しをもって遊びや活動に取り組み、グループや学級の一員として力を発揮する。

P112_02

集団生活の中で自己を十分に発揮し、自信をもって行動する。

P112_03

自分なりの目当てをもって、考えたり工夫したりして活動に取り組む。

P112_08

友達と考えを出し合い、互いのよさを認め合ってともに生活することを楽しむ。

P112_04

目標に向かって、試行錯誤しながら繰り返し挑戦し、充実感を味わう。

P112_09

経験や考えを言葉で伝え合い、友達の様々な考えに触れながら遊びを展開させる。

P112_05

人との関わりを通して、我慢する気持ちや友達を思いやる気持ちをもつ。

P112_10

友達と同じ目標に向かって思いを伝え合いながら協力し、達成感や充実感を味わう。

P112_06

様々な体験を通じ、相手の立場を考え、認め合いながら友達関係を深める。

P112_11

共通の目的に向かって友達と考えやイメージを出し合い、協力して活動をすすめる。

P112_07

友達と役割を分担しながら、協力して活動をつくり上げる喜びを味わう。

P112_12

してよいことと悪いことを考えたり話し合ったりして、規範意識をもって行動する。

文例 **5歳児** 個人の重点

P113_01

自信をもって自分の考えや気持ちを表現するようになる。

P113_02

自立心を高め、年長児としての自信をもって意欲的に活動に取り組む。

P113_03

自分の目標に向かって意欲的に取り組み、やり遂げることで達成感を味わう。

P113_04

トラブルの際には、対処を考えたり相談したりしながら主体的に解決しようとする。

P113_05

多様な考え方や感じ方を知り、物事に対して柔軟に対応していけるようになる。

P113_06

仲間とのつながりを広げて、自分の力を発揮できるようになる。

P113_07

いろいろな遊びや活動の中で積極的に友達と関わり、友達との生活を楽しむ。

P113_08

友達と楽しく生活する中で、仲間の必要性を実感し、信頼感を高める。

P113_09

相手の話に耳を傾けながら、様々な活動に興味・関心をもつ。

P113_10

相手の気持ちに気付き、自分の気持ちを伝えながら、友達との関わりを楽しむ。

P113_11

友達とイメージを共有し、一緒に試行錯誤しながら表現することを楽しむ。

P113_12

友達と意見を言い合い、協力しながら活動をつくりだして達成感を味わう。

第**4**章

文例 5歳児 **学年の重点／個人の重点**

113

文例 **5歳児** 指導上参考となる事項 **健康**

10の姿 **健康な心と体**

P114_01

● **目標に向かって努力する**

縄跳びなどの運動遊びが得意で、自分の目標を達成すると新たな目標を決めて取り組んだり、他児にこつを教えたりするなど、自信をもって活動している。

P114_02

● **上達する楽しさを感じる**

サッカーが好きで、友達と一緒に練習することや少しずつ上達することの楽しさに気付き、試合に負けても諦めず、挑戦する姿がみられる。

P114_03

● **継続してやり遂げる**

自ら竹馬に粘り強く取り組み、保育教諭や友達の補助がなくても、伸び伸びと乗りこなすことができるようになった。

P114_04

● **遊びの種類を広げる**

粘土や絵画などの手先を使う遊びを得意とするが、友達関係の広がりに伴い、リレーやジャングルジムなどの体を動かす遊びにも積極的に参加するようになった。

P114_05

● **目標への達成度を確かめる**

鉄棒やのぼり棒などで、自分の目標を定めて練習している。自分で達成したと感じると、保育教諭を呼び、客観的に成果をみてもらおうとする。

P114_06

● **時間の見通しが付く**

片付けの時間を友達と確認し合い、それまでにできるジャンケンゲームなどの遊びを考えるなど、時間の見通しをもって活動する。

P114_07

● **経験を自信につなげ 新しいことに挑戦する**

運動会では、ダンスの練習を重ね、本番では達成感を味わう姿がみられた。音楽会でも、大太鼓に立候補するなど、様々な活動への意欲が継続している。

P115_01

●行事の中で 自分が得意なことを生かす

園外に貼る運動会のポスターの絵を描くことで、運動が苦手な自分を勇気付け、自信をもって活動することができた。

P115_02

●気持ちの落ち着け方を知っている

仲のよい友達と関わることで心を安定させ、苦手意識のある発表の時も、不安な気持ちを抑えて挑戦しようとする姿がみられる。

P115_03

●自らの成長を喜び、 積極的に活動する

いろいろな経験を経て年長になったという自信から、安定感をもって伸び伸びと活動に参加し、リズム遊びやおにごっこなどを楽しんでいる。

P115_04

●健康に気を付けて行動する

汗をかいた時に自分で考えて着替えをしたり、かぜを予防するために手洗い・うがいをしたりするなど、健康に気を付けた行動を自発的に行っている。

P115_05

●生活習慣が身に付いている

身支度や食事の準備など、やるべきことを自分で考えて行動している。自分の準備が終わると、友達を積極的に手伝う姿もみられる。

P115_06

●食事の大切さを理解し、 充実した時間にしようとする

トマトなどの野菜栽培を通じて、食べ物の栄養に関心を深めながら友達との食事を楽しみ、配膳や片付けなども積極的に行っている。

P115_07

●健康に対する意識をもつ

健康のために必要だと感じて、苦手な葉物野菜も頑張って完食するなど、自分の体を大切にする行動をすすんで行っている。

P115_08

●安全に留意して遊ぼうとする

見通しをもって安全に遊ぼうとする意識があり、園庭遊具の安全な使い方を3歳児に教える時には、手本を見せる役割に立候補し、やり遂げた。

P115_09

●交通ルールを守ることができる

交通ルールの大切さを理解しており、園外活動で移動する時には、自発的に周囲を確認したり、信号を守ったりする姿がみられた。

第**4**章

文例 5歳児 健康

115

文例　5歳児　指導上参考となる事項　人間関係

10の姿　自立心

P116_01
● 達成感を味わう

前年度の年長児が踊ったダンスに憧れをもち、自主的に練習したり、他児へ気配りをしたりするなど、発表会本番まで意欲的に取り組み、達成感を味わう姿がみられた。

P116_02
● 自ら課題に挑戦する

転がしドッジボールなどの活動に意欲的に取り組み、最後まで残れたことから自信をもつようになった。他の活動においても、難しい課題を自ら設定して挑戦している。

P116_03
● 諦めずにやり遂げる

年長児であるという自覚から、苦手な食べ物を自ら食べようと努力し、時間をかけて諦めずに完食しようとする姿がみられる。

P116_04
● 自信をもって行動する

テーブル拭きや食事の配膳などの役割に、積極的に名乗り出る。手際がよいことを保育教諭や友達に認められることで、自信を確かなものにしている。

P116_05
● 自分で考え工夫する

こま回しなどの遊びでは、やり方を自分で工夫して、上手に回せるようになるまで取り組み、できたという達成感を味わう姿がみられた。

P116_06
● 身の回りのことに自主的に取り組む

掃除や身の回りの整頓などを自発的に行い、その姿を認められることで、環境美化への意識がさらに高まっている。

P116_07
● 当番活動に責任感をもつ

当番活動に対する責任感をもち、クラス全体に声が届くように、勇気を出してはっきりとした声で挨拶や伝達事項を伝えている。

P116_08
● しなければならないことがわかる

出席当番や食事当番など、自分の役割に対する責任感をもち、身支度や玩具の片付けなどにも積極的に取り組んでいる。

10の姿　協同性

P117_01
● イメージを共有して表現する
劇遊びなどでは、友達と絵本を使って表現したいもののイメージを確認し合い、イメージを共有しながら表現方法を工夫して楽しんでいる。

P117_02
● 役割分担をしてごっこ遊びを楽しむ
友達とお互いのイメージを伝え合い、それぞれの役割分担を決めて、準備をし、お店やさんごっこなどのごっこ遊びを楽しんでいる。

P117_03
● 友達と一緒に遊びを考える
ボール遊びの時などに、友達とルールや技を考え、意見を伝え合って遊ぶ姿がみられる。

P117_04
● 友達と1つの物を作る
乗り物が好きで、乗り物の仕組みや特徴を友達に生き生きと説明し、一緒に段ボール箱で乗り物を作るなどして充実感を味わっている。

P117_05
● 発表会の小道具を協力して作る
発表会では小道具係になり、舞台を物語のイメージに近付けようと、友達と相談しながら協力して取り組み、丁寧に完成させていた。

P117_06
● 友達と助け合いながら作業に取り組む
夏祭りのおみこし作りなどでは、自分の得意な力のいる作業では友達を助け、自分の不得意な細かい作業は友達に手伝ってもらうなどして、協力して作り上げていた。

P117_07
● 友達の意見を尊重する
友達に自分の意見を認められた経験から、友達の考えにも気付き、友達の意見も尊重しながら一緒に活動をやり遂げようとする姿が増えている。

P117_08
● 意見を出し合いながら目標に向かって取り組む
積極的に自分の意見を友達に伝え、また、友達の意見にも耳を傾けながら同じ目標に向かって活動をすすめていく姿がみられる。

P117_09
● 友達と試行錯誤し遊びを充実させる
縄跳びを上手に跳ぶ方法を友達と一緒に考え、工夫する姿がみられる。試行錯誤を重ね、2人跳びや大縄跳びができるようになり、充実感を味わっている。

第**4**章　文例　5歳児　人間関係

道徳性・規範意識の芽生え

P118_01

●してはいけないことの理由を理解し、考えて行動する

園生活のルールを理解し、友達が禁止されていることをしているのを見ると、やってはいけない理由を伝え、別の遊びに誘うなどしている。

P118_02

●相談しながらルールを変更する

色おにやこおりおになどの遊びをもっとおもしろくしようと、友達と相談しながらルールを変更するなど、工夫して楽しんでいる。

P118_03

●時間を守ろうとする

片付けや食事、おやつの時間など、決められた時間が来ると自ら行動しはじめ、気付いていない友達に声をかける姿もみられる。

P118_04

●気持ちを整え行動を自制しようとする

言葉の使い方で相手がどのように感じるかを意識できるようになり、語気が強くなるのを抑えようと努力するようになってきている。

P118_05

●相手の気持ちに共感する

集団の中で認められる経験を通して、友達の発言や表現を認め、気持ちに共感しながら関わる姿が増えている。

P118_06

●自分の気持ちを整理し、友達と折り合いを付ける

気持ちを受け入れられる経験を通し、自分の気持ちを調整しようとするようになり、友達の意見を受け入れる姿がみられるようになった。

P118_07

●自分の行動を客観的に振り返る

自分の行動を客観的に振り返ったり、友達の立場に立って気持ちを想像しながら関わったりするなど、考えてから行動できる。

P118_08

●年下の子に配慮して遊ぶ

年下の子と遊ぶ時には、やり方を教えたり、その子に合わせた対応をしたりするなど、他者への思いやりをもって一緒に楽しめるようにしている。

10の姿　社会生活との関わり

P119_01
● 園外の活動を園の遊びに取り入れる

園外の友達や親戚など、広い交友関係から様々な遊びや活動を経験し、それを園での遊びにも取り入れて楽しんでいる。

P119_02
● 人の役に立つことを喜ぶ

同じクラスの友達が3歳児に順番を譲っている姿を見て、自らもそれにならい、年下の子に慕われた経験から、人の役に立ちたいという気持ちが増している。

P119_03
● 家族を大切にしようとする

家族を大切に思う気持ちから、保護者への感謝の手紙を渡したいと考え、苦手な絵に集中して取り組んで完成させることができた。

P119_04
● 地域での経験を遊びに生かす

商店街での買い物の経験から、お店やさんごっこの際は、自分が見た店員になりきり、お客さん役の友達に商品をすすめる姿がみられた。

P119_05
● 地域の人との交流

自分の保護者の職業に憧れをもち、散歩先で同じ職業の人々に出会うと自ら話しかけ、質問をするなど、積極的な姿がみられる。

P119_06
● 高齢者との交流を楽しむ

正月会などの高齢者との交流では、自ら積極的に話しかけ、ベーゴマ回しや将棋などを教えてもらって、楽しんでいた。

P119_07
● 情報を役立てる

クラスで稲を育てることになると、図書館で調べたり、親戚の専門家に注意点を聞いたりして、園での栽培に役立てている。

P119_08
● 情報を伝える

深海魚に興味をもっている。遠足で水族館に行く前などに、深海魚が水族館にいるかどうかを調べたり、図鑑を見たりして、自分が知ったことを生き生きと友達に伝えている。

第4章　文例　5歳児　人間関係

文例 5歳児 指導上参考となる事項 環境

思考力の芽生え

P120_01

●探究心をもって行動する

わからないことをそのままにせず、保育教諭に質問したり、自分で絵本や図鑑などで調べたりする。

P120_02

●素材を工夫して使う

遊びに必要な小道具がない時などは、自分で適した素材を探して工夫し、イメージに近い物を作りだす姿がみられる。

P120_03

●環境に興味・関心をもって主体的に関わる

園内環境によく目を配り、目新しい遊びや植物などの変化にすぐに気付いて興味を示し、自分の遊びに取り入れて楽しんでいる。

P120_04

●物の性質や因果関係に興味をもつ

玉の転がる速さがレールの傾き方などによって変わることを科学博物館で経験し、その法則性に強い興味をもった。園でも、いろいろな玉を転がして試している。

P120_05

●物の性質に興味をもち、探求する

泥団子作りでは、きれいに作ろうと試行錯誤するうちに砂の質による差に気付き、園庭のあちこちから砂を集めて試す姿がみられた。

P120_06

●新しい発見や探究する楽しさを味わう

色水に関する発見を発表して、みんなに認められたことで、探究心をもって様々なことを試す姿が増えている。新しい気付きを得ると、友達や保育教諭にうれしそうに伝えている。

P120_07

●自分と異なる考えを受け止める

話し合いの際には、意見の異なる友達の話にも耳を傾け、そのよさに気付き、意見をまとめたり一緒に新しい考えを生みだそうとしたりする。

| 10の姿 | 自然との関わり・生命尊重 |

P121_01

● 身近な自然と触れ合い、仕組みに興味をもつ

自然現象や栽培している植物の生長を見て、その仕組みや変化に興味をもち、疑問に思ったことを積極的に保育教諭にたずねる。

P121_02

● 生き物について調べ、興味・関心の幅を広げる

見慣れない植物や虫の卵を見つけると、友達と手分けして図鑑で似た物を探しだすなどして、興味や関心の幅を広げている。

P121_03

● 生命の尊さに気付く

あげはちょうの幼虫の飼育がうまくいかなかった経験を通して、生命のはかなさや尊さに気付き、より大切にしようという気持ちが芽生えている。

P121_04

● 生き物に愛着をもち、正しい関わり方を知ろうとする

本児がもらってきたかぶとむしの幼虫を園で飼うことになると、飼い方や触れる際の約束事を真剣に調べて、友達にも伝えていた。

P121_05

● 生き物を大切に扱い、関わりの中で感じたことを話す

普段からモルモットの飼育ケースを気にかけ、汚れに気付くとすぐに掃除している。気付いた生態について友達と楽しそうに伝え合っている。

P121_06

● 植物の生長や仕組みに興味をもつ

稲作体験では、稲の高さが自分の身長に迫ってくるスピードに驚いて、植物の種類による生長の違いにも興味をもち、毎日観察している。

P121_07

● 身近な自然に親しみ、名前や特徴を言葉で伝える

園庭に植えてある木の名前や実の形の特徴を覚え、友達や年下の子に教える姿がみられる。

P121_08

● 身近な自然現象に探究心をもって関わる

園庭の氷の厚さが場所によって異なることに気付き、友達と誘い合って、より厚みのある氷を作ろうと試行錯誤するなど、自然現象に興味をもって関わっている。

第4章 文例 5歳児 環境

121

数量や図形、標識や文字などへの関心・感覚

P122_01

● 時計を活用する

保育教諭やクラスの友達と目標時間を決め、時計を見ながら身支度に取り組んでいる。

P122_02

● 物の数を正確に数える

配膳当番の時などには、友達に欲しいおかずの個数をたずね、言われた個数を正確によそって渡している。

P122_03

● 物の大小を比べる

大きさを比較するのが得意で、焼きいも会では、大きさや重さの違いを比べて、大きいいもや小さいいもを友達に教える姿がみられた。

P122_04

● 数の大小を比べる

かるた遊びでは、とった枚数を数えて大小を比較し、誰の勝ちなのかを自信をもって伝える姿がみられる。

P122_05

● 数の計算に興味をもつ

小学生の兄が持ち帰った算数の宿題に興味をもち、簡単な足し算に挑戦している。園でも友達と問題を出し合って楽しんでいる。

P122_06

● 物の大小や仕組みに興味をもつ

クラスで育てている野菜を収穫し、重さや大きさを比べたり、切り分けて構造を見たりと、物の大小や仕組みに興味をもっている。

P122_07

● 複雑な図形に色を塗る

色塗りが好きで、保育教諭が提供した複雑な図案に集中して取り組み、作品を完成させていた。

P122_08

● 図形や立体の特徴に気付く

ブロック遊びでは、使いたい形の物が足りないことに気付くと、別の形を組み合わせて必要な形を作り出すなど、工夫して楽しんでいる。

P122_09

● 文字や記号の読み方や意味を知ろうとする

園内のポスターや街中の看板を見て、文字や記号に関心をもち、わからない物があると、保育教諭に積極的に質問する。

P123_01

● 文字を使って コミュニケーションをとる

仲のよい友達と絵本を読み合ったり、手紙を書いたりして、友達とのつながりを感じて喜ぶ姿がみられる。

P123_02

● 手紙に興味をもち、 やりとりを楽しむ

郵便ごっこが好きで、届ける相手に送り主と届いた枚数を伝えたり、自ら手紙を書いて届けたりすることを楽しんでいる。

P123_03

● 文字を書くことを楽しむ

自分の名前に使われている文字を書こうと自発的に繰り返し取り組み、画数が多く難しい文字にも挑戦して、書けたという充実感を味わっている。

P123_04

● 文字を使って遊びを広げる

かるた遊びに親しみ、自分の好きな絵を描き、ひらがなを書いた手作りかるたを完成させて、友達と繰り返し遊んでいる。

P123_05

● アルファベットに興味をもつ

散歩先で見つけた看板や、自宅から持ってきたチラシに書かれたアルファベットに興味をもち、保育教諭に質問する姿がみられる。

P123_06

● 文字の役割に興味を示す

文字が読めるようになり、散歩の途中で地面に書かれた「止まれ」の文字に気付いて保育教諭に意味を確認する姿がみられた。

P123_07

● 遊びを通して 数の大小や文字を知る

トランプ遊びをする中で数字の大小を知り、J、Q、K、Aのアルファベットをまねして書いてみるなど、文字への興味も広がっている。

P123_08

● 標識の意味を調べる

登園中に目にする標識に興味をもち、絵本や図鑑で調べて、種類や意味を知ろうとする姿がみられる。

P123_09

● 図を活用する

年下の子どもたちにもわかりやすいようにと、玩具を種類ごとにしまう場所のマークなどを工夫して作っている。

第**4**章

文例　5歳児　**環境**

123

文例

5歳児 指導上参考となる事項 言葉

10の姿

言葉による伝え合い

P124_01

● 考えや思いを伝え合い理解して遊びを展開する

自分の思いや考えを友達に言葉で伝え、友達の提案にも耳を傾けながら、率先して遊びを展開していく姿がみられる。

P124_02

● 意見をまとめて伝える

話し合いをする時には、積極的に自分の意見を提案し、友達から出た提案もまとめようとするなど、リーダーシップが育っている。

P124_03

● 相手の思いを言葉で聞き出す

遊びの中で友達と意見が分かれると、自分の考えを言うだけではなく、相手の考えも聞こうと問いかける様子がみられる。

P124_04

● 新しい言葉を知ろうとする

初めて聞いた言葉に出会うと、その言葉の意味を積極的に保育教諭に質問し、会話の中に取り入れてやり取りを楽しむ姿がみられる。

P124_05

● 説明を理解し、他者に伝えることができる

製作遊びなどでは、保育教諭の話を聞き、工程をよく理解して取り組む。やり方がわからず困っている友達がいると、わかりやすく説明する。

P124_06

● 要望を具体的に言葉にして伝える

使いたい素材がある時に、保育教諭に対し、どんな素材がどれくらいの量で、どんな用途で必要なのかを言葉で伝えることができる。

P124_07

● 人前で発表する

自分の思いや発見が友達に伝わるうれしさを味わう経験を重ねたことで、自ら手を挙げ、自信をもってみんなの前で発表するようになった。

P124_08

● 場所や状況を言葉にする

長期休み明けなどには、家族旅行の写真を見せながら、場所や状況を言葉にして発表し、友達からの質問にも自信をもって答えていた。

P125_01

●イメージを言葉にして共有する

ごっこ遊びの時などには、自分のイメージしたことを友達に言葉で伝え、友達のイメージも聞きながら、一緒に役になりきって遊んでいる。

P125_02

●思いを伝え、相手の思いがわかる喜びを感じる

共同製作では、友達と十分に話し合ってから作業を始めていた。友達に自分の思いが伝わり、相手の思いがわかる喜びを感じながら楽しんで活動している。

P125_03

●納得するまで話し合おうとする

友達と意見がぶつかった時は、自分の意見を伝えながら友達の話にも真剣に耳を傾けて、納得がいくまで話し合いをしようとする。

P125_04

●話し合いで解決する

友達とのトラブルの時には、自分の気持ちを言葉で伝えようとする。自分たちで話し合い、解決しようとする意欲が育っている。

P125_05

●自分の気持ちを整理して言葉にする

友達とけんかをした時には、相手の言葉のどこに傷つき、どうしてほしかったのかを自分の言葉で伝える姿がみられる。

P125_06

●葛藤しながら言葉で伝える方法を知る

気持ちがうまく伝わらずにもどかしい思いを経験する中で、次第に友達の気持ちにも気付き、自分の気持ちを言葉で伝えられるようになってきている。

P125_07

●言葉遊びを楽しむ

しりとりや言葉遊びを取り入れた手遊びを好み、いろいろな友達に誘いかけてやり取りを楽しんでいる。

P125_08

●伝える相手に応じて言葉の使い方を変える

丁寧な言葉遣いを知り、初めて会った人には、「です」「ます」を付けて話すなど、相手に応じた言葉遣いをしようとしている。

P125_09

●言葉による表現を楽しむ

絵本に出てきた言葉を気に入り、友達と会話の端々に取り入れて、言葉による表現を楽しむ姿がみられる。

第**4**章

文例 5歳児 **言葉**

文例 5歳児 指導上参考となる事項 表現

10の姿 豊かな感性と表現

P126_01
● 歌による表現を楽しむ

歌を歌うのが好きで、表情や手の動きで歌詞の内容を表現したり、リズムに合わせて体を揺らしたりして、イメージを膨らませながら歌っている。

P126_02
● 合唱を楽しむ

合唱の時には、意欲をもって何度も音楽を流して聴き、口ずさみながら歌詞を覚える。大きく口を開け、きれいな声で歌うことを楽しんでいる。

P126_03
● リズムをとって演奏する

合奏では正確にリズムをとり、友達の演奏をよく聞いて、適切なタイミングでシンバルを鳴らすことができる。

P126_04
● 好きな曲で踊りを楽しむ

好きな歌手の踊りを自主的に練習し、細かな所まで覚えて、人前で踊ったり、友達に教えたりして楽しむ姿がみられる。

P126_05
● 興味のある物を作る

保育教諭が弾いていたギターを作りたいと、実物を観察しながら製作を行う。音が鳴るように工夫し、歌いながら演奏を楽しんでいる。

P126_06
● 道具を使いこなし、製作に取り組む

集中力と手先の器用さを生かし、はさみやのりを使いこなして様々な製作物を作り、自分のイメージを表現している。

P126_07
● 細部にまでこだわって表現する

絵画や立体製作で自分のイメージを表現することを楽しみ、細部にまでこだわって丁寧に仕上げようとする。

P126_08
● よく観察して絵に描く

園の動物や植物などの絵を描く時には、自ら実物を見に行って、よく観察してから絵に表現しようとしている。

 P127_01

●イメージを忠実に表現する

想像力が豊かで、意欲的に作品作りに取り組む。粘土遊びなどでは、手先の器用さを生かして、人間の目や髪の毛などの細部まで作り込む姿がみられる。

P127_02

●素材を生かして製作に取り組む

自分のイメージしたものを形にしようと意欲的で、カップ麺の容器や空き箱などの身近な素材を使った製作遊びを楽しんでいる。

P127_03

●絵本を作って楽しむ

コピー用紙を切り分け、テープで貼り合わせて製本し、自分でストーリーを考えて絵や文字をかくなどして絵本を作って楽しんでいる。

P127_04

●自分で作った物語を発表する

ペープサートのストーリーを自分で考えて、友達や保育教諭の前で楽しそうに演じるなど、発表することに喜びを感じている。

P127_05

●必要な道具を身近な素材で作り上げる

ごっこ遊びに必要なものがあると、廃材などを探して自分で作って遊びに取り入れている。遊びの中でイメージが膨らんでいくと、さらに改良を加える姿もみられる。

P127_06

●身近な素材でイメージを再現して楽しむ

園外の経験を園での遊びに取り入れて遊ぶ。花屋さんで花束を作る様子を見て、園庭の雑草を束ねてブーケに見立てて、花屋さんになりきって遊んでいる。

第**4**章

文例 5歳児 表現

P127_07

●動きや音で表現を楽しむ

ごっこ遊びが好きで、ゴリラやぞうなどの動物の動き方を工夫してまね、大きな動きで自信をもって表現し、友達に見てもらうことを喜んでいる。

P127_08

●役ごとの表現方法を工夫する

劇遊びなどでは、役に応じた動き方や話し方を友達と一緒に考えて工夫しながら、もっと上手に演じようと自発的に練習する姿がみられる。

127

文例 指導上参考となる事項 # 気になる子

P128_01
● 食べたことのない食べ物を食べようとする

初めて見る給食に戸惑っていたが、友達や保育教諭と楽しみながら食事をする中で、今まで口にしなかった食べ物も食べてみようとするようになってきた。

P128_02
● 汚れても大丈夫だと知る

汚れに敏感で、手や洋服が絵の具や砂で汚れることを気にする姿がみられた。洗えばきれいになるという経験を重ね、安心感をもって活動に取り組むようになってきている。

P128_03
● 新しい環境でも落ち着いて行動する

進級当初は新しい環境に適応するのが難しかったが、保育教諭から丁寧に次の活動を説明されると、落ち着いて行動する姿がみられる。

P128_04
● 新しい活動に参加する

自分のやり方にこだわり、新しい活動には消極的だったが、友達や保育教諭から励まされることで、参加するようになってきている。

P128_05
● 絵カードを通して理解する

保育教諭が絵カードや実物を見せながら話をしてきたことなどから、本児の視覚的な情報の理解が進み、友達の姿を手がかりとして、自分で行動しようとするようになってきている。

P128_06
● 友達との関係を広げる

一人遊びを好み、友達とはあまり遊ぶことがなかったが、保育教諭が遊びに誘って一緒に遊ぶことで、本児は少しずつ集団遊びなどにも参加するようになった。

P128_07
● 終わりの時間がわかる

活動の終了時間がわからず、気持ちの切り替えが難しかったが、保育教諭が終わりの時間を事前に知らせると、本児は見通しをもち、気持ちを切り替えられるようになってきた。

P129_01

● 見通しをもち安心する

活動に見通しがもてず不安な様子だったので、保育教諭が園生活の流れを絵カードや予定表に示して視覚的に伝えたところ、本児は安心して活動するようになっていった。

P129_02

● 順番を待つ

伝えたいことがたくさんあり、相手の状況を考えずに熱心に話し続けることが多かったが、状況に合わせて話す順番を待つ姿もみられるようになっている。

P129_03

● 友達との関わり方を知る

友達との関わり方に戸惑う姿がみられたが、保育教諭がモデルとなる関わり方を示して、本児と一対一での取り組みを重ねたことで、本児の友達との関わりが増えていった。

P129_04

● 言葉で気持ちを伝える

保育教諭と一緒に、状況に応じた対応を繰り返し経験するうちに、言葉や行動で思いを伝える方法を知っていった。

P129_05

● 静かな場所で気持ちを落ち着ける

本児が気持ちを調整しようと葛藤している時には、保育教諭が静かな場所に誘い、落ち着くまで待つと、本児も自分の思いを言葉で表現しようとする。

P129_06

● 高ぶった気持ちを落ち着ける

嫌なことがあると、気持ちの高ぶりを大きな声で表現することがあるが、保育教諭と一緒に静かな場所に行くと、気持ちを落ち着かせることができる。

P129_07

● 集中して取り組む

身の回りの身支度などをする際、保育教諭と一緒に目標時間を決めることで、意識が友達や遊びに向かうことをこらえ、集中して取り組むようになった。

P129_08

● 着席して話を聞く

着席して話を聞く時間では、保育教諭と一緒に終わりの時間を時計で確認し、見通しをもつことが、聞く姿勢を保とうとする本児の意欲につながっている。

P129_09

● 友達との関わり方を知る

友達と関わる中で、自分の意見を通そうとしてうまくいかずに葛藤を経験し、保育教諭の仲立ちを受けながら、相手にも意見や気持ちがあることを知っていった。

第**4**章

文例　気になる子

文例 満3歳未満の園児に関する記録

0.0歳児／0歳児

P130_01

担当の保育教諭に慣れ、アーアー、ウーウーなど喃語を盛んに発している。

P130_02

動く物が好きで、目で追ったり、音が聞こえた方に顔を向けたりする姿がよくみられる。

P130_03

体が動かせるようになり、はいはいやずりばいで興味をもった方向に探索行動を楽しんでいる。

P130_04

手指が発達し、玩具などをつまんで持ち上げたり、手でたたいて音を出したりして遊んでいる。

P130_05

園の環境に慣れ、心地よさを感じながら、気に入った玩具で伸び伸びと遊ぶ。

P130_06

食事や散歩などの様々な経験をする中で、生活リズムが整ってきている。

P130_07

保育教諭の問いかけや応答に喜び、目に見える様々な物に関心をもつようになり、指差しが増えている。

P130_08

自分の要求を保育教諭にあたたかく受け入れてもらい、安心して遊んでいる。

P130_09

一人ひとりに合わせた生活の中で、安心して睡眠がとれている。

P130_10

好きな絵本があり、保育教諭に読んでもらうことを喜んで、指差ししながら楽しんでいる。

P130_11

戸外に出るのが好きで、散歩先では、葉っぱを拾ったり、小走りしたりする姿がみられる。

1歳児

P131_01

友達や保育教諭との安定した関係の中で、安心感を感じながら伸び伸びと過ごしている。

P131_02

保育教諭とのやり取りを楽しみ、自分の気持ちを受け入れてもらえる環境に安心して過ごす。

P131_03

丁寧な関わりの中で、簡単な身の回りのことが自分でできるようになった。

P131_04

身近な友達に顔を近付けて関わろうとする姿がみられる。

P131_05

友達のしていることに興味をもち、自分もやってみようとしている。

P131_06

様々な物に興味をもち、指差しをして名前を知ろうとしたり、何かを伝えようとしたりする。

P131_07

歌や手遊びが好きで、曲が聞こえると、楽しそうに体を動かそうとする。

P131_08

保育教諭の言葉を理解し、自分の思いを仕草や言葉で意欲的に伝えようとする。

P131_09

指先を使った遊びが好きで、ブロック遊びやシール貼りなどを集中して楽しんでいる。

P131_10

戸外に出ることを喜び、歩き回って自分のしたいことを見つけて遊んでいる。

P131_11

保育教諭に手伝ってもらいながら、手づかみで食べたり、スプーンを使って食べたりする。

2歳児

P132_01

様々な生活面で意欲的に活動しようとする姿が増えてきた。

P132_02

語彙が増え、経験したことを話し、保育教諭とのやり取りを楽しんでいる。

P132_03

スプーン・フォーク・箸の使い方が上達して、必要に応じて自ら使おうとする姿がみられる。

P132_04

身の回りのことに意欲的で、衣服の着脱を自分でしようとする。

P132_05

興味のある遊びや好きな遊びを見つけて、保育教諭と関わりながら遊んでいる。

P132_06

苦手な食べ物があると食事がすすまないこともあるが、徐々に食べすすめるようになってきている。

P132_07

動植物や虫に興味があり、目新しい物を見つけると保育教諭に知らせる姿がみられる。

P132_08

友達がしている遊びに興味をもち、新しい遊びにも関わるようになってきている。

P132_09

紙をちぎったり、ひも通しをしたりして、指先を使った遊びを楽しんでいる。

P132_10

体を動かすことが好きで、ダンスやリトミックを喜んで行う。

P132_11

活動の内容がわかるまで参加せずに様子を見ているが、わかると参加して楽しんでいる。

第 **5** 章

幼稚園型
認定こども園の場合

幼稚園型認定こども園で、要録を作る際の参考となるよう、

注意点などを紹介します。

幼稚園幼児指導要録の様式を利用する場合の

参考となる記入例も掲載しています。

※この章の参考記入例は、CD-ROM には収録していません。

幼稚園型認定こども園の場合
様式の考え方

幼稚園型認定こども園では、どの様式を使えばよいか迷われるかもしれません。基本的な考え方と、「幼稚園幼児指導要録」と「幼保連携型認定こども園園児指導要録」の様式の違いを確認しておきましょう。

幼保連携型認定こども園も幼稚園も記録する内容はほぼ同じ

幼稚園型認定こども園では、幼稚園の様式と幼保連携型認定こども園の様式とで、どちらを使えばよいのか迷うかもしれません。幼稚園型認定こども園の様式については、決まったルールがあるわけではありません。強いていえば、認定こども園は幼保連携型認定こども園の様式を使った方が、外部の人にもわかりやすいといえます。ただ、幼稚園幼児指導要録と幼保連携型認定こども園園児指導要録とで、記録する内容には、実質ほとんど違いはありません。

【学籍（等）に関する記録】では、2つの様式で異なっているのは、在籍を示す「年度及び入園（転入園）・進級時の幼児（園児）の年齢」の記入欄の数だけです。【指導（等）に関する記録】でも、満3歳〜4歳児の年度の記録についてはどちらも同じ形式です。違いは、幼保連携型認定こども園の様式に、「満3歳未満の園児に関する記録」を記入する欄が設けられている点です。また、「指導上参考となる事項」の下の小さいスペースの記入内容が少しだけ異なっています。幼稚園の様式では「備考」欄として、必要に応じ、「教育課程に係る教育時間の終了後等に行う教育活動」について記入するようになっています。それに対して、幼保連携型認定こども園の様式では、「特に配慮すべき事項」として、「園児の健康の状況等、指導上特記すべき事項がある場合に記入」とあります。【最終学年の指導に関する記録】もほぼ同じです。

園の子どもの実情に合わせて使いやすい様式を選択

このように、記入内容の違いはごくわずかなものですから、3歳以上の子どもだけが通う幼稚園型認定こども園では、幼稚園の様式を使っても問題はありません。一方、3歳未満の子どもが在籍する幼稚園型認定こども園では、幼保連携型認定こども園の様式を使うと、在籍期間や3歳未満の育ちについてより詳しい記録を残すことができます。この場合は、「幼保連携型認定こども園園児指導要録」を適宜、「認定こども園こども要録」に読み替えるなどする必要があります。

指導要録の様式は、市区町村で統一様式を作っているケースも多いので、自治体に確認してください。それぞれの園の実情に合わせ、使いやすい様式を選択しましょう。

●幼稚園型認定こども園で使用される２通りの様式の違い

幼稚園幼児指導要録

学籍に関する記録

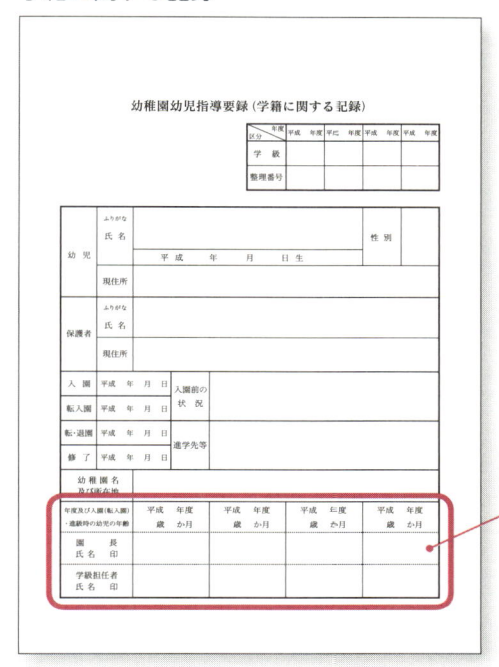

幼保連携型認定こども園園児指導要録

学籍等に関する記録

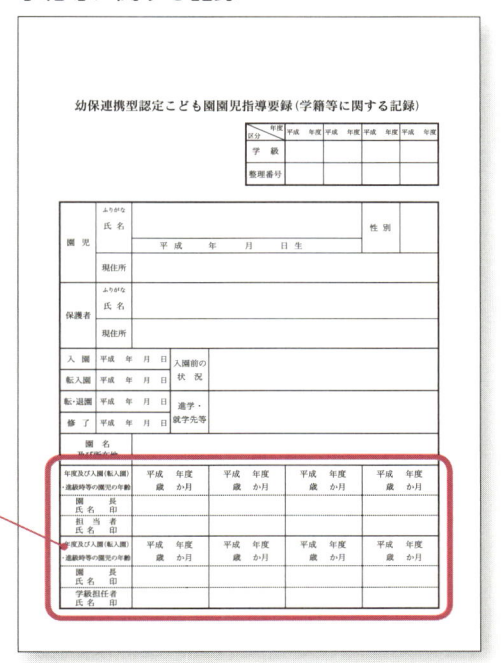

記入欄の数が異なる

指導に関する記録

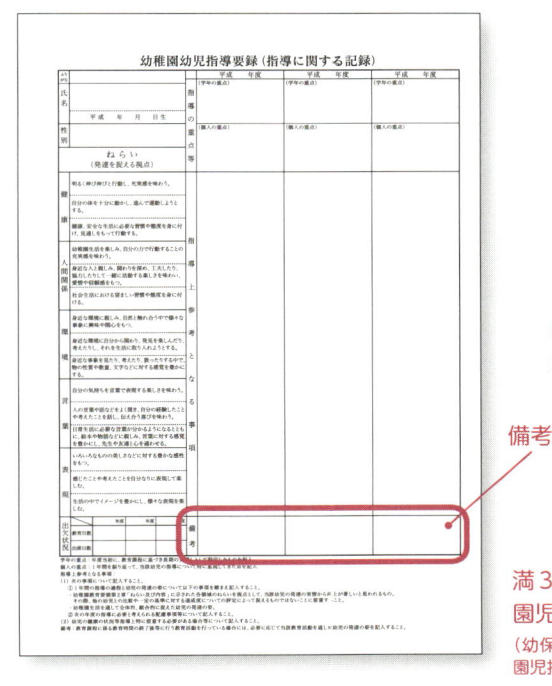

備考

満3歳未満の園児に関する記録
（幼保連携型認定こども園園児指導要録のみ）

指導等に関する記録

特に配慮すべき事項

様式の違いと記入上の注意点

「幼保連携型認定こども園園児指導要録」との違いを中心に、「幼稚園幼児指導要録」の様式を確認していきましょう。

※ 136 〜 137 ページのフォーマットは、CD-ROM には収録されていません。

幼稚園幼児指導要録 【学籍に関する記録】

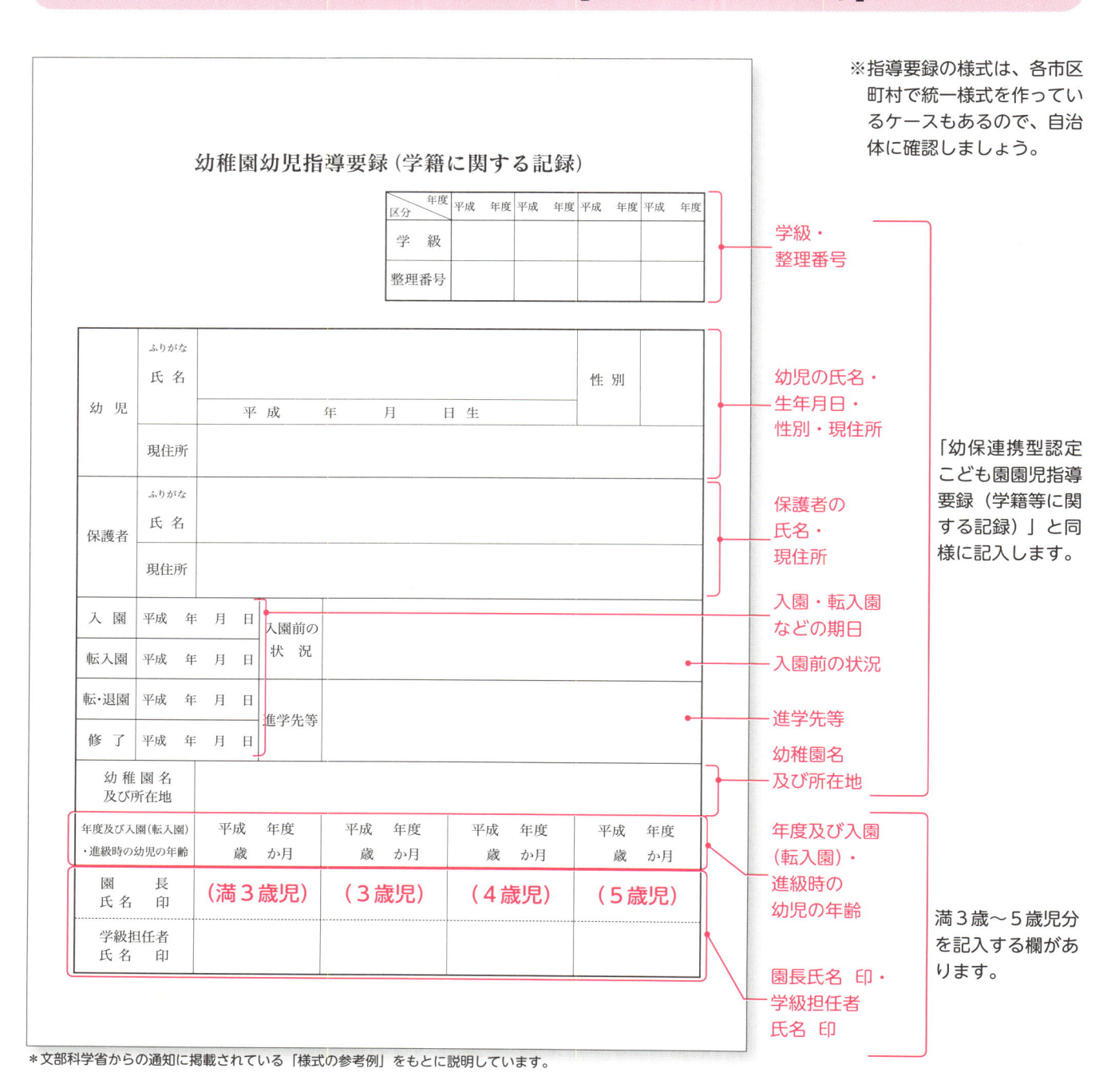

※指導要録の様式は、各市区町村で統一様式を作っているケースもあるので、自治体に確認しましょう。

学級・整理番号

幼児の氏名・生年月日・性別・現住所

保護者の氏名・現住所

「幼保連携型認定こども園園児指導要録（学籍等に関する記録）」と同様に記入します。

入園・転入園などの期日

入園前の状況

進学先等

幼稚園名及び所在地

年度及び入園（転入園）・進級時の幼児の年齢

園長氏名 印・学級担任者氏名 印

満3歳〜5歳児分を記入する欄があります。

＊文部科学省からの通知に掲載されている「様式の参考例」をもとに説明しています。

幼稚園幼児指導要録　【指導に関する記録】

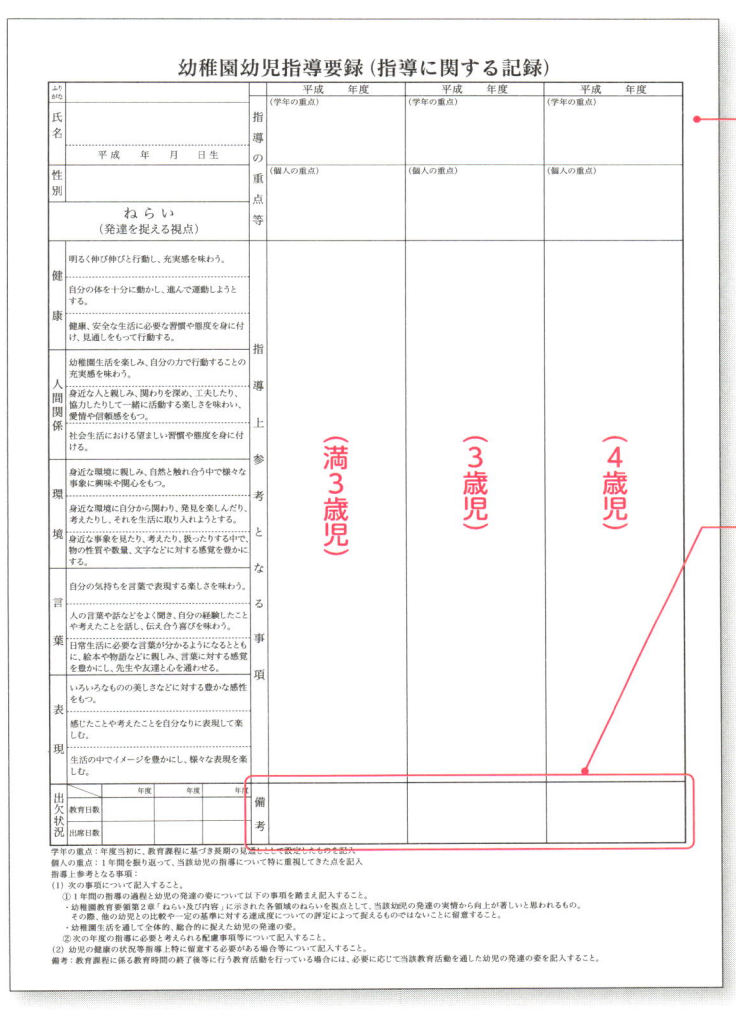

幼稚園幼児指導要録
【指導に関する記録】

・欠席理由（学級閉鎖、出席停止、忌引など）とその日数や、その他出欠に関する特記事項を記入します。
・「教育課程に係る教育時間の終了後等に行う教育活動」を行っている場合は、必要に応じてそこでの発達の姿について書きます。

・「満3歳未満の園児に関する記録」の欄はありません。

幼稚園幼児指導要録
【最終学年の指導に関する記録】

「幼保連携型認定こども園園児指導要録（最終学年の指導に関する記録）」と同様に記入しますが、「特に配慮すべき事項」の欄が「備考」になっていることに注意しましょう。

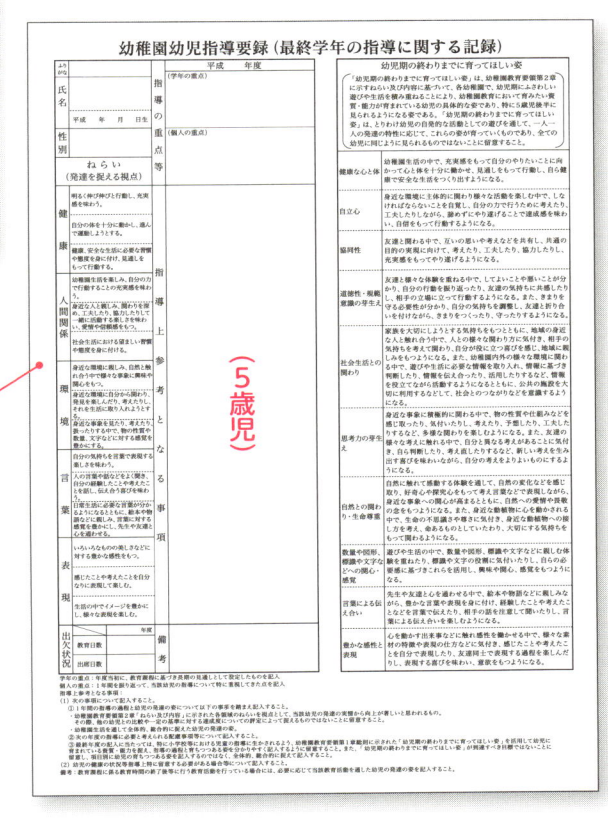

恥ずかしがり屋で 友達に気持ちが言えない子

プラス ➕ の視点で ➡ **自信をもつことで、伝えられるようになった子**

3〜5歳児

〈指導に関する記録〉

ふりがな	○○○○　○○○○	指導の重点等	平成○年度	平成○年度	平成○年度
氏名	○○　X蔵　　平成○年○月○日生		（学年の重点）	（学年の重点）保育者との信頼関係を築き、安心して園生活を送る。	（学年の重点）自分の思っていること、感じたことを表現する。
性別	男		（個人の重点）	（個人の重点）自分の思いを伸び伸びと表現する。	（個人の重点）自分の気持ちを相手に言葉で伝えながら遊ぶ。

	ねらい（発達を捉える視点）	指導の重点等			
健康	明るく伸び伸びと行動し、充実感を味わう。			・早くから園生活に慣れて、保育者との信頼関係を築いていった。	・恥ずかしさを感じて、自分から友達に積極的に話しかけることは少ないが、話しかけられると笑顔で答え、**当番などの決まったことは、友達の前で話すようになってきた。**
	自分の体を十分に動かし、進んで運動しようとする。			・ブロックを使った遊びが好きで、落ち着いて一人遊びに集中し、楽しんでいる。	
	健康、安全な生活に必要な習慣や態度を身に付け、見通しをもって行動する。				・おにごっこや警察ごっこなど、大勢で遊ぶことを楽しむようになり、男女分け隔てなく遊んでいる。体を動かす遊びを繰り返し楽しんでいる。
人間関係	幼稚園生活を楽しみ、自分の力で行動することの充実感を味わう。	指導		・優しい性格で、友達に玩具を譲る姿が多くみられる。	・折り紙を使った製作など細かな作業が苦手で、**困ったことがあっても、自分からは言い出せずにいたが、保育者から手を挙げて合図をするよう促されると、試みようとする姿がみられるようになった。**
	身近な人と親しみ、（…）深め、工夫したり、協力したり（…）する楽しさを味わい（…）。			・保育者が話しかけるとうれしそうに答えるが、人前に立つと緊張感から話せなくなる姿がみられる。**保育者がそばに寄り添うことで、小さな声で話すようになってきた。**	
	社会生活にお（…）を身に付ける（…）。	す			
環境	身近な環境に（…）中で様々な事（…）。	と		・食欲旺盛で、給食のおかわりを欲する。食べるスピードも速いので、保育者がよく噛んで食べるように声をかけると、本児は**食べ方を調整できるようになってきた。**	・生活発表会の劇遊びでは、3人の友達と一緒に「かえる」役を演じることになり、友達と一緒のため、安心して表現を楽しむ姿がみられた。
	身近な環境に自分から関わり、発見を楽しんだり、考えた（…）それを生活に取り入れようと（…）。				
	身近な事象を見（…）りする中で、（…）に対する感覚（…）。				
言葉	自分の気持（…）を味わう。				
	人の言葉や話（…）経験したこと（…）え合う喜びを（…）。				
	日常生活に必要な（…）もに、絵本や物語などに親しみ、言葉に対する感覚を豊かにし、先生や友達と心を通わせる。				
表現	いろいろなものの（…）に対する豊かな感性をもつ（…）。				
	感じたことや（…）表現して楽し（…）。				
	生活の中でイ（…）な表現を楽し（…）。				
出欠状況	教育日数 ○○　○○　○○　／　出席日数 ○○　○○　○○	備考		・特記事項なし。	・特記事項なし。

（3歳児）　　（4歳児）

Point ①　支援の具体的な手立てと子どもの姿が記載されていて、次年度の指導の参考にすることができます。

Point ②　保育者は、本児が肥満傾向であることなどから、よく噛んで食べるよう指導したが、配慮が必要な事項であるため、「肥満傾向」と明記することを避けた記載になっています。

Point ③　自分の思いを伝えるまでに、当番活動などでの示された言葉を言える段階をまず経験し、少しずつ自信を付けていったことが伝わる記述です。

Point ④　本児が保育者の話を素直に聞き、本児なりに勇気をもって自分の気持ちを表現し始めている様子が伝わる書き方です。

〈最終学年の指導に関する記録〉

ふりがな	○○○○　○○○○	指導の重点等	平成○年度
氏名	○○　X蔵		(学年の重点) 友達とのつながりを深め、思いや考えを伝え合いながら活動や遊びをすすめる。
	平成○年○月○日生		
性別	男		(個人の重点) 自分の気持ちを伝えることの大切さに気付き、感動や驚きを表現する。

	ねらい （発達を捉える視点）		
健康	明るく伸び伸びと行動し、充実感を味わう。	指導上参考となる事項	・優しい性格で、相手の気持ちに共感して誰とでも穏やかに関わって遊んでいる。
	自分の体を十分に動かし、進んで運動しようとする。		
	健康、安全な生活に必要な習慣や態度を身に付け、見通しをもって行動する。		・嫌なことがあっても、自分の気持ちを抑えて我慢することが多かった。保育者が本児の嫌だった気持ちを伝える場を設けたことで、本児も思いを言葉にすることができ、自分の気持ちを伝えることの大切さに気付いていった。
人間関係	幼稚園生活を楽しみ、自分の力で行動することの充実感を味わう。		
	身近な人と親しみ、関わりを深め、工夫したり、協力したりして一緒に活動する楽しさを味わい、愛情や信頼感をもつ。		・押されたりするなど、嫌なことがあると、活発な友達に対しても「やめて」「待ってよ」などと、自分の気持ちを言葉で伝えながら遊ぶ姿がみられるようになった。
	社会生活における望ましい習慣や態度を身に付ける。		
環境	身近な環境に親しみ、自然と触れ合う中で様々な事象に興味や関心をもつ。		・生活発表会の劇遊びでは、本番で一人で大きな声で、自信をもって演じることができた。
	身近な環境に自分から関わり、発見を楽しんだり、考えたりし、それを生活に取り入れようとする。		
	身近な事象を見たり、考えたり、扱ったりする中で、物の性質や数量、文字などに対する感覚を豊かにする。		・自然に対する興味や関心が出てきて、園庭で□を見つけて、飼育方法を図鑑などで調べたり、虫の特徴を生き生きと友達に伝えたりしている。
言葉	自分の気持ちを言葉で表現する楽しさを味わう。		
	人の言葉や話などをよく聞き、自分の経験したことや考えたことを話し、伝え合う喜びを味わう。		・遊びの中で感じた喜びを「振り返り」活動の□でみんなに話すことができ、大きな達成感を味わっていた。
	日常生活に必要な言葉が分かるようになるとともに、絵本や物語などに親しみ、言葉に対する感覚を豊かにし、先生や友達と心を通わせる。		
表現	いろいろなものの美しさなどに対する豊かな感性をもつ。		
	感じたことや考えたことを自分なりに表現して楽しむ。		
	生活の中でイメージを豊かにし、様々な表現を楽しむ。		（5歳児）

出欠状況		○年度	備考	・特記事項なし。
	教育日数	○○		
	出席日数	○○		

Xくんの保育記録より

● **Xくんってこんな子**

恥ずかしがり屋で自分から友達に積極的に話しかけることがあまりなかった。優しい性格で、他児の気持ちがよくわかる。肥満傾向であるが、友達と体を動かして遊ぶ楽しさを知り、徐々に自信も付いてきた。

▼

● **指導の過程**

恥ずかしい気持ちに寄り添うことで、安心できるよう配慮し、人前で思いを話せる場を設けるなど工夫した。運動量と食事量とのバランスがとれるよう調整を試みている。

▼

ここからの育ちを
プラスの視点で書こう！

Point 5

「10の姿」の「協同性」「道徳性・規範意識の芽生え」などに関連する内容が書かれています。

Point 6

どのような言葉で思いを伝えていったかが具体的に書かれていて、本児の姿を読み手がイメージしやすくなっています。

Point 7

「10の姿」の「自然との関わり・生命尊重」「言葉による伝え合い」「思考力の芽生え」などに関連する内容が書かれています。

Point 8

自分の思いを表現することが苦手だった本児が、大きく成長した所を記載しています。

第5章　幼稚園型認定こども園の場合

第 **6** 章

保育所型
認定こども園の場合

保育所型認定こども園で、要録を作る際の参考となるよう、
注意点などを紹介します。
保育所児童保育要録の様式を利用する場合の
参考となる記入例や文例も掲載しています。

※この章の参考記入例及び参考文例は、CD-ROM には収録していません。

保育所型認定こども園の場合
様式の考え方

保育所型認定こども園では、どの様式を使えばよいか迷われるかもしれません。
基本的な考え方と、「保育所児童保育要録」と「幼保連携型認定こども園園児指導要録」の
様式の違いを確認していきましょう。

保育要録も指導要録も記入する内容は近くなった

　保育所型認定こども園の場合、「保育所児童保育要録」と「幼保連携型認定こども園園児指導要録」とで、どちらを使えばよいのか迷うかもしれません。保育所型認定こども園で使用する様式については、特に決まったルールがあるわけではありません。また、平成30年度より、保育要録の様式も、幼稚園や幼保連携型認定こども園の指導要録と似た形になりましたから、指導要録でも保育要録でも、記入する内容は以前に比べて近いものになっています。ただし、保育要録は小学校との連携を目的に、最終学年の育ちを記録するものです。それに対し、指導要録は、学籍や教育課程に基づく指導の記録として3歳以上について記述するものです。2つの文書の位置付けはやや異なりますから、その点を理解したうえで、各園の実情に合わせて様式を選びましょう。指導要録、保育要録の様式は、市区町村で統一様式を作っているケースも多いので、自治体に確認してください。

認定こども園としての活動を外部に伝えやすいのは指導要録

　保育所型認定こども園は、法律的には保育所と同じ児童福祉施設になります。そのため、学籍や教育課程の指導の記録を残すことは、必ずしも求められていません。その意味では、保育要録を作成して、子どもたちの進学先に送付しても、問題はありません。6年間、5年間など在籍した年月全体を振り返り、小学校への引き継ぎ資料として、最終学年の保育と子どもの育ちを記述しましょう。

　一方、幼保連携型認定こども園の指導要録の様式を使用した場合、保育所ではなく認定こども園として、満3歳以上の1号認定、2号認定の子どもを担任が指導してきたということが、外部の人にもわかりやすいという面があります。この場合は、3号認定にあたる0・1・2歳の経過記録は別に作っておき、指導要録には3歳児以上の3年間を中心に記入しましょう。また、「幼保連携型認定こども園園児指導要録」を適宜、「認定こども園こども要録」に読み替えるなどする必要があります。

●保育所型認定こども園で使用される2通りの様式の違い

保育所児童保育要録

入所に関する記録

保育に関する記録

（保育所児童保育要録（保育に関する記録））

（別紙）　幼児期の終わりまでに育ってほしい姿について

（幼児期の終わりまでに育ってほしい姿について）

幼保連携型認定こども園園児指導要録

学籍等に関する記録

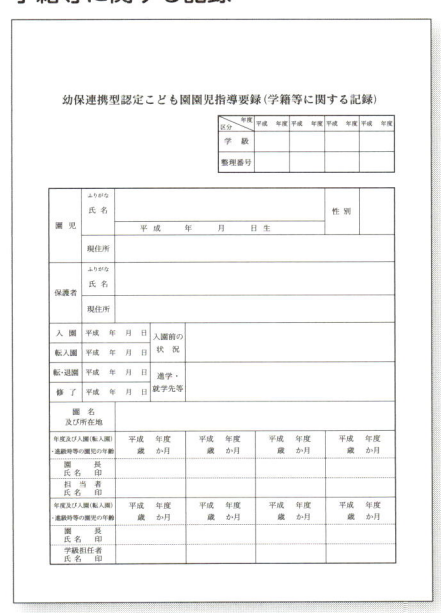

指導等に関する記録

（幼保連携型認定こども園園児指導要録（指導等に関する記録））

最終学年の指導に関する記録

（幼保連携型認定こども園園児指導要録（最終学年の指導に関する記録））

保育所児童保育要録
様式と記入上の注意点

保育所児童保育要録の様式を
確認していきましょう。

※このフォーマットは、CD-ROM には収録されていません。

保育所児童保育要録　【入所に関する記録】

※保育要録の様式は、各市
区町村で統一様式を作成
しています。自治体に確
認しましょう。

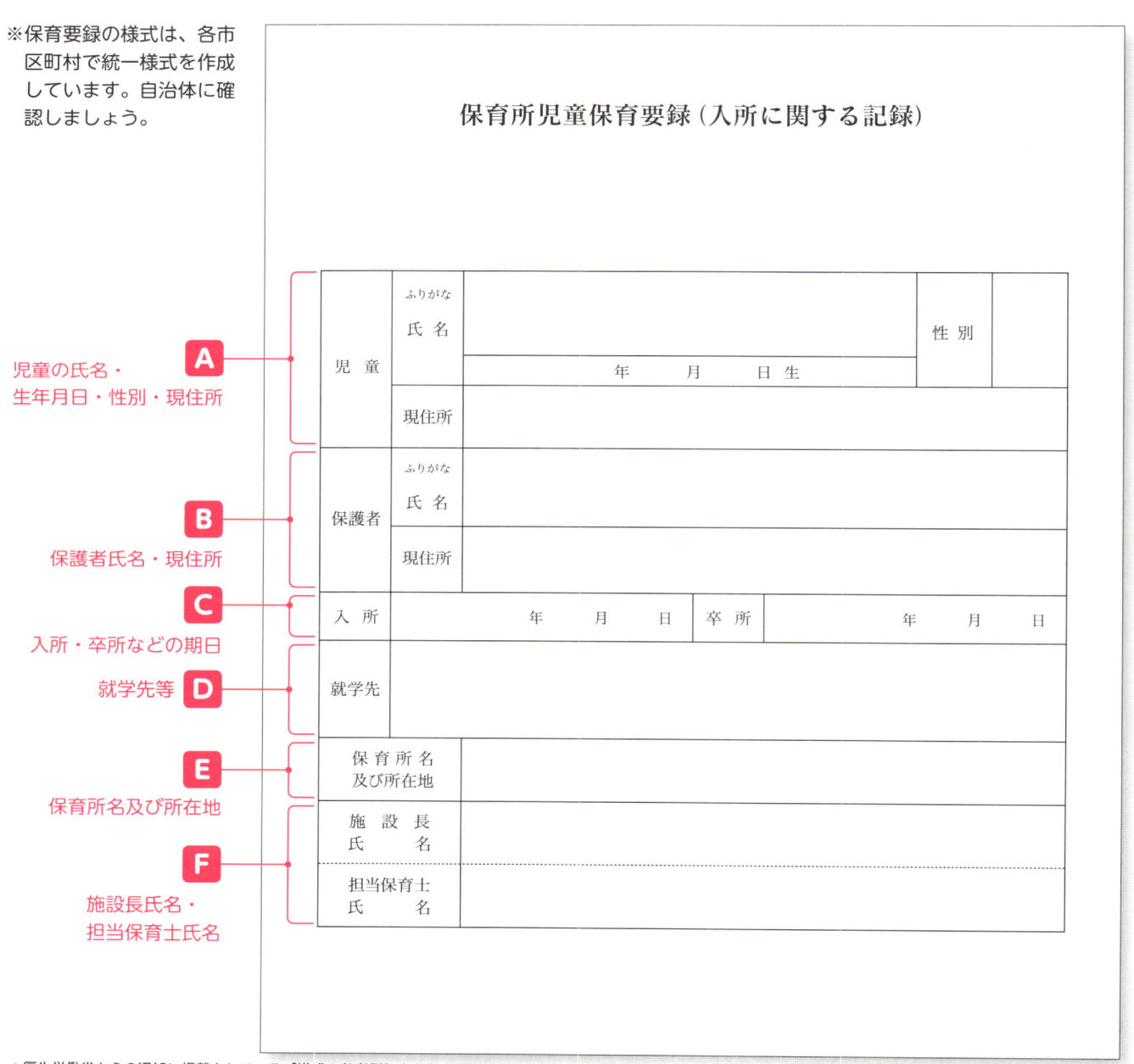

A 児童の氏名・
生年月日・性別・現住所

B 保護者氏名・現住所

C 入所・卒所などの期日

D 就学先等

E 保育所名及び所在地

F 施設長氏名・
担当保育士氏名

保育所児童保育要録（入所に関する記録）

児童	ふりがな 氏名		性別	
	年　　月　　日生			
	現住所			
保護者	ふりがな 氏名			
	現住所			
入所	年　　月　　日	卒所	年　　月　　日	
就学先				
保育所名 及び所在地				
施設長 氏名				
担当保育士 氏名				

＊厚生労働省からの通知に掲載されている「様式の参考例」をもとに説明しています。

144

A 児童の氏名・生年月日・性別・現住所

- 現住所には現在生活している所を、都道府県から、マンション名なども略さずに記入します。変更の場合に備えて、欄の下を空けておきます。

児童	ふりがな 氏名	た なか　　こうた 田中　孝太	性別	男
		平成24年 5月 7日生		
	現住所	東京都大空市白塚3丁目4番10号		

B 保護者の氏名・現住所

- 児童の親権者の氏名と住所を書きます（親元を離れて祖父母の所から通っている場合も親権者の氏名と住所を記入）。

保護者	ふりがな 氏名	た なか　　としゆき 田中　俊之
	現住所	児童の欄に同じ

C 入所・卒所などの期日

- 市区町村が通知した入所認定期間（原則として、4月1日から翌年の3月31日）を記入します。

入所	平成25年 4月 1日	卒所	平成31年 3月 31日

D 就学先等

- 就学する場合は、就学先の小学校の正式名称、所在地を記入します。
- 他の園へ転所（転園）する場合は、その施設の名称、所在地、転所（転園）の事由を記入します。

■小学校へ就学する場合

就学先	東京都朝日市立光ヶ丘小学校 東京都朝日市白塚3丁目8番7号

■他の園へ転所（転園）する場合

就学先	父の転勤のため、千葉県富田市立第二保育所 （千葉県富田市2丁目4番6号）に転所。

E 保育所名及び所在地

- 省略せずに正式名称を記入します。所在地も省略せずに都道府県から記入します。

■私立の場合

保育所名 及び所在地	社会福祉法人ふじの福祉会ふじのとり保育園 東京都大空市赤戸3丁目5番7号

F 施設長氏名・担当保育士氏名

- 児童が在籍する最終年度の始め（または児童の転入出時）に、施設長名・担当保育士名を上部に記入します。変更があった場合は、後任者名を記入し、（　）にその担当期間を書きます。

施設長 氏名	小暮夕子（4.1-8.31） 戸塚勝（9.1-3.31）
担当保育士 氏名	遠藤優奈（4.1-7.9、11.10-3.31） （産・補）酒井雄太（7.10-11.9）

保育所児童保育要録　【保育に関する記録】

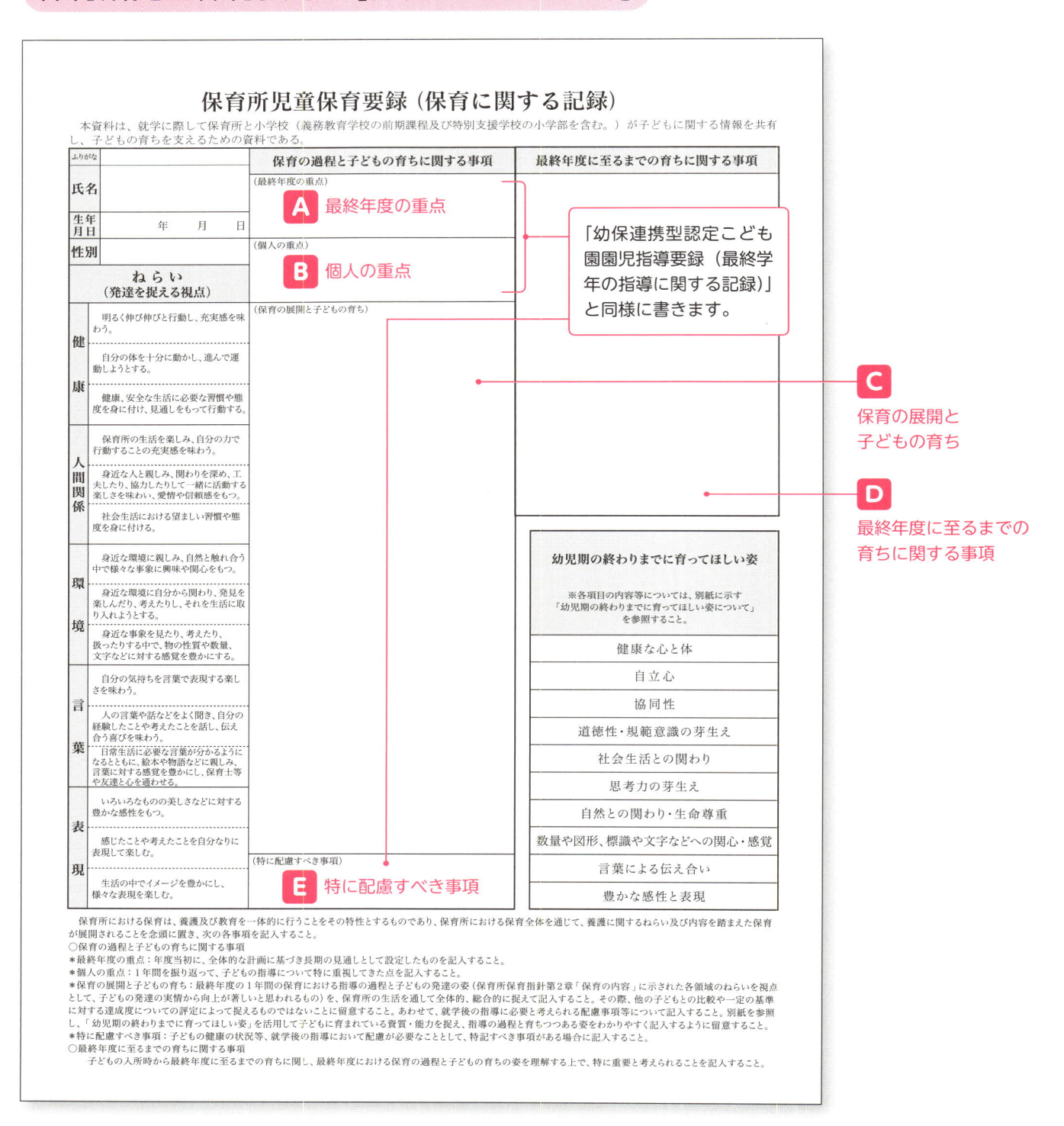

保育所児童保育要録（保育に関する記録）

本資料は、就学に際して保育所と小学校（義務教育学校の前期課程及び特別支援学校の小学部を含む。）が子どもに関する情報を共有し、子どもの育ちを支えるための資料である。

ふりがな		保育の過程と子どもの育ちに関する事項	最終年度に至るまでの育ちに関する事項
氏名		（最終年度の重点）　**A** 最終年度の重点	
生年月日	年　　月　　日		
性別		（個人の重点）　**B** 個人の重点	

A 最終年度の重点

B 個人の重点

「幼保連携型認定こども園園児指導要録（最終学年の指導に関する記録）」と同様に書きます。

ねらい（発達を捉える視点）

		（保育の展開と子どもの育ち）
健康	明るく伸び伸びと行動し、充実感を味わう。	
	自分の体を十分に動かし、進んで運動しようとする。	
	健康、安全な生活に必要な習慣や態度を身に付け、見通しをもって行動する。	
人間関係	保育所の生活を楽しみ、自分の力で行動することの充実感を味わう。	
	身近な人と親しみ、関わりを深め、工夫したり、協力したりして一緒に活動する楽しさを味わい、愛情や信頼感をもつ。	
	社会生活における望ましい習慣や態度を身に付ける。	
環境	身近な環境に親しみ、自然と触れ合う中で様々な事象に興味や関心をもつ。	
	身近な環境に自分から関わり、発見を楽しんだり、考えたり、それを生活に取り入れようとする。	
	身近な事象を見たり、考えたり、扱ったりする中で、物の性質や数量、文字などに対する感覚を豊かにする。	
言葉	自分の気持ちを言葉で表現する楽しさを味わう。	
	人の言葉や話などをよく聞き、自分の経験したことや考えたことを話し、伝え合う喜びを味わう。	
	日常生活に必要な言葉が分かるようになるとともに、絵本や物語などに親しみ、言葉に対する感覚を豊かにし、保育士等や友達と心を通わせる。	
表現	いろいろなものの美しさなどに対する豊かな感性をもつ。	
	感じたことや考えたことを自分なりに表現して楽しむ。	
	生活の中でイメージを豊かにし、様々な表現を楽しむ。	（特に配慮すべき事項）　**E** 特に配慮すべき事項

C 保育の展開と子どもの育ち

D 最終年度に至るまでの育ちに関する事項

幼児期の終わりまでに育ってほしい姿

※各項目の内容等については、別紙に示す「幼児期の終わりまでに育ってほしい姿について」を参照すること。

健康な心と体
自立心
協同性
道徳性・規範意識の芽生え
社会生活との関わり
思考力の芽生え
自然との関わり・生命尊重
数量や図形、標識や文字などへの関心・感覚
言葉による伝え合い
豊かな感性と表現

E 特に配慮すべき事項

保育所における保育は、養護及び教育を一体的に行うことをその特性とするものであり、保育所における保育全体を通じて、養護に関するねらい及び内容を踏まえた保育が展開されることを念頭に置き、次の各事項を記入すること。
○保育の過程と子どもの育ちに関する事項
＊最終年度の重点：年度当初に、全体的な計画に基づき長期の見通しとして設定したものを記入すること。
＊個人の重点：1年間を振り返って、子どもの指導について特に重視してきた点を記入すること。
＊保育の展開と子どもの育ち：最終年度の1年間の保育における指導の過程と子どもの発達の姿（保育所保育指針第2章「保育の内容」に示された各領域のねらいを視点として、子どもの発達の実情から向上が著しいと思われるもの）を、保育所の生活を通して全体的、総合的に捉えて記入すること。その際、他の子どもとの比較や一定の基準に対する達成度についての評定によって捉えるものではないことに留意すること。あわせて、就学後の指導に必要と考えられる配慮事項等について記入すること。別紙を参照し、「幼児期の終わりまでに育ってほしい姿」を活用して子どもに育まれている資質・能力を捉え、指導の過程と育ちつつある姿をわかりやすく記入するように留意すること。
＊特に配慮すべき事項：子どもの健康の状況等、就学後の指導において配慮が必要なこととして、特記すべき事項がある場合に記入すること。
○最終年度に至るまでの育ちに関する事項
子どもの入所時から最終年度に至るまでの育ちに関し、最終年度における保育の過程と子どもの育ちの姿を理解する上で、特に重要と考えられることを記入すること。

C 保育の展開と子どもの育ち

● 最終年度の１年間の指導の過程と、子どもの発達の姿について記入します。
５領域のねらいや最終年度の重点を踏まえて書きます。子どもの特に伸びた
所や、引き続き援助が必要な部分について記入することが大切です。

D 最終年度に至るまでの育ちに関する事項

● 最終年度における保育の過程と子どもの育ちの姿を理解するうえで、特に重
要と思われる点を記入します。
● 入所時から最終年度に至るまでの園での生活を通して、その子どもに育まれ
てきた能力や、著しく伸びた点について振り返り、その子どもの育ちを就学
先へ伝えるうえで重要と思われることを書きます。

保育所児童保育要録（別紙）

(別紙)

幼児期の終わりまでに育ってほしい姿について

保育所保育指針第１章「総則」に示された「幼児期の終わりまでに育ってほしい姿」は、保育所保育指針第２章「保育の内容」に示されたねらい及び内容に基づいて、各保育所で、乳幼児期にふさわしい生活や遊びを積み重ねることにより、保育所保育において育みたい資質・能力が育まれている子どもの具体的な姿であり、特に小学校就学の始期に達する直前の年度の後半に見られるようになる姿である。「幼児期の終わりまでに育ってほしい姿」は、とりわけ子どもの自発的な活動としての遊びを通して、一人一人の発達の特性に応じて、これらの姿が育っていくものであり、全ての子どもに同じように見られるものではないことに留意すること。

健康な心と体	保育所の生活の中で、充実感をもって自分のやりたいことに向かって心と体を十分に働かせ、見通しをもって行動し、自ら健康で安全な生活をつくり出すようになる。
自立心	身近な環境に主体的に関わり様々な活動を楽しむ中で、しなければならないことを自覚し、自分の力で行うために考えたり、工夫したりしながら、諦めずにやり遂げることで達成感を味わい、自信をもって行動するようになる。
協同性	友達と関わる中で、互いの思いや考えなどを共有し、共通の目的の実現に向けて、考えたり、工夫したり、協力したりし、充実感をもってやり遂げるようになる。
道徳性・規範意識の芽生え	友達と様々な体験を重ねる中で、してよいことや悪いことが分かり、自分の行動を振り返ったり、友達の気持ちに共感したり、相手の立場に立って行動するようになる。また、きまりを守る必要性が分かり、自分の気持ちを調整し、友達と折り合いを付けながら、きまりをつくったり、守ったりするようになる。
社会生活との関わり	家族を大切にしようとする気持ちをもつとともに、地域の身近な人と触れ合う中で、人との様々な関わり方に気付き、相手の気持ちを考えて関わり、自分が役に立つ喜びを感じ、地域に親しみをもつようになる。また、保育所内外の様々な環境に関わる中で、遊びや生活に必要な情報を取り入れ、情報に基づき判断したり、情報を伝え合ったり、活用したりするなど、情報を役立てながら活動するようになるとともに、公共の施設を大切に利用するなどして、社会とのつながりなどを意識するようになる。
思考力の芽生え	身近な事象に積極的に関わる中で、物の性質や仕組みなどを感じ取ったり、気付いたり、考えたり、予想したり、工夫したりするなど、多様な関わりを楽しむようになる。また、友達の様々な考えに触れる中で、自分と異なる考えがあることに気付き、自ら判断したり、考え直したりするなど、新しい考えを生み出す喜びを味わいながら、自分の考えをよりよいものにするようになる。
自然との関わり・生命尊重	自然に触れて感動する体験を通して、自然の変化などを感じ取り、好奇心や探究心をもって考え言葉などで表現しながら、身近な事象への関心が高まるとともに、自然への愛情や畏敬の念をもつようになる。また、身近な動植物に心を動かされる中で、生命の不思議さや尊さに気付き、身近な動植物への接し方を考え、命あるものとしていたわり、大切にする気持ちをもって関わるようになる。
数量や図形、標識や文字などへの関心・感覚	遊びや生活の中で、数量や図形、標識や文字などに親しむ体験を重ねたり、標識や文字の役割に気付いたりし、自らの必要感に基づきこれらを活用し、興味や関心、感覚をもつようになる。
言葉による伝え合い	保育士等や友達と心を通わせる中で、絵本や物語などに親しみながら、豊かな言葉や表現を身に付け、経験したことや考えたことなどを言葉で伝えたり、相手の話を注意して聞いたりし、言葉による伝え合いを楽しむようになる。
豊かな感性と表現	心を動かす出来事などに触れ感性を働かせる中で、様々な素材の特徴や表現の仕方などに気付き、感じたことや考えたことを自分で表現したり、友達同士で表現する過程を楽しんだりし、表現する喜びを味わい、意欲をもつようになる。

保育所児童保育要録（保育に関する記録）の記入に当たっては、特に小学校における子どもの指導に生かされるよう、「幼児期の終わりまでに育ってほしい姿」を活用して子どもに育まれている資質・能力を捉え、指導の過程と育ちつつある姿をわかりやすく記入するように留意すること。
また、「幼児期の終わりまでに育ってほしい姿」が到達すべき目標ではないことに留意し、項目別に子どもの育ちつつある姿を入力するのではなく、全体的、総合的に捉えて記入すること。

保育所児童保育要録には、別紙で
「10の姿」の内容が記載されてい
ます。子どもの育ちを捉える視点と
して確認しましょう。

自分より他児の世話を優先する子

➕ プラス の視点で ➡ 面倒見がいい子

ふりがな	○○○○　○○○○	保育の過程と子どもの育ちに関する事項	最終年度に至るまでの育ちに関する事項

氏名	○○ Y子
生年月日	○○年○月○日
性別	女

保育の過程と子どもの育ちに関する事項

（最終年度の重点）
　目標に向かって他児と相談しながら、活動をすすめていく楽しさを味わう。

（個人の重点）
　自己を十分に発揮して充実感を味わう。

ねらい（発達を捉える視点）

健康	明るく伸び伸びと行動し、充実感を味わう。
	自分の体を十分に動かし、進んで運動しようとする。
	健康、安全な生活に必要な習慣や態度を身に付け、見通しをもって行動する。
人間関係	保育所の生活を楽しみ、自分の力で行動することの充実感を味わう。
	身近な人と親しみ、関わりを深め、工夫したり、協力したりして一緒に活動する楽しさを味わい、愛情や信頼感をもつ。
	社会生活における望ましい習慣や態度を身に付ける。
環境	身近な環境に親しみ、自然と触れ合う中で様々な事象に興味や関心をもつ。
	身近な環境に自分から関わり、発見を楽しんだり、考えたりし、それを生活に取り入れようとする。
	身近な事象を見たり、考えたり、扱ったりする中で、物の性質や数量、文字などに対する感覚を豊かにする。
言葉	自分の気持ちを言葉で表現する楽しさを味わう。
	人の言葉や話などをよく聞き、自分の経験したことや考えたことを話し、伝え合う喜びを味わう。
	日常生活に必要な言葉が分かるようになるとともに、絵本や物語などに親しみ、言葉に対する感覚を豊かにし、保育士等や友達と心を通わせる。
表現	いろいろなものの美しさなどに対する豊かな感性をもつ。
	感じたことや考えたことを自分なりに表現して楽しむ。
	生活の中でイメージを豊かにし、様々な表現を楽しむ。

（保育の展開と子どもの育ち）

- 音楽やダンスが好きで、リズムに合わせて明るく伸び伸びと身体を動かすことを楽しむ。生活発表会では、人前で歌う活動にも積極的に参加しようとする姿がみられた。　**❶**

- 人の役に立つことを喜ぶ。生活や遊びの中で、他児が困っていたら率先して手助けをし、保育者の手伝いもすすんで行うなど、面倒見がよく、周りの様子をよく見て行動する。　**❷**

　❸

- ままごとが好きで、「私がお母さんね」などと、他児と相談して役割を決め、遊びをすすめている。また、赤ちゃんの人形を丁寧に扱い、着替えをさせるなど、生活の中で経験したことを盛り込みながら、ごっこ遊びを楽しんでいる。　**❹**

- 自分の思う通りにいかない時も、保育者に思いを伝え、話を聞くことで、自分なりに考え、落ち着くようになってきている。　**❺**

（特に配慮すべき事項）
　特記事項なし。

最終年度に至るまでの育ちに関する事項

0歳（5か月）より入園し、6年間在籍。
保育者の呼びかけに笑顔を見せ、よく遊び安定して過ごした。1歳では、好きな遊びに集中して機嫌よく遊んでいた。意思がはっきりしてきて、玩具を取られた時など、大きな声を出して反応した。2歳では、食べることに意欲が出始め、好き嫌いなく何でも食べた。また、人形を布団に寝かせるなど、ままごと遊びを好んだ。3歳では、特定の友達と関わる姿がよくみられ、生活の流れも理解して過ごした。4歳では、経験したことや遊びの中で感じたことを保育者に伝えるようになった。

幼児期の終わりまでに育ってほしい姿
※各項目の内容等については、別紙に示す「幼児期の終わりまでに育ってほしい姿について」を参照すること。

健康な心と体
自立心
協同性
道徳性・規範意識の芽生え
社会生活との関わり
思考力の芽生え
自然との関わり・生命尊重
数量や図形、標識や文字などへの関心・感覚
言葉による伝え合い
豊かな感性と表現

※「保育所児童保育要録」の様式を使った
記入例を2例掲載します。

※この参考記入例は、CD-ROM には収録していません。

Point 1

「10の姿」の視点で育ちを伝える

身体を動かすことを楽しむ様子や好きな音楽を
きっかけに主体的に取り組む姿からは、「10の
姿」の「健康な心と体」「豊かな感性と表現」
などに関連する育ちが読み取れます。

Point 2

肯定的に伝える

「自分の準備が終わっていないのに」と否定的
に捉えず、周りの様子をよく見て、必要な行動
ができるようになっている姿を育ちとして伝え
ます。

Point 3

発言や会話も加える

発言や会話などを盛り込むと、場面が具体的に
なり、本児の姿が伝わりやすくなります。

Yちゃんの保育記録より

● Yちゃんってこんな子

すすんで保育者の手伝いをしたり、困っている他児の
世話をしたりする。友達の世話に夢中になって、自分
のことを後回しにしてしまい、活動が遅れてしまうこ
とが度々あった。

▼

● 指導の過程

他児の様子によく気付く思いやりがある姿を肯定的に
捉えつつ、自分のことに目が向くよう声かけを行い、
自分のことができてから手伝うことを伝えていった。

▼

ここからの育ちを
プラスの視点で書こう！

Point 4

「言葉による伝え合い」などの育ち

生活の中で経験したことを盛り込みながら、友
達と話し合って遊びをすすめる姿からは、「10
の姿」の「社会生活との関わり」「言葉による伝
え合い」などに関連する育ちが読み取れます。

Point 5

マイナス面だけを書かない

「思う通りにいかない」など葛藤する姿を記す場
合は、このように、育ち（この場合は、思いを
伝え、考えるようになっている姿）も合わせて
記載しましょう。

※この参考記入例は、CD-ROM には収録していません。

苦手なことに集中しにくい子

➕ プラス の視点で ➡ 好きなことに集中して取り組む子

ふりがな	○○○○　○○○○
氏名	○○　Ｚ介
生年月日	○○年○月○日
性別	男

ねらい（発達を捉える視点）

健康	明るく伸び伸びと行動し、充実感を味わう。
	自分の体を十分に動かし、進んで運動しようとする。
	健康、安全な生活に必要な習慣や態度を身に付け、見通しをもって行動する。
人間関係	保育所の生活を楽しみ、自分の力で行動することの充実感を味わう。
	身近な人と親しみ、関わりを深め、工夫したり、協力したりして一緒に活動する楽しさを味わい、愛情や信頼感をもつ。
	社会生活における望ましい習慣や態度を身に付ける。
環境	身近な環境に親しみ、自然と触れ合う中で様々な事象に興味や関心をもつ。
	身近な環境に自分から関わり、発見を楽しんだり、考えたりし、それを生活に取り入れようとする。
	身近な事象を見たり、考えたり、扱ったりする中で、物の性質や数量、文字などに対する感覚を豊かにする。
言葉	自分の気持ちを言葉で表現する楽しさを味わう。
	人の言葉や話などをよく聞き、自分の経験したことや考えたことを話し、伝え合う喜びを味わう。
	日常生活に必要な言葉が分かるようになるとともに、絵本や物語などに親しみ、言葉に対する感覚を豊かにし、保育士等や友達と心を通わせる。
表現	いろいろなものの美しさなどに対する豊かな感性をもつ。
	感じたことや考えたことを自分なりに表現して楽しむ。
	生活の中でイメージを豊かにし、様々な表現を楽しむ。

保育の過程と子どもの育ちに関する事項

（最終年度の重点）
友達と協力して考えを出し合い、認め合いながら主体的に活動する。

（個人の重点）
多様な活動を通して、やり遂げる達成感を味わう。

（保育の展開と子どもの育ち）

- 身体を動かすことを好む。特にサッカーが好きで、ボールを蹴ることを楽しんでいる。

- 自分のやりたいことを優先し、他児とトラブルになることがあったが、保育者が思いを受けとめ、丁寧に状況を説明するうち、本児は友達を思いやる言葉かけをするようになってきた。 ❶

- 合唱など、みんなで活動する場面で、戸外や周りの様々なことに興味が移ることがあったが、保育者が座る場所に配慮し、個別に説明するなどすると、本児は最後まで集中してやり遂げようとするようになっていった。 ❷

- 相手に伝わるよう自分なりに工夫して言葉を考えながら、好きなサッカー選手などの興味があることを友達や保育者に伝えている。 ❸

- クレヨンや絵の具を用いた描画では、隙間なく丁寧に色を塗ったり、工事現場で見たダンプカーの役割に興味をもって大型ブロックを組み合わせて自分なりに再現して作ったりするなど、集中して製作活動を楽しんでいる。 ❹

（特に配慮すべき事項）
特記事項なし。

最終年度に至るまでの育ちに関する事項

0歳（6か月）で入園、6年間在籍。入園1か月後頃から特定の保育者のそばで落ちついて遊べるようになった。1歳では、特定の保育者のそばで安定して過ごした。戸外遊びが好きで、だんごむしを見つけては「先生」と知らせる姿がみられた。2歳では、他児と関わることが増えてきた。基本的な生活習慣が身に付き、言葉で促すだけでスムーズに行えるようになった。3歳では、遊びへの興味が広がり、他児の遊んでいる玩具にも興味を示していた。4歳では、他児と遊びたい気持ちが芽生え、声をかけるようになった。

幼児期の終わりまでに育ってほしい姿
※各項目の内容等については、別紙に示す「幼児期の終わりまでに育ってほしい姿について」を参照すること。

健康な心と体
自立心
協同性
道徳性・規範意識の芽生え
社会生活との関わり
思考力の芽生え
自然との関わり・生命尊重
数量や図形、標識や文字などへの関心・感覚
言葉による伝え合い
豊かな感性と表現

Point 1

就学後も役立つ対応を記入

トラブルが起こったという事実だけではなく、本児の気持ちを受け止めて関わったという保育者の対応も加えて書くことで、就学後に役立ててもらうことができます。もちろん、そこからの育ちも書くようにします。

Point 2

プラスの視点で書くことを意識する

プラスの視点で前向きな表現を心がけましょう。「合唱では集中できない」などと書いてしまいがちですが、ここでは、苦手な活動も、配慮を行うことで取り組めるようこなっているという書き方で、本児の育ちを伝えています。

Point 3

子どもの興味があることを書き加える

サッカーが好きなことなど、本児の興味を書き加えると、就学後の関わりのヒントとなります。

Zくんの保育記録より

●Zくんってこんな子

大勢での活動を好まず、苦手なことに集中しづらい面がある。特に歌が苦手で、床に座り込んだり、その場にいられず保育室から出ていこうとしたりすることがあった。一方、興味があることには集中でき、好きなサッカーや製作遊びには積極的に取り組んでいる。

▼

●指導の過程

好きなことへの積極性を認めながら、苦手な活動では本児の気持ちを受け止め、個別に対応したり、苦手な歌では簡単な手遊びを取り入れたりして、楽しさを伝えた。

▼

ここからの育ちを
プラスの視点で書こう！

Point 4

表現する姿からみられる育ちも伝える

「10の姿」の「豊かな感性と表現」「社会生活との関わり」「数量や図形、標識や文字などへの関心・感覚」などに関連する内容が書かれています。

最終年度に至るまでの育ちに関する事項

0 歳児

生後5か月より入園し、6年間在籍。集団生活に早く慣れ、安心して伸び伸びと過ごした。

入園当初はよく泣いていたが、特定の保育者がゆったりと関わることで、本児は穏やかに園生活を過ごすようになった。

保育者の呼びかけによく反応し、安定した情緒の中、担任と触れ合ったり、1人で好きな玩具で遊んだりしていた。

好奇心旺盛で何にでも興味を示し、探索行動を十分に楽しんでいた。食事にも意欲的で、早くから手づかみ食べを始めていた。

1 歳児

人に関心はあるが、積極的に関わらず、様子を見ていた。安心できる人だとわかると、甘えたり自分の思いを伝えようとしたりしてした。

昼食後は自らベッドルームに行くなど、生活の流れを理解していた。友達の楽しそうに遊ぶ姿を見て、積極的に関わろうとしていた。

シール貼りでは、同じ物を並べて貼るなど、絵柄の違いを理解し、自分なりのこだわりをもって貼ることを楽しんでいた。

動きが活発で、音楽が流れると全身を動かしてリズムをとるなどしていた。また、友達の存在にも興味を示す姿がよくみられた。

2 歳児

2歳児で入園。入園当初は不安そうであったが、特定の保育者と関わることで、安心して伸び伸びと過ごすようになった。

クラスが変わり、新しい環境に慣れずに泣いて昼寝ができなかったが、日中の活動が充実してくるにつれて、安心して眠れるようになった。

クラスの友達と、玩具の貸し借りをするようになった。友達の様子やクラス全体の様子を見て、好きな遊びをしていた。

絵本の読み聞かせでは、絵本の登場人物や物などについて発見したことを、自分なりに言葉で伝えるようになった。

4歳児

3歳児

4歳児の途中から入園。当初は、1人で過ごすことが多かったが、徐々に友達との関わりが増え、活動に意欲的に参加するようになった。

自分の思い通りにならないと泣いてしまうことがあった。言葉で伝える方法がわかってきたことで、泣くことは減っていった。

整理整頓への取り組みを保育者に認められたことで自信をもち、自分が使っていなかった玩具も、積極的に片付ける姿がみられた。

周りの様子をよく見て慎重に行動する。嫌なことは「いやだ」「しないで」と自分の思いを言葉で相手に伝えるようになってきた。

様々な活動に意欲的に取り組み、友達と協力して活動をすすめていた。見通しをもって、次の活動の準備ができるようになった。

活動に向かう集中力が増し、好きな製作活動などを夢中で楽しむ姿が増えた。

全身を動かすダイナミックな遊びも、折り紙や塗り絵などの集中力を必要とする遊びも、どちらもバランスよく楽しんでいた。

ままごと遊びが好きで、友達と一緒に遊び込む姿がみられた。けんかをすることもあるが、気持ちの切り替えも早くなった。

活動や遊びの中で、率先して発言する姿が増えた。友達の意見にも耳を傾けながら、自分の気持ちを言葉で伝えられるようになってきた。

友達との関わりが増え、友達に声をかけて一緒に大きな砂山を作るなど、集団で遊ぶことの楽しさを味わっていた。

劇遊びなどのクラスみんなで行う活動の時には、積極的にアイデアを出し、一生懸命に取り組んでいた。

第6章 保育所型認定こども園の場合

第 **7** 章

資料編

※各法律・施行規則は、更新されることがあります。更新によって、通知文と法律・施行規則の
　間で不整合が生じる可能性があります。

幼保連携型認定こども園園児指導要録の改善及び
認定こども園こども要録の作成等に関する留意事項等について（通知）

府 子 本 第 ３ １ ５ 号
２ ９ 初 幼 教 第 １ ７ 号
子 保 発 ０ ３ ３ ０ 第 ３ 号
平成３０年３月３０日

各 都 道 府 県 認 定 こ ど も 園 担 当 部 局
各 都 道 府 県 私 立 学 校 主 管 部 （ 局 ）
各 都 道 府 県 教 育 委 員 会 　の長殿
各指定都市、中核市子ども・子育て支援新制度担当部局
各 指 定 都 市 、 中 核 市 教 育 委 員 会
附属幼稚園、小学校及び特別支援学校を置く
　　　　　　　　各国公立大学法人

内閣府子ども・子育て本部参事官（認定こども園担当）
（　　公　　印　　省　　略　　）
文部科学省初等中等教育局幼児教育課長
（　　公　　印　　省　　略　　）
厚 生 労 働 省 子 ど も 家 庭 局 保 育 課 長
（　　公　　印　　省　　略　　）

幼保連携型認定こども園園児指導要録の改善及び
認定こども園こども要録の作成等に関する留意事項等について（通知）

　幼保連携型認定こども園園児指導要録（以下「園児指導要録」という。）は、園児の学籍並びに指導の過程及びその結果の要約を記録し、その後の指導及び外部に対する証明等に役立たせるための原簿となるものです。

　今般の幼保連携型認定こども園教育・保育要領（平成29年内閣府・文部科学省・厚生労働省告示第１号）の改訂に伴い、各幼保連携型認定こども園において園児の理解に基づいた評価が適切に行われるとともに、地域に根ざした主体的かつ積極的な教育及び保育の展開の観点から、各設置者等において園児指導要録の様式が創意工夫の下決定され、また、各幼保連携型認定こども園により園児指導要録が作成されるよう、園児指導要録に記載する事項や様式の参考例についてとりまとめましたのでお知らせします。

　また、幼保連携型以外の認定こども園における、園児指導要録に相当する資料（以下「認定こども園こども要録」という。）の作成等に関しての留意事項も示しましたのでお知らせします。

つきましては、下記に示す幼保連携型認定こども園における評価の基本的な考え方及び園児指導要録の改善の要旨等並びに別紙及び別添資料（様式の参考例）に関して十分御了知の上、管内・域内の関係部局並びに幼保連携型認定こども園及び幼保連携型認定こども園以外の認定こども園の関係者に対して、この通知の趣旨を十分周知されるようお願いします。

　また、幼保連携型認定こども園等と小学校、義務教育学校の前期課程及び特別支援学校の小学部（以下「小学校等」という。）との緊密な連携を図る観点から、小学校等においてもこの通知の趣旨の理解が図られるようお願いします。

　なお、この通知により、「認定こども園こども要録について（通知）」（平成21年1月29日付け20初幼教第9号・雇児保発第0129001号文部科学省初等中等教育局幼児教育課長・厚生労働省雇用均等・児童家庭局保育課長連名通知）及び「幼保連携型認定こども園園児指導要録について（通知）」（平成27年1月27日付け府政共生第73号・26初幼教第29号・雇児保発0127第1号内閣府政策統括官（共生社会政策担当）付参事官（少子化対策担当）・文部科学省初等中等教育局幼児教育課長・厚生労働省雇用均等・児童家庭局保育課長連名通知）は廃止します。

　本通知は、地方自治法（昭和22年法律第67号）第245条の4第1項の規定に基づく技術的助言であることを申し添えます。

記

1　幼保連携型認定こども園における評価の基本的な考え方

　園児一人一人の発達の理解に基づいた評価の実施に当たっては、次の事項に配慮すること。

（1）　指導の過程を振り返りながら園児の理解を進め、園児一人一人のよさや可能性などを把握し、指導の改善に生かすようにすること。その際、他の園児との比較や一定の基準に対する達成度についての評定によって捉えるものではないことに留意すること。

（2）　評価の妥当性や信頼性が高められるよう創意工夫を行い、組織的かつ計画的な取組を推進するとともに、次年度又は小学校等にその内容が適切に引き継がれるようにすること。

2　園児指導要録の改善の要旨

　幼保連携型認定こども園における養護は教育及び保育を行う上での基盤となるものであるということを踏まえ、満3歳以上の園児に関する記録として、従前の「養護」に関わる事項は「指導上参考となる事項」に、また、「園児の健康状態等」については、「特に配慮すべき事項」に記入するように見直したこと。さらに、従前の「園児の育ちに関わる事項」については、満3歳未満の園児に関する記録として、各年度ごとに、「養護（園児の健康の状態等も含む）」に関する事項も含め、「園児の育ちに関する事項」に記入するように見直したこと。

　最終学年の記入に当たっては、これまでの記入の考え方を引き継ぐとともに、特に小学校等における児童の指導に生かされるよう、「幼児期の終わりまでに育ってほしい姿」を活用して園児に育まれている資質・能力を捉え、指導の過程と育ちつつある姿を分かりやすく記入することに留意するよう追記したこと。

　以上のことなどを踏まえ、様式の参考例を見直したこと。

3　実施時期

　この通知を踏まえた園児指導要録の作成は、平成 30 年度から実施すること。なお、平成 30 年度に新たに入園（転入園含む。）、進級する園児のために園児指導要録の様式を用意している場合には様式についてはこの限りではないこと。

　この通知を踏まえた園児指導要録を作成する場合、既に在園している園児の園児指導要録については、従前の園児指導要録に記載された事項を転記する必要はなく、この通知を踏まえて作成された園児指導要録と併せて保存すること。

4　取扱い上の注意

（1）　園児指導要録の作成、送付及び保存については、就学前の子どもに関する教育、保育等の総合的な提供の推進に関する法律施行規則（平成 26 年内閣府・文部科学省・厚生労働省令第 2 号。以下「認定こども園法施行規則」という。）第 30 条並びに認定こども園法施行規則第 26 条の規定により準用する学校教育法施行規則（昭和 22 年文部省令第 11 号）第 28 条第 1 項及び第 2 項前段の規定によること。なお、認定こども園法施行規則第 30 条第 2 項により小学校等の進学先に園児指導要録の抄本又は写しを送付しなければならないことに留意すること。

（2）　園児指導要録の記載事項に基づいて外部への証明等を作成する場合には、その目的に応じて必要な事項だけを記載するよう注意すること。

（3）　配偶者からの暴力の被害者と同居する園児については、転園した園児の園児指導要録の記述を通じて転園先の園名や所在地等の情報が配偶者（加害者）に伝わることが懸念される場合がある。このような特別の事情がある場合には、「配偶者からの暴力の被害者の子どもの就学について（通知）」（平成 21 年 7 月 13 日付け 21 生参学第 7 号文部科学省生涯学習政策局男女共同参画学習課長・文部科学省初等中等教育局初等中等教育企画課長連名通知）を参考に、関係機関等との連携を図りながら、適切に情報を取り扱うこと。

（4）　評価の妥当性や信頼性を高めるとともに、保育教諭等の負担感の軽減を図るため、情報の適切な管理を図りつつ、情報通信技術の活用により園児指導要録等に係る事務の改善を検討することも重要であること。なお、法令に基づく文書である園児指導要録について、書面の作成、保存、送付を情報通信技術を活用して行うことは、現行の制度上も可能であること。

（5）　別添資料（様式の参考例）の用紙や文字の大きさ等については、各設置者等の判断で適宜工夫できること。

（6）　個人情報については、「個人情報の保護に関する法律」（平成 15 年法律第 57 号）等を踏まえて適切に個人情報を取り扱うこと。なお、個人情報の保護に関する法令上の取扱いは以下の①及び②のとおりである。

　①　公立の幼保連携型認定こども園については、各地方公共団体が定める個人情報保護条例に準じた取扱いとすること。

② 私立の幼保連携型認定こども園については、当該施設が個人情報の保護に関する法律第2条第5項に規定する個人情報取扱事業者に該当し、原則として個人情報を第三者に提供する際には本人の同意が必要となるが、認定こども園法施行規則第30条第2項及び第3項の規定に基づいて提供する場合においては、同法第23条第1項第1号に掲げる法令に基づく場合に該当するため、第三者提供について本人（保護者）の同意は不要であること。

5 幼保連携型認定こども園以外の認定こども園における認定こども園こども要録の作成等の留意事項

（1） 幼保連携型認定こども園以外の認定こども園（以下「認定こども園」という。）においては、本通知「1　幼保連携型認定こども園における評価の基本的な考え方」及び「2　園児指導要録の改善の要旨」を踏まえ、別紙及び別添資料を参考に、適宜「幼保連携型認定こども園園児指導要録」を「認定こども園こども要録」に読み替える等して、各設置者等の創意工夫の下、認定こども園こども要録を作成すること。

なお、幼稚園型認定こども園以外の認定こども園において認定こども園こども要録を作成する場合には、保育所では各市区町村が保育所児童保育要録（「保育所保育指針の適用に際しての留意事項について」（平成30年3月30日付け子保発0330第2号厚生労働省子ども家庭局保育課長通知）に基づく保育所児童保育要録をいう。以下同じ。）の様式を作成することとされていることを踏まえ、各市区町村と相談しつつ、その様式を各設置者等において定めることが可能であること。

（2） 5（1）に関わらず、幼稚園型認定こども園においては「幼稚園及び特別支援学校幼稚部における幼児指導要録の改善等について（通知）」（平成30年3月30日付け29文科初第1814号文部科学省初等中等教育局長通知）に基づく幼稚園幼児指導要録を作成することが、また、保育所型認定こども園においては保育所児童保育要録を作成することが可能であること。その際、送付及び保存等についても、それぞれの通知に準じて取り扱うこと。

また、認定こども園こども要録を作成した場合には、同一の子どもについて、幼稚園幼児指導要録又は保育所児童保育要録を作成する必要はないこと。

（3） 認定こども園こども要録は、学級を編制している満3歳以上の子どもについて作成すること。なお、これは、満3歳未満に関する記録を残すことを妨げるものではないこと。

（4） 子どもの進学・就学に際して、作成した認定こども園こども要録の抄本又は写しを進学・就学先の小学校等の校長に送付すること。

（5） 認定こども園においては、作成した認定こども園こども要録の原本等について、その子どもが小学校等を卒業するまでの間保存することが望ましいこと。ただし、学籍等に関する記録については、20年間保存することが望ましいこと。

（6） 「3　実施時期」並びに「4　取扱い上の注意」の（2）、（3）及び（4）について、認定こども園においても同様の取扱いであること。

（7） 個人情報については、個人情報の保護に関する法律等を踏まえて適切に個人情報を取り扱うこと。なお、個人情報の保護に関する法令上の取扱いは以下の①及び②のとおりである。

① 公立の認定こども園については、各地方公共団体が定める個人情報保護条例に準じた取扱いとすること。

②　私立の認定こども園については、当該施設が個人情報の保護に関する法律第2条第5項に規定する個人情報取扱事業者に該当し、原則として個人情報を第三者に提供する際には本人の同意が必要となるが、学校教育法施行規則第24条第2項及び第3項又は保育所保育指針第2章の4（2）ウの規定に基づいて提供する場合においては、同法第23条第1項第1号に掲げる法令に基づく場合に該当するため、第三者提供について本人（保護者）の同意は不要であること。

〔参考〕内閣府　子ども・子育て支援新制度ホームページ
http：//www8.cao.go.jp/shoushi/index.html
（内閣府ホーム ＞ 子ども・子育て支援 ＞ 認定こども園）

本件担当： 内閣府子ども・子育て本部参事官（認定こども園担当）付 　TEL：03-5253-2111（代表）内線 38446 　FAX：03-3581-2808 文部科学省初等中等教育局幼児教育課 　TEL：03-5253-4111（代表）内線 2376 　FAX：03-6734-3736 厚生労働省子ども家庭局保育課 　TEL：03-5253-1111（代表）内線 4846 　FAX：03-3595-2674

別紙

幼保連携型認定こども園園児指導要録に記載する事項

○ **学籍等に関する記録**

　学籍等に関する記録は、外部に対する証明等の原簿としての性格をもつものとし、原則として、入園時及び異動の生じたときに記入すること。

1　園児の氏名、性別、生年月日及び現住所

2　保護者（親権者）氏名及び現住所

3　学籍等の記録

（1）　入園年月日

（2）　転入園年月日

　　　他の幼保連携型認定こども園、幼稚園、特別支援学校幼稚部、保育所等から転入園してきた園児について記入すること。

（3）　転・退園年月日

　　　他の幼保連携型認定こども園、幼稚園、特別支援学校幼稚部、保育所等へ転園する園児や退園する園児について記入すること。

（4）　修了年月日

4　入園前の状況

　当該幼保連携型認定こども薗に入園する前の集団生活の経験の有無等を記入すること。

5　進学・就学先等

　当該幼保連携型認定こども薗で修了した場合には進学・就学した小学校等について、また、当該幼保連携型認定こども園から他園等に転園した場合には転園した園等の名称及び所在地等を記入すること。

6　園名及び所在地

第**7**章

資料編

7　各年度の入園（転入園）・進級時等の園児の年齢、園長の氏名、担当・学級担任の氏名

　　各年度に、園長の氏名及び満 3 歳未満の園児については担当者の氏名、満 3 歳以上の園児については学級担任者の氏名を記入し、それぞれ押印すること。(同一年度内に園長、担当者又は学級担任者が代わった場合には、その都度後任者の氏名を併記、押印する。)

※満 3 歳以上の園児については、学級名、整理番号も記入すること。

　　なお、氏名の記入及び押印については、電子署名（電子署名及び認証業務に関する法律（平成 12 年法律第 102 号）第 2 条第 1 項に定義する「電子署名」をいう。）を行うことで替えることも可能である。

○　**指導等に関する記録**

　　指導等に関する記録は、1 年間の指導の過程とその結果等を要約し、次の年度の適切な指導に資するための資料としての性格をもつものとすること。

【満 3 歳以上の園児に関する記録】

1　指導の重点等

　　当該年度における指導の過程について次の視点から記入すること。

　　①　学年の重点

　　　　年度当初に教育課程に基づき、長期の見通しとして設定したものを記入すること。

　　②　個人の重点

　　　　1 年間を振り返って、当該園児の指導について特に重視してきた点を記入すること。

2　指導上参考となる事項

（1）　次の事項について記入すること。

　　①　1 年間の指導の過程と園児の発達の姿について以下の事項を踏まえ記入すること。

　　　・　幼保連携型認定こども園教育・保育要領に示された養護に関する事項を踏まえ、第 2 章第 3 の「ねらい及び内容」に示された各領域のねらいを視点として、当該園児の発達の実情から向上が著しいと思われるもの。その際、他の園児との比較や一定の基準に対する達成度についての評定によって捉えるものではないことに留意すること。

　　　・　園生活を通して全体的、総合的に捉えた園児の発達の姿。

　　②　次の年度の指導に必要と考えられる配慮事項等について記入すること。

　　③　最終年度の記入に当たっては、特に小学校等における児童の指導に生かされるよう、幼保連携型認定こども園教育・保育要領第 1 章総則に示された「幼児期の終わりまでに育ってほしい姿」を活用して園児に育まれている資質・能力を捉え、指導の過程と育ちつつある姿を分かりやすく記入するように留意すること。その際、「幼児期の終わりまでに育ってほしい姿」が到達すべき目標ではないことに留意し、項目別に園児の育ちつつある姿を記入するのではなく、全体的かつ総合的に捉えて記入すること。

（2） 「特に配慮すべき事項」には、園児の健康の状況等、指導上特記すべき事項がある場合に記入すること。

3 出欠状況

① 教育日数

1年間に教育した総日数を記入すること。この教育日数は、原則として、幼保連携型認定こども園教育・保育要領に基づき編成した教育課程の実施日数と同日数であり、同一学年の全ての園児について同日数であること。ただし、年度の途中で入園した園児については、入園した日以降の教育日数を記入し、退園した園児については、退園した日までの教育日数を記入すること。

② 出席日数

教育日数のうち当該園児が出席した日数を記入すること。

【満3歳未満の園児に関する記録】

4 園児の育ちに関する事項

満3歳未満の園児の、次の年度の指導に特に必要と考えられる育ちに関する事項、配慮事項、健康の状況等の留意事項等について記入すること。

幼保連携型認定こども園園児指導要録（学籍等に関する記録）

区分＼年度	平成　　年度	平成　　年度	平成　　年度	平成　　年度
学　級				
整理番号				

園児	ふりがな 氏　名		性　別	
	平成　　年　　月　　日生			
	現住所			

保護者	ふりがな 氏　名	
	現住所	

入　園	平成　年　月　日	入園前の 状　況	
転入園	平成　年　月　日		
転・退園	平成　年　月　日	進学・ 就学先等	
修　了	平成　年　月　日		

園　名 及び所在地	

年度及び入園（転入園） ・進級時等の園児の年齢	平成　　年度 　歳　か月	平成　　年度 　歳　か月	平成　　年度 　歳　か月	平成　　年度 　歳　か月
園　長 氏名　印				
担　当　者 氏名　印				
年度及び入園（転入園） ・進級時等の園児の年齢	平成　　年度 　歳　か月	平成　　年度 　歳　か月	平成　　年度 　歳　か月	平成　　年度 　歳　か月
園　長 氏名　印				
学級担任者 氏名　印				

幼保連携型認定こども園園児指導要録（指導等に関する記録）

ふりがな		性別		指導の重点等	平成　　年度	平成　　年度	平成　　年度
氏名					（学年の重点）	（学年の重点）	（学年の重点）
平成　　年　　月　　日生					（個人の重点）	（個人の重点）	（個人の重点）

ねらい（発達を捉える視点）		指導上参考となる事項			
健康	明るく伸び伸びと行動し、充実感を味わう。				
	自分の体を十分に動かし、進んで運動しようとする。				
	健康、安全な生活に必要な習慣や態度を身に付け、見通しをもって行動する。				
人間関係	幼保連携型認定こども園の生活を楽しみ、自分の力で行動することの充実感を味わう。				
	身近な人と親しみ、関わりを深め、工夫したり、協力したりして一緒に活動する楽しさを味わい、愛情や信頼感をもつ。				
	社会生活における望ましい習慣や態度を身に付ける。				
環境	身近な環境に親しみ、自然と触れ合う中で様々な事象に興味や関心をもつ。				
	身近な環境に自分から関わり、発見を楽しんだり、考えたりし、それを生活に取り入れようとする。				
	身近な事象を見たり、考えたり、扱ったりする中で、物の性質や数量、文字などに対する感覚を豊かにする。				
言葉	自分の気持ちを言葉で表現する楽しさを味わう。				
	人の言葉や話などをよく聞き、自分の経験したことや考えたことを話し、伝え合う喜びを味わう。				
	日常生活に必要な言葉が分かるようになるとともに、絵本や物語などに親しみ、言葉に対する感覚を豊かにし、保育教諭等や友達と心を通わせる。				
表現	いろいろなものの美しさなどに対する豊かな感性をもつ。				
	感じたことや考えたことを自分なりに表現して楽しむ。				
	生活の中でイメージを豊かにし、様々な表現を楽しむ。		（特に配慮すべき事項）	（特に配慮すべき事項）	（特に配慮すべき事項）	

出欠状況		年度	年度	年度
	教育日数			
	出席日数			

【満3歳未満の園児に関する記録】

園児の育ちに関する事項	平成　　年度	平成　　年度	平成　　年度	平成　　年度

学年の重点：年度当初に、教育課程に基づき長期の見通しとして設定したものを記入
個人の重点：1年間を振り返って、当該園児の指導について特に重視してきた点を記入
指導上参考となる事項：
　(1)次の事項について記入
　　①1年間の指導の過程と園児の発達の姿について以下の事項を踏まえ記入すること。
　　・幼保連携型認定こども園教育・保育要領に示された養護に関する事項を踏まえ、第2章第3の「ねらい及び内容」に示された各領域のねらいを視点として、当該園児の発達の実情から向上が著しいと思われるもの。
　　　その際、他の園児との比較や一定の基準に対する達成度についての評定によって捉えるものではないことに留意すること。
　　・園生活を通して全体的、総合的に捉えた園児の発達の姿。
　　②次の年度の指導に必要と考えられる配慮事項等について記入すること。
　(2)「特に配慮すべき事項」には、園児の健康の状況等、指導上特記すべき事項がある場合に記入
園児の育ちに関する事項：　当該園児の、次の年度の指導に特に必要と考えられる育ちに関する事項や配慮事項、健康の状況等の留意事項等について記入

第7章
資料編

幼保連携型認定こども園園児指導要録（最終学年の指導に関する記録）

ふりがな		指導の重点等	平成　　　年度
氏名			（学年の重点）
	平成　　年　　月　　日生		
性別			（個人の重点）

ねらい
（発達を捉える視点）

健康	明るく伸び伸びと行動し、充実感を味わう。	指導上参考となる事項	
	自分の体を十分に動かし、進んで運動しようとする。		
	健康、安全な生活に必要な習慣や態度を身に付け、見通しをもって行動する。		
人間関係	幼保連携型認定こども園の生活を楽しみ、自分の力で行動することの充実感を味わう。		
	身近な人と親しみ、関わりを深め、工夫したり、協力したりして一緒に活動する楽しさを味わい、愛情や信頼感をもつ。		
	社会生活における望ましい習慣や態度を身に付ける。		
環境	身近な環境に親しみ、自然と触れ合う中で様々な事象に興味や関心をもつ。		
	身近な環境に自分から関わり、発見を楽しんだり、考えたりし、それを生活に取り入れようとする。		
	身近な事象を見たり、考えたり、扱ったりする中で、物の性質や数量、文字などに対する感覚を豊かにする。		
言葉	自分の気持ちを言葉で表現する楽しさを味わう。		
	人の言葉や話などをよく聞き、自分の経験したことや考えたことを話し、伝え合う喜びを味わう。		
	日常生活に必要な言葉が分かるようになるとともに、絵本や物語などに親しみ、言葉に対する感覚を豊かにし、保育教諭等や友達と心を通わせる。		
表現	いろいろなものの美しさなどに対する豊かな感性をもつ。		
	感じたことや考えたことを自分なりに表現して楽しむ。		
	生活の中でイメージを豊かにし、様々な表現を楽しむ。	（特に配慮すべき事項）	

出欠状況		年度
	教育日数	
	出席日数	

幼児期の終わりまでに育ってほしい姿

「幼児期の終わりまでに育ってほしい姿」は、幼保連携型認定こども園教育・保育要領第2章に示すねらい及び内容に基づいて、各園で、幼児期にふさわしい遊びや生活を積み重ねることにより、幼保連携型認定こども園の教育及び保育において育みたい資質・能力が育まれている園児の具体的な姿であり、特に5歳児後半に見られるようになる姿である。「幼児期の終わりまでに育ってほしい姿」は、とりわけ園児の自発的な活動としての遊びを通して、一人一人の発達の特性に応じて、これらの姿が育っていくものであり、全ての園児に同じように見られるものではないことに留意すること。

健康な心と体	幼保連携型認定こども園における生活の中で、充実感をもって自分のやりたいことに向かって心と体を十分に働かせ、見通しをもって行動し、自ら健康で安全な生活をつくり出すようになる。
自立心	身近な環境に主体的に関わり様々な活動を楽しむ中で、しなければならないことを自覚し、自分の力で行うために考えたり、工夫したりしながら、諦めずにやり遂げることで達成感を味わい、自信をもって行動するようになる。
協同性	友達と関わる中で、互いの思いや考えなどを共有し、共通の目的の実現に向けて、考えたり、工夫したり、協力したりし、充実感をもってやり遂げるようになる。
道徳性・規範意識の芽生え	友達と様々な体験を重ねる中で、してよいことや悪いことが分かり、自分の行動を振り返ったり、友達の気持ちに共感したりし、相手の立場に立って行動するようになる。また、きまりを守る必要性が分かり、自分の気持ちを調整し、友達と折り合いを付けながら、きまりをつくったり、守ったりするようになる。
社会生活との関わり	家族を大切にしようとする気持ちをもつとともに、地域の身近な人と触れ合う中で、人との様々な関わり方に気付き、相手の気持ちを考えて関わり、自分が役に立つ喜びを感じ、地域に親しみをもつようになる。また、幼保連携型認定こども園内外の様々な環境に関わる中で、遊びや生活に必要な情報を取り入れ、情報に基づき判断したり、情報を伝え合ったり、活用したりするなど、情報を役立てながら活動するようになるとともに、公共の施設を大切に利用するなどして、社会とのつながりなどを意識するようになる。
思考力の芽生え	身近な事象に積極的に関わる中で、物の性質や仕組みなどを感じ取ったり、気付いたりし、考えたり、予想したり、工夫したりするなど、多様な関わりを楽しむようになる。また、友達の様々な考えに触れる中で、自分と異なる考えがあることに気付き、自ら判断したり、考え直したりするなど、新しい考えを生み出す喜びを味わいながら、自分の考えをよりよいものにするようになる。
自然との関わり・生命尊重	自然に触れて感動する体験を通して、自然の変化などを感じ取り、好奇心や探究心をもって考え言葉などで表現しながら、身近な事象への関心が高まるとともに、自然への愛情や畏敬の念をもつようになる。また、身近な動植物に心を動かされる中で、生命の不思議さや尊さに気付き、身近な動植物への接し方を考え、命あるものとしていたわり、大切にする気持ちをもって関わるようになる。
数量や図形、標識や文字などへの関心・感覚	遊びや生活の中で、数量や図形、標識や文字などに親しむ体験を重ねたり、標識や文字の役割に気付いたり、自らの必要感に基づきこれらを活用し、興味や関心、感覚をもつようになる。
言葉による伝え合い	保育教諭等や友達と心を通わせる中で、絵本や物語などに親しみながら、豊かな言葉や表現を身に付け、経験したことや考えたことなどを言葉で伝えたり、相手の話を注意して聞いたりし、言葉による伝え合いを楽しむようになる。
豊かな感性と表現	心を動かす出来事などに触れ感性を働かせる中で、様々な素材の特徴や表現の仕方などに気付き、感じたことや考えたことを自分で表現したり、友達同士で表現する過程を楽しんだり、表現する喜びを味わい、意欲をもつようになる。

学年の重点：年度当初に、教育課程に基づき長期の見通しとして設定したものを記入
個人の重点：1年間を振り返って、当該園児の指導について特に重視してきた点を記入
指導上参考となる事項：
　(1)次の事項について記入
　①1年間の指導の過程と園児の発達の姿について以下の事項を踏まえ記入すること。
　　・幼保連携型認定こども園教育・保育要領に示された養護に関する事項を踏まえ、第2章第3の「ねらい及び内容」に示された各領域のねらいを視点として、当該園児の発達の実情から向上が著しいと思われるもの。
　　　その際、他の園児との比較や一定の基準に対する達成度についての評定によって捉えるものではないことに留意すること。
　　・園生活を通して全体的、総合的に捉えた園児の発達の姿。
　②次の年度の指導に必要と考えられる配慮事項等について記入すること。
　③最終年度の記入に当たっては、特に小学校等における児童の指導に生かされるよう、幼保連携型認定こども園教育・保育要領第1章総則に示された「幼児期の終わりまでに育ってほしい姿」を活用して園児に育まれている資質・能力を捉え、指導の過程と育ちつつある姿を分かりやすく記入するように留意すること。また、「幼児期の終わりまでに育ってほしい姿」が到達すべき目標ではないことに留意し、項目別に園児の育ちつつある姿を記入するのではなく、全体的、総合的に捉えて記入すること。
　(2)「特に配慮すべき事項」には、園児の健康の状況等、指導上特記すべき事項がある場合に記入すること。

就学前の子どもに関する教育、保育等の総合的な提供の推進に関する法律（抄）

平成18年法律第77号

一部改正：令和5年法律第58号　令和5年6月16日公布

第一章　総則

（目的）

第一条　この法律は、幼児期の教育及び保育が生涯にわたる人格形成の基礎を培う重要なものであること並びに我が国における急速な少子化の進行並びに家庭及び地域を取り巻く環境の変化に伴い小学校就学前の子どもの教育及び保育に対する需要が多様なものとなっていることに鑑み、地域における創意工夫を生かしつつ、小学校就学前の子どもに対する教育及び保育並びに保護者に対する子育て支援の総合的な提供を推進するための措置を講じ、もって地域において子どもが健やかに育成される環境の整備に資することを目的とする。

（定義）

第二条　この法律において「子ども」とは、小学校就学の始期に達するまでの者をいう。

6　この法律において「認定こども園」とは、次条第一項又は第三項の認定を受けた施設、同条第十項の規定による公示がされた施設及び幼保連携型認定こども園をいう。

7　この法律において「幼保連携型認定こども園」とは、義務教育及びその後の教育の基礎を培うものとしての満三歳以上の子どもに対する教育並びに保育を必要とする子どもに対する保育を一体的に行い、これらの子どもの健やかな成長が図られるよう適当な環境を与えて、その心身の発達を助長するとともに、保護者に対する子育ての支援を行うことを目的として、この法律の定めるところにより設置される施設をいう。

12　この法律において「子育て支援事業」とは、地域の子どもの養育に関する各般の問題につき保護者からの相談に応じ必要な情報の提供及び助言を行う事業、保護者の疾病その他の理由により家庭において養育を受けることが一時的に困難となった地域の子どもに対する保育を行う事業、地域の子どもの養育に関する援助を受けることを希望する保護者と当該援助を行うことを希望する民間の団体若しくは個人との連絡及び調整を行う事業又は地域の子どもの養育に関する援助を行う民間の団体若しくは個人に対する必要な情報の提供及び助言を行う事業であって主務省令で定めるものをいう。

第三章　幼保連携型認定こども園

（教育及び保育の目標）

第九条　幼保連携型認定こども園においては、第二条第七項に規定する目的を実現するため、子どもに対する学校としての教育及び児童福祉施設（児童福祉法第七条第一項に規定する児童福祉施設をいう。次条第二項において同じ。）としての保育並びにその実施する保護者に対する子育て支援事業の相互の有機的な連携を図りつつ、次に掲げる目標を達成するよう当該教育及び当該保育を行うものとする。

一　健康、安全で幸福な生活のために必要な基本的な習慣を養い、身体諸機能の調和的発達を図ること。

二　集団生活を通じて、喜んでこれに参加する態度を養うとともに家族や身近な人への信頼感を深め、自主、自律及び協同の精神並びに規範意識の芽生えを養うこと。

三　身近な社会生活、生命及び自然に対する興味を養い、それらに対する正しい理解と態度及び思考力の芽生えを養うこと。

四　日常の会話や、絵本、童話等に親しむことを通じて、言葉の使い方を正しく導くとともに、相手の話を理解しようとする態度を養うこと。

五　音楽、身体による表現、造形等に親しむことを通じて、豊かな感性と表現力の芽生えを養うこと。

六　快適な生活環境の実現及び子どもと保育教諭その他の職員との信頼関係の構築を通じて、心身の健康の確保及び増進を図ること。

（教育及び保育の内容）

第十条　幼保連携型認定こども園の教育課程その他の教育及び保育の内容に関する事項は、第二条第七項に規定する目的及び前条に規定する目標に従い、主務大臣が定める。

2　主務大臣が前項の規定により幼保連携型認定こども園の教育課程その他の教育及び保育の内容に関する事項を定めるに当たっては、幼稚園教育要領及び児童福祉法第四十五条第二項の規定に基づき児童福祉施設に関して内閣府令で定める基準（同項第三号に規定する保育所における保育の内容に係る部分に限る。）との整合性の確保並びに小学校（学校教育法第一条に規定する小学校をいう。）及び義務教育学校（学校教育法第一条に規定する義務教育学校をいう。）における教育との円滑な接続に配慮しなければならない。

3　幼保連携型認定こども園の設置者は、第一項の教育及び保育の内容に関する事項を遵守しなければならない。

（入園資格）

第十一条　幼保連携型認定こども園に入園することのできる者は、満三歳以上の子ども及び満三歳未満の保育を必要とする子どもとする。

（設置者）

第十二条　幼保連携型認定こども園は、国、地方公共団体（公立大学法人を含む。第十七条第一項において同じ。）、学校法人及び社会福祉法人のみが設置することができる。

（学校保健安全法の準用）

第二十七条　学校保健安全法（昭和33年法律第56号）第三条から第十条まで、第十三条から第二十一条まで、第二十三条及び第二十六条から第三十一条までの規定は、幼保連携型認定こども園について準用する。この場合において、これらの規定中「文部科学省令」とあるのは「就学前の子どもに関する教育、保育等の総合的な提供の推進に関する法律第三十六条第二項に規定する主務省令」と読み替えるほか、同法第九条中「学校教育法第十六条」とあるのは「就学前の子どもに関する教育、保育等の総合的な提供の推進に関する法律第二条第十一項」と、「第二十四条及び第三十条」とあるのは「第三十条」と、同法第十七条第二項中「第十一条から」とあるのは「第十三条から」と、「第十一条の健康診断に関するものについては政令で、第十三条」とあるのは「第十三条」と読み替えるものとするほか、必要な技術的読替えは、政令で定める。

就学前の子どもに関する教育、保育等の 総合的な提供の推進に関する法律施行規則（抄）

平成26年内閣府・文部科学省・厚生労働省令第2号

一部改正：令和5年内閣府・文部科学省・厚生労働省令第2号 令和5年3月31日公布

第二十三条　幼保連携型認定こども園の設置者は、当該幼保連携型認定こども園における教育及び保育並びに子育て支援事業（第二十五条において「教育及び保育等」という。）の状況その他の運営の状況について、自ら評価を行い、その結果を公表するものとする。

2　前項の評価を行うに当たっては、幼保連携型認定こども園の設置者は、その実情に応じ、適切な項目を設定して行うものとする。

第二十六条　学校教育法施行規則（昭和22年文部省令第11号）第二十五条、第二十七条、第二十八条第一項及び第二項前段、第四十八条、第四十九条、第五十九条、第六十条並びに第六十三条の規定は、幼保連携型認定こども園について準用する。この場合において、次の表の上欄に掲げる同令の規定中同表の中欄に掲げる字句は、それぞれ同表の下欄に掲げる字句に読み替えるものとする。

読み替える学校教育法施行規則の規定	読み替えられる字句	読み替える字句
第二十五条	校長（学長を除く。）	就学前の子どもに関する教育、保育等の総合的な提供の推進に関する法律第十四条第一項に規定する園長（以下「園長」という。）
	児童等	就学前の子どもに関する教育、保育等の総合的な提供の推進に関する法律第十四条第六項に規定する園児
第二十七条	私立学校	国（国立大学法人法（平成15年法律第112号）第二条第一項に規定する国立大学法人を含む。）及び地方公共団体（公立大学法人を含む。第六十三条において同じ。）以外の者が設置する幼保連携型認定こども園（就学前の子どもに関する教育、保育等の総合的な提供の推進に関する法律第二条第七項に規定する幼保連携型認定こども園をいう。以下同じ。）
	大学及び高等専門学校にあつては文部科学大臣、大学及び高等専門学校以外の学校にあつては都道府県知事	都道府県知事（就学前の子どもに関する教育、保育等の総合的な提供の推進に関する法律第三条一項に規定する指定都市等の区域内に所在する幼保連携型認定こども園については、当該指定都市等の長）
第二十七条、第四十八条、第四十九条第二項及び第三項、第六十条並びに第六十三条	校長	園長

第二十八条第一項	学則	園則
第二十八条第二項前段	表簿（第二十四条第二項の抄本又は写しを除く。）	表簿
第四十九条第三項	教育	教育、保育又は子育ての支援
第六十条	授業	教育の
第六十三条	授業	教育又は保育
	公立小学校	地方公共団体が設置する幼保連携型認定こども園
	教育委員会	長

第三十条　園長は、その幼保連携型認定こども園に在籍する園児の指導要録（就学前の子どもに関する教育、保育等の総合的な提供の推進に関する法律施行令（以下「令」という。）第八条に規定する園児の学習及び健康の状況を記録した書類の原本をいう。以下この条において同じ。）を作成しなければならない。

2　園長は、園児が進学した場合においては、その作成に係る当該園児の指導要録の抄本又は写しを作成し、これを進学先の校長に送付しなければならない。

3　園長は、園児が転園した場合においては、その作成に係る当該園児の指導要録の写しを作成し、その写し（転園してきた園児については転園により送付を受けた指導要録（学校教育法施行令（昭和28年政令第340号）第三十一条に規定する児童等の学習及び健康の状況を記録した書類の原本を含む。）の写しを含む。）を転園先の幼稚園の園長、保育所の長又は認定こども園の長に送付しなければならない。

4　指導要録及びその写しのうち入園、卒園等の学籍に関する記録については、その保存期間は、二十年間とする。

5　令第八条の規定により指導要録及びその写しを保存しなければならない期間は、前項に規定する保存期間から当該幼保連携型認定こども園においてこれらの書類を保存していた期間を控除した期間とする。

学校教育法施行規則（抄）

昭和22年文部省令第11号

一部改正：令和5年文部科学省令第18号 令和5年3月31日公布

第一章　総則

第三節　管理

第二十四条　校長は、その学校に在学する児童等の指導要録（学校教育法施行令第三十一条に規定する児童等の学習及び健康の状況を記録した書類の原本をいう。以下同じ。）を作成しなければならない。

②　校長は、児童等が進学した場合においては、その作成に係る当該児童等の指導要録の抄本又は写しを作成し、これを進学先の校長に送付しなければならない。

③　校長は、児童等が転学した場合においては、その作成に係る当該児童等の指導要録の写しを作成し、その写し（転学してきた児童等については転学により送付を受けた指導要録（就学前の子どもに関する教育、保育等の総合的な提供の推進に関する法律施行令（平成26年政令第203号）第八条に規定する園児の学習及び健康の状況を記録した書類の原本を含む。）の写しを含む。）及び前項の抄本又は写しを転学先の校長、保育所の長又は認定こども園の長に送付しなければならない。

第二十八条　学校において備えなければならない表簿は、概ね次のとおりとする。

一　学校に関係のある法令

二　学則、日課表、教科用図書配当表、学校医執務記録簿、学校歯科医執務記録簿、学校薬剤師執務記録簿及び学校日誌

三　職員の名簿、履歴書、出勤簿並びに担任学級、担任の教科又は科目及び時間表

四　指導要録、その写し及び抄本並びに出席簿及び健康診断に関する表簿

五　入学者の選抜及び成績考査に関する表簿

六　資産原簿、出納簿及び経費の予算決算についての帳簿並びに図書機械器具、標本、模型等の教具の目録

七　往復文書処理簿

②　前項の表簿（第二十四条第二項の抄本又は写しを除く。）は、別に定めるもののほか、五年間保存しなければならない。ただし、指導要録及びその写しのうち入学、卒業等の学籍に関する記録については、その保存期間は、二十年間とする。

③　学校教育法施行令第三十一条の規定により指導要録及びその写しを保存しなければならない期間は、前項のこれらの書類の保存期間から当該学校においてこれらの書類を保存していた期間を控除した期間とする。

幼保連携型認定こども園
教育・保育要領

平成29年3月31日告示

内　閣　府
文部科学省
厚生労働省

第1章　総則

第1　幼保連携型認定こども園における教育及び保育の基本及び目標等

1　幼保連携型認定こども園における教育及び保育の基本

乳幼児期の教育及び保育は、子どもの健全な心身の発達を図りつつ生涯にわたる人格形成の基礎を培う重要なものであり、幼保連携型認定こども園における教育及び保育は、就学前の子どもに関する教育、保育等の総合的な提供の推進に関する法律（平成18年法律第77号。以下「認定こども園法」という。）第2条第7項に規定する目的及び第9条に掲げる目標を達成するため、乳幼児期全体を通して、その特性及び保護者や地域の実態を踏まえ、環境を通して行うものであることを基本とし、家庭や地域での生活を含めた園児の生活全体が豊かなものとなるように努めなければならない。

このため保育教諭等は、園児との信頼関係を十分に築き、園児が自ら安心して身近な環境に主体的に関わり、環境との関わり方や意味に気付き、これらを取り込もうとして、試行錯誤したり、考えたりするようになる幼児期の教育における見方・考え方を生かし、その活動が豊かに展開されるよう環境を整え、園児と共によりよい教育及び保育の環境を創造するように努めるものとする。これらを踏まえ、次に示す事項を重視して教育及び保育を行わなければならない。

（1）　乳幼児期は周囲への依存を基盤にしつつ自立に向かうものであることを考慮して、周囲との信頼関係に支えられた生活の中で、園児一人一人が安心感と信頼感をもっていろいろな活動に取り組む体験を十分に積み重ねられるようにすること。

（2）　乳幼児期においては生命の保持が図られ安定した情緒の下で自己を十分に発揮することにより発達に必要な体験を得ていくものであることを考慮して、園児の主体的な活動を促し、乳幼児期にふさわしい生活が展開されるようにすること。

（3）　乳幼児期における自発的な活動としての遊びは、心身の調和のとれた発達の基礎を培う重要な学習であることを考慮して、遊びを通しての指導を中心として第2章に示すねらいが総合的に達成されるようにすること。

（4）　乳幼児期における発達は、心身の諸側面が相互に関連し合い、多様な経過をたどって成し遂げられていくものであること、また、園児の生活経験がそれぞれ異なることなどを考慮して、園児一人一人の特性や発達の過程に応じ、発達の課題に即した指導を行うようにすること。

その際、保育教諭等は、園児の主体的な活動が確保されるよう、園児一人一人の行動の理解と予想に基づき、計画的に環境を構成しなければならない。この場合において、保育教諭等は、園児と人やものとの関わりが重要であることを踏まえ、教材を工夫し、物的・空間的環境を構成しなければならない。また、園児一人一人の活動の場面に応じて、様々な役割を果たし、その活動を豊かにしなければならない。

なお、幼保連携型認定こども園における教育及び保育は、園児が入園してから修了するまでの在園期間全体を通して行われるものであり、この章の第3に示す幼保連携型認定こども園として特に配慮すべき事項を十分に踏まえて行うものとする。

2　幼保連携型認定こども園における教育及び保育の目標

幼保連携型認定こども園は、家庭との連携を図りながら、この章の第1の1に示す幼保連携型認定こども園における教育及び保育の基本に基づいて一体的に展開される幼保連携型認定こども園における生活を通して、生きる力の基礎を育成するよう認定こども園法第9条に規定する幼保連携型認定こども園の教育及び保育の目標の達成に努めなければならない。幼保連携型認定こども園は、このことにより、義務教育及びその後の教育の基礎を培うとともに、子どもの最善の利益を考慮しつつ、その生活を保障し、保護者と共に園児を心身ともに健やかに育成するものとする。

なお、認定こども園法第9条に規定する幼保連携型認定こども園の教育及び保育の目標については、発達や学びの連続性及び生活の連続性の観点から、小学校就学の始期に達するまでの時期を通じ、その達成に向けて努力すべき目当てとなるものであることから、満3歳未満の園児の保育にも当てはまることに留意するものとする。

3　幼保連携型認定こども園の教育及び保育において育みたい資質・能力及び「幼児期の終わりまでに育ってほしい姿」

（1）　幼保連携型認定こども園においては、生きる力の基礎を育むため、この章の1に示す幼保連携型認定こども園の教育及び保育の基本を踏まえ、次に掲げる資質・能力を一体的に育むよう努めるものとする。

ア　豊かな体験を通じて、感じたり、気付いたり、分かったり、できるようになったりする「知識及び技能の基礎」

イ　気付いたことや、できるようになったことなどを使い、考えたり、試したり、工夫したり、表現したりする「思考力、判断力、表現力等の基礎」

ウ　心情、意欲、態度が育つ中で、よりよい生活を営もうとする「学びに向かう力、人間性等」

（2）（1）に示す資質・能力は、第2章に示すねらい及び内容に基づく活動全体によって育むものである。

（3）次に示す「幼児期の終わりまでに育ってほしい姿」は、第2章に示すねらい及び内容に基づく活動全体を通して資質・能力が育まれている園児の幼保連携型認定こども園修了時の具体的な姿であり、保育教諭等が指導を行う際に考慮するものである。

ア　健康な心と体

　　幼保連携型認定こども園における生活の中で、充実感をもって自分のやりたいことに向かって心と体を十分に働かせ、見通しをもって行動し、自ら健康で安全な生活をつくり出すようになる。

イ　自立心

　　身近な環境に主体的に関わり様々な活動を楽しむ中で、しなければならないことを自覚し、自分の力で行うために考えたり、工夫したりしながら、諦めずにやり遂げることで達成感を味わい、自信をもって行動するようになる。

ウ　協同性

　　友達と関わる中で、互いの思いや考えなどを共有し、共通の目的の実現に向けて、考えたり、工夫したり、協力したりし、充実感をもってやり遂げるようになる。

エ　道徳性・規範意識の芽生え

　　友達と様々な体験を重ねる中で、してよいことや悪いことが分かり、自分の行動を振り返ったり、友達の気持ちに共感したりし、相手の立場に立って行動するようになる。また、きまりを守る必要性が分かり、自分の気持ちを調整し、友達と折り合いを付けながら、きまりをつくったり、守ったりするようになる。

オ　社会生活との関わり

　　家族を大切にしようとする気持ちをもつとともに、地域の身近な人と触れ合う中で、人との様々な関わり方に気付き、相手の気持ちを考えて関わり、自分が役に立つ喜びを感じ、地域に親しみをもつようになる。また、幼保連携型認定こども園内外の様々な環境に関わる中で、遊びや生活に必要な情報を取り入れ、情報に基づき判断したり、情報を伝え合ったり、活用したりするなど、情報を役立てながら活動するようになるとともに、公共の施設を大切に利用するなどして、社会とのつながりなどを意識するようになる。

カ　思考力の芽生え

　　身近な事象に積極的に関わる中で、物の性質や仕組みなどを感じ取ったり、気付いたりし、考えたり、予想したり、工夫したりするなど、多様な関わりを楽しむようになる。また、友達の様々な考えに触れる中で、自分と異なる考えがあることに気付き、自ら判断したり、考え直したりするなど、新しい考えを生み出す喜びを味わいながら、自分の考えをよりよいものにするようになる。

キ　自然との関わり・生命尊重

自然に触れて感動する体験を通して、自然の変化などを感じ取り、好奇心や探究心をもって考え言葉などで表現しながら、身近な事象への関心が高まるとともに、自然への愛情や畏敬の念をもつようになる。また、身近な動植物に心を動かされる中で、生命の不思議さや尊さに気付き、身近な動植物への接し方を考え、命あるものとしていたわり、大切にする気持ちをもって関わるようになる。

ク　数量や図形、標識や文字などへの関心・感覚

遊びや生活の中で、数量や図形、標識や文字などに親しむ体験を重ねたり、標識や文字の役割に気付いたりし、自らの必要感に基づきこれらを活用し、興味や関心、感覚をもつようになる。

ケ　言葉による伝え合い

保育教諭等や友達と心を通わせる中で、絵本や物語などに親しみながら、豊かな言葉や表現を身に付け、経験したことや考えたことなどを言葉で伝えたり、相手の話を注意して聞いたりし、言葉による伝え合いを楽しむようになる。

コ　豊かな感性と表現

心を動かす出来事などに触れ感性を働かせる中で、様々な素材の特徴や表現の仕方などに気付き、感じたことや考えたことを自分で表現したり、友達同士で表現する過程を楽しんだりし、表現する喜びを味わい、意欲をもつようになる。

第2　教育及び保育の内容並びに子育ての支援等に関する全体的な計画等

1　教育及び保育の内容並びに子育ての支援等に関する全体的な計画の作成等

（1）　教育及び保育の内容並びに子育ての支援等に関する全体的な計画の役割

各幼保連携型認定こども園においては、教育基本法（平成18年法律第120号）、児童福祉法（昭和22年法律第164号）及び認定こども園法その他の法令並びにこの幼保連携型認定こども園教育・保育要領の示すところに従い、教育と保育を一体的に提供するため、創意工夫を生かし、園児の心身の発達と幼保連携型認定こども園、家庭及び地域の実態に即応した適切な教育及び保育の内容並びに子育ての支援等に関する全体的な計画を作成するものとする。

教育及び保育の内容並びに子育ての支援等に関する全体的な計画とは、教育と保育を一体的に捉え、園児の入園から修了までの在園期間の全体にわたり、幼保連携型認定こども園の目標に向かってどのような過程をたどって教育及び保育を進めていくかを明らかにするものであり、子育ての支援と有機的に連携し、園児の園生活全体を捉え、作成する計画である。

各幼保連携型認定こども園においては、「幼児期の終わりまでに育ってほしい姿」を踏まえ教育及び保育の内容並びに子育ての支援等に関する全体的な計画を作成すること、その実施状況を評価して改善を図っていくこと、また実施に必要な人的又は物的な体制を確保するとともにその改善を図っていくことなどを通して、教育及び保育の内容並びに子育ての支援等に関する全体的な計画に基づき組織的かつ計画的に各幼保連携型認定こども園の教育及び保育活動の質の向上を図っていくこと（以下「カリキュラム・マネジメント」という。）に努めるものとする。

（2）　各幼保連携型認定こども園の教育及び保育の目標と教育及び保育の内容並びに子育ての支援等に関する全体的な計画の作成

　　　教育及び保育の内容並びに子育ての支援等に関する全体的な計画の作成に当たっては、幼保連携型認定こども園の教育及び保育において育みたい資質・能力を踏まえつつ、各幼保連携型認定こども園の教育及び保育の目標を明確にするとともに、教育及び保育の内容並びに子育ての支援等に関する全体的な計画の作成についての基本的な方針が家庭や地域とも共有されるよう努めるものとする。

（3）　教育及び保育の内容並びに子育ての支援等に関する全体的な計画の作成上の基本的事項

　　ア　幼保連携型認定こども園における生活の全体を通して第2章に示すねらいが総合的に達成されるよう、教育課程に係る教育期間や園児の生活経験や発達の過程などを考慮して具体的なねらいと内容を組織するものとする。この場合においては、特に、自我が芽生え、他者の存在を意識し、自己を抑制しようとする気持ちが生まれるなどの乳幼児期の発達の特性を踏まえ、入園から修了に至るまでの長期的な視野をもって充実した生活が展開できるように配慮するものとする。

　　イ　幼保連携型認定こども園の満3歳以上の園児の教育課程に係る教育週数は、特別の事情のある場合を除き、39週を下ってはならない。

　　ウ　幼保連携型認定こども園の1日の教育課程に係る教育時間は、4時間を標準とする。ただし、園児の心身の発達の程度や季節などに適切に配慮するものとする。

　　エ　幼保連携型認定こども園の保育を必要とする子どもに該当する園児に対する教育及び保育の時間（満3歳以上の保育を必要とする子どもに該当する園児については、この章の第2の1の（3）ウに規定する教育時間を含む。）は、1日につき8時間を原則とし、園長がこれを定める。ただし、その地方における園児の保護者の労働時間その他家庭の状況等を考慮するものとする。

（4）　教育及び保育の内容並びに子育ての支援等に関する全体的な計画の実施上の留意事項

　　　各幼保連携型認定こども園においては、園長の方針の下に、園務分掌に基づき保育教諭等職員が適切に役割を分担しつつ、相互に連携しながら、教育及び保育の内容並びに子育ての支援等に関する全体的な計画や指導の改善を図るものとする。また、各幼保連携型認定こども園が行う教育及び保育等に係る評価については、教育及び保育の内容並びに子育ての支援等に関する全体的な計画の作成、実施、改善が教育及び保育活動や園運営の中核となることを踏まえ、カリキュラム・マネジメントと関連付けながら実施するよう留意するものとする。

（5）　小学校教育との接続に当たっての留意事項

　　ア　幼保連携型認定こども園においては、その教育及び保育が、小学校以降の生活や学習の基盤の育成につながることに配慮し、乳幼児期にふさわしい生活を通して、創造的な思考や主体的な生活態度などの基礎を培うようにするものとする。

　　イ　幼保連携型認定こども園の教育及び保育において育まれた資質・能力を踏まえ、小学校教育が円滑に行われるよう、小学校の教師との意見交換や合同の研究の機会などを設け、「幼児期の終わりまでに育ってほしい姿」を共有するなど連携を図り、幼保連携型認定こども園における教育及び保育と小学校教育との円滑な接続を図るよう努めるものとする。

2　指導計画の作成と園児の理解に基づいた評価
（1）　指導計画の考え方
　　　　幼保連携型認定こども園における教育及び保育は、園児が自ら意欲をもって環境と関わることによりつくり出される具体的な活動を通して、その目標の達成を図るものである。
　　　　幼保連携型認定こども園においてはこのことを踏まえ、乳幼児期にふさわしい生活が展開され、適切な指導が行われるよう、調和のとれた組織的、発展的な指導計画を作成し、園児の活動に沿った柔軟な指導を行わなければならない。
（2）　指導計画の作成上の基本的事項
　　ア　指導計画は、園児の発達に即して園児一人一人が乳幼児期にふさわしい生活を展開し、必要な体験を得られるようにするために、具体的に作成するものとする。
　　イ　指導計画の作成に当たっては、次に示すところにより、具体的なねらい及び内容を明確に設定し、適切な環境を構成することなどにより活動が選択・展開されるようにするものとする。
　　（ア）　具体的なねらい及び内容は、幼保連携型認定こども園の生活における園児の発達の過程を見通し、園児の生活の連続性、季節の変化などを考慮して、園児の興味や関心、発達の実情などに応じて設定すること。
　　（イ）　環境は、具体的なねらいを達成するために適切なものとなるように構成し、園児が自らその環境に関わることにより様々な活動を展開しつつ必要な体験を得られるようにすること。その際、園児の生活する姿や発想を大切にし、常にその環境が適切なものとなるようにすること。
　　（ウ）　園児の行う具体的な活動は、生活の流れの中で様々に変化するものであることに留意し、園児が望ましい方向に向かって自ら活動を展開していくことができるよう必要な援助をすること。
　　　　その際、園児の実態及び園児を取り巻く状況の変化などに即して指導の過程についての評価を適切に行い、常に指導計画の改善を図るものとする。
（3）　指導計画の作成上の留意事項
　　　　指導計画の作成に当たっては、次の事項に留意するものとする。
　　ア　園児の生活は、入園当初の一人一人の遊びや保育教諭等との触れ合いを通して幼保連携型認定こども園の生活に親しみ、安定していく時期から、他の園児との関わりの中で園児の主体的な活動が深まり、園児が互いに必要な存在であることを認識するようになる。その後、園児同士や学級全体で目的をもって協同して幼保連携型認定こども園の生活を展開し、深めていく時期などに至るまでの過程を様々に経ながら広げられていくものである。これらを考慮し、活動がそれぞれの時期にふさわしく展開されるようにすること。
　　　　また、園児の入園当初の教育及び保育に当たっては、既に在園している園児に不安や動揺を与えないようにしつつ、可能な限り個別的に対応し、園児が安定感を得て、次第に幼保連携型認定こども園の生活になじんでいくよう配慮すること。

イ　長期的に発達を見通した年、学期、月などにわたる長期の指導計画やこれとの関連を保ちながらより具体的な園児の生活に即した週、日などの短期の指導計画を作成し、適切な指導が行われるようにすること。特に、週、日などの短期の指導計画については、園児の生活のリズムに配慮し、園児の意識や興味の連続性のある活動が相互に関連して幼保連携型認定こども園の生活の自然な流れの中に組み込まれるようにすること。

ウ　園児が様々な人やものとの関わりを通して、多様な体験をし、心身の調和のとれた発達を促すようにしていくこと。その際、園児の発達に即して主体的・対話的で深い学びが実現するようにするとともに、心を動かされる体験が次の活動を生み出すことを考慮し、一つ一つの体験が相互に結び付き、幼保連携型認定こども園の生活が充実するようにすること。

エ　言語に関する能力の発達と思考力等の発達が関連していることを踏まえ、幼保連携型認定こども園における生活全体を通して、園児の発達を踏まえた言語環境を整え、言語活動の充実を図ること。

オ　園児が次の活動への期待や意欲をもつことができるよう、園児の実態を踏まえながら、保育教諭等や他の園児と共に遊びや生活の中で見通しをもったり、振り返ったりするよう工夫すること。

カ　行事の指導に当たっては、幼保連携型認定こども園の生活の自然な流れの中で生活に変化や潤いを与え、園児が主体的に楽しく活動できるようにすること。なお、それぞれの行事については教育及び保育における価値を十分検討し、適切なものを精選し、園児の負担にならないようにすること。

キ　乳幼児期は直接的な体験が重要であることを踏まえ、視聴覚教材やコンピュータなど情報機器を活用する際には、幼保連携型認定こども園の生活では得難い体験を補完するなど、園児の体験との関連を考慮すること。

ク　園児の主体的な活動を促すためには、保育教諭等が多様な関わりをもつことが重要であることを踏まえ、保育教諭等は、理解者、共同作業者など様々な役割を果たし、園児の情緒の安定や発達に必要な豊かな体験が得られるよう、活動の場面に応じて、園児の人権や園児一人一人の個人差等に配慮した適切な指導を行うようにすること。

ケ　園児の行う活動は、個人、グループ、学級全体などで多様に展開されるものであることを踏まえ、幼保連携型認定こども園全体の職員による協力体制を作りながら、園児一人一人が興味や欲求を十分に満足させるよう適切な援助を行うようにすること。

コ　園児の生活は、家庭を基盤として地域社会を通じて次第に広がりをもつものであることに留意し、家庭との連携を十分に図るなど、幼保連携型認定こども園における生活が家庭や地域社会と連続性を保ちつつ展開されるようにするものとする。その際、地域の自然、高齢者や異年齢の子どもなどを含む人材、行事や公共施設などの地域の資源を積極的に活用し、園児が豊かな生活体験を得られるように工夫するものとする。また、家庭との連携に当たっては、保護者との情報交換の機会を設けたり、保護者と園児との活動の機会を設けたりなどすることを通じて、保護者の乳幼児期の教育及び保育に関する理解が深まるよう配慮するものとする。

サ　地域や幼保連携型認定こども園の実態等により、幼保連携型認定こども園間に加え、幼稚園、保育所等の保育施設、小学校、中学校、高等学校及び特別支援学校などとの間の連携や交流を図るものとする。特に、小学校教育との円滑な接続のため、幼保連携型認定こども園の園児と小学校の児童との交流の機会を積極的に設けるようにするものとする。また、障害のある園児児童生徒との交流及び共同学習の機会を設け、共に尊重し合いながら協働して生活していく態度を育むよう努めるものとする。

（4）　園児の理解に基づいた評価の実施

園児一人一人の発達の理解に基づいた評価の実施に当たっては、次の事項に配慮するものとする。

ア　指導の過程を振り返りながら園児の理解を進め、園児一人一人のよさや可能性などを把握し、指導の改善に生かすようにすること。その際、他の園児との比較や一定の基準に対する達成度についての評定によって捉えるものではないことに留意すること。

イ　評価の妥当性や信頼性が高められるよう創意工夫を行い、組織的かつ計画的な取組を推進するとともに、次年度又は小学校等にその内容が適切に引き継がれるようにすること。

3　特別な配慮を必要とする園児への指導

（1）　障害のある園児などへの指導

障害のある園児などへの指導に当たっては、集団の中で生活することを通して全体的な発達を促していくことに配慮し、適切な環境の下で、障害のある園児が他の園児との生活を通して共に成長できるよう、特別支援学校などの助言又は援助を活用しつつ、個々の園児の障害の状態などに応じた指導内容や指導方法の工夫を組織的かつ計画的に行うものとする。また、家庭、地域及び医療や福祉、保健等の業務を行う関係機関との連携を図り、長期的な視点で園児への教育及び保育的支援を行うために、個別の教育及び保育支援計画を作成し活用することに努めるとともに、個々の園児の実態を的確に把握し、個別の指導計画を作成し活用することに努めるものとする。

（2）　海外から帰国した園児や生活に必要な日本語の習得に困難のある園児の幼保連携型認定こども園の生活への適応

海外から帰国した園児や生活に必要な日本語の習得に困難のある園児については、安心して自己を発揮できるよう配慮するなど個々の園児の実態に応じ、指導内容や指導方法の工夫を組織的かつ計画的に行うものとする。

第3　幼保連携型認定こども園として特に配慮すべき事項

幼保連携型認定こども園における教育及び保育を行うに当たっては、次の事項について特に配慮しなければならない。

1　当該幼保連携型認定こども園に入園した年齢により集団生活の経験年数が異なる園児がいることに配慮する等、0歳から小学校就学前までの一貫した教育及び保育を園児の発達や学びの連続性を考慮して展開していくこと。特に満3歳以上については入園する園児が多いことや同一学年の園児で編制される学級の中で生活することなどを踏まえ、家庭や他の保育施設等との連携や引継ぎを円滑に行うとともに、環境の工夫をすること。

2　園児の一日の生活の連続性及びリズムの多様性に配慮するとともに、保護者の生活形態を反映した園児の在園時間の長短、入園時期や登園日数の違いを踏まえ、園児一人一人の状況に応じ、教育及び保育の内容やその展開について工夫をすること。特に入園及び年度当初においては、家庭との連携の下、園児一人一人の生活の仕方やリズムに十分に配慮して一日の自然な生活の流れをつくり出していくようにすること。

3　環境を通して行う教育及び保育の活動の充実を図るため、幼保連携型認定こども園における教育及び保育の環境の構成に当たっては、乳幼児期の特性及び保護者や地域の実態を踏まえ、次の事項に留意すること。

（1）　0歳から小学校就学前までの様々な年齢の園児の発達の特性を踏まえ、満3歳未満の園児については特に健康、安全や発達の確保を十分に図るとともに、満3歳以上の園児については同一学年の園児で編制される学級による集団活動の中で遊びを中心とする園児の主体的な活動を通して発達や学びを促す経験が得られるよう工夫をすること。特に、満3歳以上の園児同士が共に育ち、学び合いながら、豊かな体験を積み重ねることができるよう工夫をすること。

（2）　在園時間が異なる多様な園児がいることを踏まえ、園児の生活が安定するよう、家庭や地域、幼保連携型認定こども園における生活の連続性を確保するとともに、一日の生活のリズムを整えるよう工夫をすること。特に満3歳未満の園児については睡眠時間等の個人差に配慮するとともに、満3歳以上の園児については集中して遊ぶ場と家庭的な雰囲気の中でくつろぐ場との適切な調和等の工夫をすること。

（3）　家庭や地域において異年齢の子どもと関わる機会が減少していることを踏まえ、満3歳以上の園児については、学級による集団活動とともに、満3歳未満の園児を含む異年齢の園児による活動を、園児の発達の状況にも配慮しつつ適切に組み合わせて設定するなどの工夫をすること。

（4）　満3歳以上の園児については、特に長期的な休業中、園児が過ごす家庭や園などの生活の場が異なることを踏まえ、それぞれの多様な生活経験が長期的な休業などの終了後等の園生活に生かされるよう工夫をすること。

4　指導計画を作成する際には、この章に示す指導計画の作成上の留意事項を踏まえるとともに、次の事項にも特に配慮すること。

（1）　園児の発達の個人差、入園した年齢の違いなどによる集団生活の経験年数の差、家庭環境等を踏まえ、園児一人一人の発達の特性や課題に十分留意すること。特に満3歳未満の園児については、大人への依存度が極めて高い等の特性があることから、個別的な対応を図ること。また、園児の集団生活への円滑な接続について、家庭等との連携及び協力を図る等十分留意すること。

（2）　園児の発達の連続性を考慮した教育及び保育を展開する際には、次の事項に留意すること。

　　ア　満3歳未満の園児については、園児一人一人の生育歴、心身の発達、活動の実態等に即して、個別的な計画を作成すること。

　　イ　満3歳以上の園児については、個の成長と、園児相互の関係や協同的な活動が促されるよう考慮すること。

ウ　異年齢で構成されるグループ等での指導に当たっては、園児一人一人の生活や経験、発達の過程などを把握し、適切な指導や環境の構成ができるよう考慮すること。

（３）　一日の生活のリズムや在園時間が異なる園児が共に過ごすことを踏まえ、活動と休息、緊張感と解放感等の調和を図るとともに、園児に不安や動揺を与えないようにする等の配慮を行うこと。その際、担当の保育教諭等が替わる場合には、園児の様子等引継ぎを行い、十分な連携を図ること。

（４）　午睡は生活のリズムを構成する重要な要素であり、安心して眠ることのできる安全な午睡環境を確保するとともに、在園時間が異なることや、睡眠時間は園児の発達の状況や個人によって差があることから、一律とならないよう配慮すること。

（５）　長時間にわたる教育及び保育については、園児の発達の過程、生活のリズム及び心身の状態に十分配慮して、保育の内容や方法、職員の協力体制、家庭との連携などを指導計画に位置付けること。

5　生命の保持や情緒の安定を図るなど養護の行き届いた環境の下、幼保連携型認定こども園における教育及び保育を展開すること。

（１）　園児一人一人が、快適にかつ健康で安全に過ごせるようにするとともに、その生理的欲求が十分に満たされ、健康増進が積極的に図られるようにするため、次の事項に留意すること。

　　ア　園児一人一人の平常の健康状態や発育及び発達の状態を的確に把握し、異常を感じる場合は、速やかに適切に対応すること。

　　イ　家庭との連携を密にし、学校医等との連携を図りながら、園児の疾病や事故防止に関する認識を深め、保健的で安全な環境の維持及び向上に努めること。

　　ウ　清潔で安全な環境を整え、適切な援助や応答的な関わりを通して、園児の生理的欲求を満たしていくこと。また、家庭と協力しながら、園児の発達の過程等に応じた適切な生活のリズムがつくられていくようにすること。

　　エ　園児の発達の過程等に応じて、適度な運動と休息をとることができるようにすること。また、食事、排泄、睡眠、衣類の着脱、身の回りを清潔にすることなどについて、園児が意欲的に生活できるよう適切に援助すること。

（２）　園児一人一人が安定感をもって過ごし、自分の気持ちを安心して表すことができるようにするとともに、周囲から主体として受け止められ主体として育ち、自分を肯定する気持ちが育まれていくようにし、くつろいで共に過ごし、心身の疲れが癒やされるようにするため、次の事項に留意すること。

　　ア　園児一人一人の置かれている状態や発達の過程などを的確に把握し、園児の欲求を適切に満たしながら、応答的な触れ合いや言葉掛けを行うこと。

　　イ　園児一人一人の気持ちを受容し、共感しながら、園児との継続的な信頼関係を築いていくこと。

　　ウ　保育教諭等との信頼関係を基盤に、園児一人一人が主体的に活動し、自発性や探索意欲などを高めるとともに、自分への自信をもつことができるよう成長の過程を見守り、適切に働き掛けること。

　　エ　園児一人一人の生活のリズム、発達の過程、在園時間などに応じて、活動内容のバランスや調和を図りながら、適切な食事や休息がとれるようにすること。

6 園児の健康及び安全は、園児の生命の保持と健やかな生活の基本であり、幼保連携型認定こども園の生活全体を通して健康や安全に関する管理や指導、食育の推進等に十分留意すること。

7 保護者に対する子育ての支援に当たっては、この章に示す幼保連携型認定こども園における教育及び保育の基本及び目標を踏まえ、子どもに対する学校としての教育及び児童福祉施設としての保育並びに保護者に対する子育ての支援について相互に有機的な連携が図られるようにすること。また、幼保連携型認定こども園の目的の達成に資するため、保護者が子どもの成長に気付き子育ての喜びが感じられるよう、幼保連携型認定こども園の特性を生かした子育ての支援に努めること。

第2章　ねらい及び内容並びに配慮事項

この章に示すねらいは、幼保連携型認定こども園の教育及び保育において育みたい資質・能力を園児の生活する姿から捉えたものであり、内容は、ねらいを達成するために指導する事項である。各視点や領域は、この時期の発達の特徴を踏まえ、教育及び保育のねらい及び内容を乳幼児の発達の側面から、乳児は三つの視点として、幼児は五つの領域としてまとめ、示したものである。内容の取扱いは、園児の発達を踏まえた指導を行うに当たって留意すべき事項である。

各視点や領域に示すねらいは、幼保連携型認定こども園における生活の全体を通じ、園児が様々な体験を積み重ねる中で相互に関連をもちながら次第に達成に向かうものであること、内容は、園児が環境に関わって展開する具体的な活動を通して総合的に指導されるものであることに留意しなければならない。

また、「幼児期の終わりまでに育ってほしい姿」が、ねらい及び内容に基づく活動全体を通して資質・能力が育まれている園児の幼保連携型認定こども園修了時の具体的な姿であることを踏まえ、指導を行う際に考慮するものとする。

なお、特に必要な場合には、各視点や領域に示すねらいの趣旨に基づいて適切な、具体的な内容を工夫し、それを加えても差し支えないが、その場合には、それが第1章の第1に示す幼保連携型認定こども園の教育及び保育の基本及び目標を逸脱しないよう慎重に配慮する必要がある。

第1　乳児期の園児の保育に関するねらい及び内容

基本的事項

1　乳児期の発達については、視覚、聴覚などの感覚や、座る、はう、歩くなどの運動機能が著しく発達し、特定の大人との応答的な関わりを通じて、情緒的な絆が形成されるといった特徴がある。これらの発達の特徴を踏まえて、乳児期の園児の保育は、愛情豊かに、応答的に行われることが特に必要である。

2　本項においては、この時期の発達の特徴を踏まえ、乳児期の園児の保育のねらい及び内容については、身体的発達に関する視点「健やかに伸び伸びと育つ」、社会的発達に関する視点「身近な人と気持ちが通じ合う」及び精神的発達に関する視点「身近なものと関わり感性が育つ」としてまとめ、示している。

ねらい及び内容

健やかに伸び伸びと育つ

〔健康な心と体を育て、自ら健康で安全な生活をつくり出す力の基盤を培う。〕

1　ねらい

（1）　身体感覚が育ち、快適な環境に心地よさを感じる。

（2）　伸び伸びと体を動かし、はう、歩くなどの運動をしようとする。

（3）　食事、睡眠等の生活のリズムの感覚が芽生える。

2　内容

（1）　保育教諭等の愛情豊かな受容の下で、生理的・心理的欲求を満たし、心地よく生活をする。

（2）　一人一人の発育に応じて、はう、立つ、歩くなど、十分に体を動かす。

（3） 個人差に応じて授乳を行い、離乳を進めていく中で、様々な食品に少しずつ慣れ、食べることを楽しむ。

（4） 一人一人の生活のリズムに応じて、安全な環境の下で十分に午睡をする。

（5） おむつ交換や衣服の着脱などを通じて、清潔になることの心地よさを感じる。

3 内容の取扱い

上記の取扱いに当たっては、次の事項に留意する必要がある。

（1） 心と体の健康は、相互に密接な関連があるものであることを踏まえ、温かい触れ合いの中で、心と体の発達を促すこと。特に、寝返り、お座り、はいはい、つかまり立ち、伝い歩きなど、発育に応じて、遊びの中で体を動かす機会を十分に確保し、自ら体を動かそうとする意欲が育つようにすること。

（2） 健康な心と体を育てるためには望ましい食習慣の形成が重要であることを踏まえ、離乳食が完了期へと徐々に移行する中で、様々な食品に慣れるようにするとともに、和やかな雰囲気の中で食べる喜びや楽しさを味わい、進んで食べようとする気持ちが育つようにすること。なお、食物アレルギーのある園児への対応については、学校医等の指示や協力の下に適切に対応すること。

身近な人と気持ちが通じ合う

受容的・応答的な関わりの下で、何かを伝えようとする意欲や身近な大人との信頼関係を育て、人と関わる力の基盤を培う。

1 ねらい

（1） 安心できる関係の下で、身近な人と共に過ごす喜びを感じる。

（2） 体の動きや表情、発声等により、保育教諭等と気持ちを通わせようとする。

（3） 身近な人と親しみ、関わりを深め、愛情や信頼感が芽生える。

2 内容

（1） 園児からの働き掛けを踏まえた、応答的な触れ合いや言葉掛けによって、欲求が満たされ、安定感をもって過ごす。

（2） 体の動きや表情、発声、喃語等を優しく受け止めてもらい、保育教諭等とのやり取りを楽しむ。

（3） 生活や遊びの中で、自分の身近な人の存在に気付き、親しみの気持ちを表す。

（4） 保育教諭等による語り掛けや歌い掛け、発声や喃語等への応答を通じて、言葉の理解や発語の意欲が育つ。

（5） 温かく、受容的な関わりを通じて、自分を肯定する気持ちが芽生える。

3 内容の取扱い

上記の取扱いに当たっては、次の事項に留意する必要がある。

（1） 保育教諭等との信頼関係に支えられて生活を確立していくことが人と関わる基盤となることを考慮して、園児の多様な感情を受け止め、温かく受容的・応答的に関わり、一人一人に応じた適切な援助を行うようにすること。

（2）　身近な人に親しみをもって接し、自分の感情などを表し、それに相手が応答する言葉を聞くことを通して、次第に言葉が獲得されていくことを考慮して、楽しい雰囲気の中での保育教諭等との関わり合いを大切にし、ゆっくりと優しく話し掛けるなど、積極的に言葉のやり取りを楽しむことができるようにすること。

身近なものと関わり感性が育つ

〔 身近な環境に興味や好奇心をもって関わり、感じたことや考えたことを表現する力の基盤を培う。〕

1　ねらい

（1）　身の回りのものに親しみ、様々なものに興味や関心をもつ。

（2）　見る、触れる、探索するなど、身近な環境に自分から関わろうとする。

（3）　身体の諸感覚による認識が豊かになり、表情や手足、体の動き等で表現する。

2　内容

（1）　身近な生活用具、玩具や絵本などが用意された中で、身の回りのものに対する興味や好奇心をもつ。

（2）　生活や遊びの中で様々なものに触れ、音、形、色、手触りなどに気付き、感覚の働きを豊かにする。

（3）　保育教諭等と一緒に様々な色彩や形のものや絵本などを見る。

（4）　玩具や身の回りのものを、つまむ、つかむ、たたく、引っ張るなど、手や指を使って遊ぶ。

（5）　保育教諭等のあやし遊びに機嫌よく応じたり、歌やリズムに合わせて手足や体を動かして楽しんだりする。

3　内容の取扱い

上記の取扱いに当たっては、次の事項に留意する必要がある。

（1）　玩具などは、音質、形、色、大きさなど園児の発達状態に応じて適切なものを選び、その時々の園児の興味や関心を踏まえるなど、遊びを通して感覚の発達が促されるものとなるように工夫すること。なお、安全な環境の下で、園児が探索意欲を満たして自由に遊べるよう、身の回りのものについては常に十分な点検を行うこと。

（2）　乳児期においては、表情、発声、体の動きなどで、感情を表現することが多いことから、これらの表現しようとする意欲を積極的に受け止めて、園児が様々な活動を楽しむことを通して表現が豊かになるようにすること。

第2　満1歳以上満3歳未満の園児の保育に関するねらい及び内容

基本的事項

1　この時期においては、歩き始めから、歩く、走る、跳ぶなどへと、基本的な運動機能が次第に発達し、排泄の自立のための身体的機能も整うようになる。つまむ、めくるなどの指先の機能も発達し、食事、衣類の着脱なども、保育教諭等の援助の下で自分で行うようになる。発声も明瞭になり、語彙も増加し、自分の意思や欲求を言葉で表出できるようになる。このように自分でできることが増えてくる時期であることから、保育教諭等は、園児の生活の安定を図りながら、自分でしようとする気持ちを尊重し、温

かく見守るとともに、愛情豊かに、応答的に関わることが必要である。

2　本項においては、この時期の発達の特徴を踏まえ、保育のねらい及び内容について、心身の健康に関する領域「健康」、人との関わりに関する領域「人間関係」、身近な環境との関わりに関する領域「環境」、言葉の獲得に関する領域「言葉」及び感性と表現に関する領域「表現」としてまとめ、示している。

ねらい及び内容

健康

〔健康な心と体を育て、自ら健康で安全な生活をつくり出す力を養う。〕

1　ねらい

（1）明るく伸び伸びと生活し、自分から体を動かすことを楽しむ。

（2）自分の体を十分に動かし、様々な動きをしようとする。

（3）健康、安全な生活に必要な習慣に気付き、自分でしてみようとする気持ちが育つ。

2　内容

（1）保育教諭等の愛情豊かな受容の下で、安定感をもって生活をする。

（2）食事や午睡、遊びと休息など、幼保連携型認定こども園における生活のリズムが形成される。

（3）走る、跳ぶ、登る、押す、引っ張るなど全身を使う遊びを楽しむ。

（4）様々な食品や調理形態に慣れ、ゆったりとした雰囲気の中で食事や間食を楽しむ。

（5）身の回りを清潔に保つ心地よさを感じ、その習慣が少しずつ身に付く。

（6）保育教諭等の助けを借りながら、衣類の着脱を自分でしようとする。

（7）便器での排泄に慣れ、自分で排泄ができるようになる。

3　内容の取扱い

上記の取扱いに当たっては、次の事項に留意する必要がある。

（1）心と体の健康は、相互に密接な関連があるものであることを踏まえ、園児の気持ちに配慮した温かい触れ合いの中で、心と体の発達を促すこと。特に、一人一人の発育に応じて、体を動かす機会を十分に確保し、自ら体を動かそうとする意欲が育つようにすること。

（2）健康な心と体を育てるためには望ましい食習慣の形成が重要であることを踏まえ、ゆったりとした雰囲気の中で食べる喜びや楽しさを味わい、進んで食べようとする気持ちが育つようにすること。なお、食物アレルギーのある園児への対応については、学校医等の指示や協力の下に適切に対応すること。

（3）排泄の習慣については、一人一人の排尿間隔等を踏まえ、おむつが汚れていないときに便器に座らせるなどにより、少しずつ慣れさせるようにすること。

（4）食事、排泄、睡眠、衣類の着脱、身の回りを清潔にすることなど、生活に必要な基本的な習慣については、一人一人の状態に応じ、落ち着いた雰囲気の中で行うようにし、園児が自分でしようとする気持ちを尊重すること。また、基本的な生活習慣の形成に当たっては、家庭での生活経験に配慮し、家庭との適切な連携の下で行うようにすること。

人間関係

〔 他の人々と親しみ、支え合って生活するために、自立心を育て、人と関わる力を養う。〕

1　ねらい

（1）　幼保連携型認定こども園での生活を楽しみ、身近な人と関わる心地よさを感じる。

（2）　周囲の園児等への興味・関心が高まり、関わりをもとうとする。

（3）　幼保連携型認定こども園の生活の仕方に慣れ、きまりの大切さに気付く。

2　内容

（1）　保育教諭等や周囲の園児等との安定した関係の中で、共に過ごす心地よさを感じる。

（2）　保育教諭等の受容的・応答的な関わりの中で、欲求を適切に満たし、安定感をもって過ごす。

（3）　身の回りに様々な人がいることに気付き、徐々に他の園児と関わりをもって遊ぶ。

（4）　保育教諭等の仲立ちにより、他の園児との関わり方を少しずつ身につける。

（5）　幼保連携型認定こども園の生活の仕方に慣れ、きまりがあることや、その大切さに気付く。

（6）　生活や遊びの中で、年長児や保育教諭等の真似をしたり、ごっこ遊びを楽しんだりする。

3　内容の取扱い

　　　上記の取扱いに当たっては、次の事項に留意する必要がある。

（1）　保育教諭等との信頼関係に支えられて生活を確立するとともに、自分で何かをしようとする気持ちが旺盛になる時期であることに鑑み、そのような園児の気持ちを尊重し、温かく見守るとともに、愛情豊かに、応答的に関わり、適切な援助を行うようにすること。

（2）　思い通りにいかない場合等の園児の不安定な感情の表出については、保育教諭等が受容的に受け止めるとともに、そうした気持ちから立ち直る経験や感情をコントロールすることへの気付き等につなげていけるように援助すること。

（3）　この時期は自己と他者との違いの認識がまだ十分ではないことから、園児の自我の育ちを見守るとともに、保育教諭等が仲立ちとなって、自分の気持ちを相手に伝えることや相手の気持ちに気付くことの大切さなど、友達の気持ちや友達との関わり方を丁寧に伝えていくこと。

環境

〔 周囲の様々な環境に好奇心や探究心をもって関わり、それらを生活に取り入れていこうとする力を養う。〕

1　ねらい

（1）　身近な環境に親しみ、触れ合う中で、様々なものに興味や関心をもつ。

（2）　様々なものに関わる中で、発見を楽しんだり、考えたりしようとする。

（3）　見る、聞く、触るなどの経験を通して、感覚の働きを豊かにする。

2　内容

（1）　安全で活動しやすい環境での探索活動等を通して、見る、聞く、触れる、嗅ぐ、味わうなどの感覚の働きを豊かにする。

（2）　玩具、絵本、遊具などに興味をもち、それらを使った遊びを楽しむ。

（3）　身の回りの物に触れる中で、形、色、大きさ、量などの物の性質や仕組みに気付く。

（4）　自分の物と人の物の区別や、場所的感覚など、環境を捉える感覚が育つ。

（5）　身近な生き物に気付き、親しみをもつ。

（6）　近隣の生活や季節の行事などに興味や関心をもつ。

3　内容の取扱い

　　上記の取扱いに当たっては、次の事項に留意する必要がある。

（1）　玩具などは、音質、形、色、大きさなど園児の発達状態に応じて適切なものを選び、遊びを通して感覚の発達が促されるように工夫すること。

（2）　身近な生き物との関わりについては、園児が命を感じ、生命の尊さに気付く経験へとつながるものであることから、そうした気付きを促すような関わりとなるようにすること。

（3）　地域の生活や季節の行事などに触れる際には、社会とのつながりや地域社会の文化への気付きにつながるものとなることが望ましいこと。その際、幼保連携型認定こども園内外の行事や地域の人々との触れ合いなどを通して行うこと等も考慮すること。

言葉

> 経験したことや考えたことなどを自分なりの言葉で表現し、相手の話す言葉を聞こうとする意欲や態度を育て、言葉に対する感覚や言葉で表現する力を養う。

1　ねらい

（1）　言葉遊びや言葉で表現する楽しさを感じる。

（2）　人の言葉や話などを聞き、自分でも思ったことを伝えようとする。

（3）　絵本や物語等に親しむとともに、言葉のやり取りを通じて身近な人と気持ちを通わせる。

2　内容

（1）　保育教諭等の応答的な関わりや話し掛けにより、自ら言葉を使おうとする。

（2）　生活に必要な簡単な言葉に気付き、聞き分ける。

（3）　親しみをもって日常の挨拶に応じる。

（4）　絵本や紙芝居を楽しみ、簡単な言葉を繰り返したり、模倣をしたりして遊ぶ。

（5）　保育教諭等とごっこ遊びをする中で、言葉のやり取りを楽しむ。

（6）　保育教諭等を仲立ちとして、生活や遊びの中で友達との言葉のやり取りを楽しむ。

（7）　保育教諭等や友達の言葉や話に興味や関心をもって、聞いたり、話したりする。

3　内容の取扱い

　　上記の取扱いに当たっては、次の事項に留意する必要がある。

（1）　身近な人に親しみをもって接し、自分の感情などを伝え、それに相手が応答し、その言葉を聞くことを通して、次第に言葉が獲得されていくものであることを考慮して、楽しい雰囲気の中で保育教諭等との言葉のやり取りができるようにすること。

（2）　園児が自分の思いを言葉で伝えるとともに、他の園児の話などを聞くことを通して、次第に話を理解し、言葉による伝え合いができるようになるよう、気持ちや経験等の言語化を行うことを援助するなど、園児同士の関わりの仲立ちを行うようにすること。

（3）　この時期は、片言から、二語文、ごっこ遊びでのやり取りができる程度へと、大きく言葉の習得が進む時期であることから、それぞれの園児の発達の状況に応じて、遊びや関わりの工夫など、保育の内容を適切に展開することが必要であること。

表現

> 感じたことや考えたことを自分なりに表現することを通して、豊かな感性や表現する力を養い、創造性を豊かにする。

1　ねらい

（1）　身体の諸感覚の経験を豊かにし、様々な感覚を味わう。

（2）　感じたことや考えたことなどを自分なりに表現しようとする。

（3）　生活や遊びの様々な体験を通して、イメージや感性が豊かになる。

2　内容

（1）　水、砂、土、紙、粘土など様々な素材に触れて楽しむ。

（2）　音楽、リズムやそれに合わせた体の動きを楽しむ。

（3）　生活の中で様々な音、形、色、手触り、動き、味、香りなどに気付いたり、感じたりして楽しむ。

（4）　歌を歌ったり、簡単な手遊びや全身を使う遊びを楽しんだりする。

（5）　保育教諭等からの話や、生活や遊びの中での出来事を通して、イメージを豊かにする。

（6）　生活や遊びの中で、興味のあることや経験したことなどを自分なりに表現する。

3　内容の取扱い

　　上記の取扱いに当たっては、次の事項に留意する必要がある。

（1）　園児の表現は、遊びや生活の様々な場面で表出されているものであることから、それらを積極的に受け止め、様々な表現の仕方や感性を豊かにする経験となるようにすること。

（2）　園児が試行錯誤しながら様々な表現を楽しむことや、自分の力でやり遂げる充実感などに気付くよう、温かく見守るとともに、適切に援助を行うようにすること。

（3）　様々な感情の表現等を通じて、園児が自分の感情や気持ちに気付くようになる時期であることに鑑み、受容的な関わりの中で自信をもって表現をすることや、諦めずに続けた後の達成感等を感じられるような経験が蓄積されるようにすること。

（4）　身近な自然や身の回りの事物に関わる中で、発見や心が動く経験が得られるよう、諸感覚を働かせることを楽しむ遊びや素材を用意するなど保育の環境を整えること。

第3　満3歳以上の園児の教育及び保育に関するねらい及び内容

基本的事項

1　この時期においては、運動機能の発達により、基本的な動作が一通りできるようになるとともに、基本的な生活習慣もほぼ自立できるようになる。理解する語彙数が急激に増加し、知的興味や関心も高まってくる。仲間と遊び、仲間の中の一人という自覚が生じ、集団的な遊びや協同的な活動も見られるようになる。これらの発達の特徴を踏まえて、この時期の教育及び保育においては、個の成長と集団としての活動の充実が図られるようにしなければならない。

2 本項においては、この時期の発達の特徴を踏まえ、教育及び保育のねらい及び内容について、心身の健康に関する領域「健康」、人との関わりに関する領域「人間関係」、身近な環境との関わりに関する領域「環境」、言葉の獲得に関する領域「言葉」及び感性と表現に関する領域「表現」としてまとめ、示している。

ねらい及び内容

健康

〔健康な心と体を育て、自ら健康で安全な生活をつくり出す力を養う。〕

1 ねらい
（1） 明るく伸び伸びと行動し、充実感を味わう。
（2） 自分の体を十分に動かし、進んで運動しようとする。
（3） 健康、安全な生活に必要な習慣や態度を身に付け、見通しをもって行動する。

2 内容
（1） 保育教諭等や友達と触れ合い、安定感をもって行動する。
（2） いろいろな遊びの中で十分に体を動かす。
（3） 進んで戸外で遊ぶ。
（4） 様々な活動に親しみ、楽しんで取り組む。
（5） 保育教諭等や友達と食べることを楽しみ、食べ物への興味や関心をもつ。
（6） 健康な生活のリズムを身に付ける。
（7） 身の回りを清潔にし、衣服の着脱、食事、排泄などの生活に必要な活動を自分でする。
（8） 幼保連携型認定こども園における生活の仕方を知り、自分たちで生活の場を整えながら見通しをもって行動する。
（9） 自分の健康に関心をもち、病気の予防などに必要な活動を進んで行う。
（10） 危険な場所、危険な遊び方、災害時などの行動の仕方が分かり、安全に気を付けて行動する。

3 内容の取扱い
上記の取扱いに当たっては、次の事項に留意する必要がある。
（1） 心と体の健康は、相互に密接な関連があるものであることを踏まえ、園児が保育教諭等や他の園児との温かい触れ合いの中で自己の存在感や充実感を味わうことなどを基盤として、しなやかな心と体の発達を促すこと。特に、十分に体を動かす気持ちよさを体験し、自ら体を動かそうとする意欲が育つようにすること。
（2） 様々な遊びの中で、園児が興味や関心、能力に応じて全身を使って活動することにより、体を動かす楽しさを味わい、自分の体を大切にしようとする気持ちが育つようにすること。その際、多様な動きを経験する中で、体の動きを調整するようにすること。
（3） 自然の中で伸び伸びと体を動かして遊ぶことにより、体の諸機能の発達が促されることに留意し、園児の興味や関心が戸外にも向くようにすること。その際、園児の動線に配慮した園庭や遊具の配置などを工夫すること。

（4）　健康な心と体を育てるためには食育を通じた望ましい食習慣の形成が大切であることを踏まえ、園児の食生活の実情に配慮し、和やかな雰囲気の中で保育教諭等や他の園児と食べる喜びや楽しさを味わったり、様々な食べ物への興味や関心をもったりするなどし、食の大切さに気付き、進んで食べようとする気持ちが育つようにすること。

（5）　基本的な生活習慣の形成に当たっては、家庭での生活経験に配慮し、園児の自立心を育て、園児が他の園児と関わりながら主体的な活動を展開する中で、生活に必要な習慣を身に付け、次第に見通しをもって行動できるようにすること。

（6）　安全に関する指導に当たっては、情緒の安定を図り、遊びを通して安全についての構えを身に付け、危険な場所や事物などが分かり、安全についての理解を深めるようにすること。また、交通安全の習慣を身に付けるようにするとともに、避難訓練などを通して、災害などの緊急時に適切な行動がとれるようにすること。

人間関係

〔 他の人々と親しみ、支え合って生活するために、自立心を育て、人と関わる力を養う。〕

1　ねらい

（1）　幼保連携型認定こども園の生活を楽しみ、自分の力で行動することの充実感を味わう。

（2）　身近な人と親しみ、関わりを深め、工夫したり、協力したりして一緒に活動する楽しさを味わい、愛情や信頼感をもつ。

（3）　社会生活における望ましい習慣や態度を身に付ける。

2　内容

（1）　保育教諭等や友達と共に過ごすことの喜びを味わう。

（2）　自分で考え、自分で行動する。

（3）　自分でできることは自分でする。

（4）　いろいろな遊びを楽しみながら物事をやり遂げようとする気持ちをもつ。

（5）　友達と積極的に関わりながら喜びや悲しみを共感し合う。

（6）　自分の思ったことを相手に伝え、相手の思っていることに気付く。

（7）　友達のよさに気付き、一緒に活動する楽しさを味わう。

（8）　友達と楽しく活動する中で、共通の目的を見いだし、工夫したり、協力したりなどする。

（9）　よいことや悪いことがあることに気付き、考えながら行動する。

（10）　友達との関わりを深め、思いやりをもつ。

（11）　友達と楽しく生活する中できまりの大切さに気付き、守ろうとする。

（12）　共同の遊具や用具を大切にし、皆で使う。

（13）　高齢者をはじめ地域の人々などの自分の生活に関係の深いいろいろな人に親しみをもつ。

3　内容の取扱い

　　上記の取扱いに当たっては、次の事項に留意する必要がある。

（1）　保育教諭等との信頼関係に支えられて自分自身の生活を確立していくことが人と関わる基盤となることを考慮し、園児が自ら周囲に働き掛けることにより多様な感情を体験し、試行錯誤しながら

諦めずにやり遂げることの達成感や、前向きな見通しをもって自分の力で行うことの充実感を味わうことができるよう、園児の行動を見守りながら適切な援助を行うようにすること。

（2）　一人一人を生かした集団を形成しながら人と関わる力を育てていくようにすること。その際、集団の生活の中で、園児が自己を発揮し、保育教諭等や他の園児に認められる体験をし、自分のよさや特徴に気付き、自信をもって行動できるようにすること。

（3）　園児が互いに関わりを深め、協同して遊ぶようになるため、自ら行動する力を育てるようにするとともに、他の園児と試行錯誤しながら活動を展開する楽しさや共通の目的が実現する喜びを味わうことができるようにすること。

（4）　道徳性の芽生えを培うに当たっては、基本的な生活習慣の形成を図るとともに、園児が他の園児との関わりの中で他人の存在に気付き、相手を尊重する気持ちをもって行動できるようにし、また、自然や身近な動植物に親しむことなどを通して豊かな心情が育つようにすること。特に、人に対する信頼感や思いやりの気持ちは、葛藤やつまずきをも体験し、それらを乗り越えることにより次第に芽生えてくることに配慮すること。

（5）　集団の生活を通して、園児が人との関わりを深め、規範意識の芽生えが培われることを考慮し、園児が保育教諭等との信頼関係に支えられて自己を発揮する中で、互いに思いを主張し、折り合いを付ける体験をし、きまりの必要性などに気付き、自分の気持ちを調整する力が育つようにすること。

（6）　高齢者をはじめ地域の人々などの自分の生活に関係の深いいろいろな人と触れ合い、自分の感情や意志を表現しながら共に楽しみ、共感し合う体験を通して、これらの人々などに親しみをもち、人と関わることの楽しさや人の役に立つ喜びを味わうことができるようにすること。また、生活を通して親や祖父母などの家族の愛情に気付き、家族を大切にしようとする気持ちが育つようにすること。

環境

> 周囲の様々な環境に好奇心や探究心をもって関わり、それらを生活に取り入れていこうとする力を養う。

1　ねらい

（1）　身近な環境に親しみ、自然と触れ合う中で様々な事象に興味や関心をもつ。

（2）　身近な環境に自分から関わり、発見を楽しんだり、考えたりし、それを生活に取り入れようとする。

（3）　身近な事象を見たり、考えたり、扱ったりする中で、物の性質や数量、文字などに対する感覚を豊かにする。

2　内容

（1）　自然に触れて生活し、その大きさ、美しさ、不思議さなどに気付く。

（2）　生活の中で、様々な物に触れ、その性質や仕組みに興味や関心をもつ。

（3）　季節により自然や人間の生活に変化のあることに気付く。

（4）　自然などの身近な事象に関心をもち、取り入れて遊ぶ。

（５）　身近な動植物に親しみをもって接し、生命の尊さに気付き、いたわったり、大切にしたりする。

（６）　日常生活の中で、我が国や地域社会における様々な文化や伝統に親しむ。

（７）　身近な物を大切にする。

（８）　身近な物や遊具に興味をもって関わり、自分なりに比べたり、関連付けたりしながら考えたり、試したりして工夫して遊ぶ。

（９）　日常生活の中で数量や図形などに関心をもつ。

（10）　日常生活の中で簡単な標識や文字などに関心をもつ。

（11）　生活に関係の深い情報や施設などに興味や関心をもつ。

（12）　幼保連携型認定こども園内外の行事において国旗に親しむ。

3　内容の取扱い

　　上記の取扱いに当たっては、次の事項に留意する必要がある。

（１）　園児が、遊びの中で周囲の環境と関わり、次第に周囲の世界に好奇心を抱き、その意味や操作の仕方に関心をもち、物事の法則性に気付き、自分なりに考えることができるようになる過程を大切にすること。また、他の園児の考えなどに触れて新しい考えを生み出す喜びや楽しさを味わい、自分の考えをよりよいものにしようとする気持ちが育つようにすること。

（２）　幼児期において自然のもつ意味は大きく、自然の大きさ、美しさ、不思議さなどに直接触れる体験を通して、園児の心が安らぎ、豊かな感情、好奇心、思考力、表現力の基礎が培われることを踏まえ、園児が自然との関わりを深めることができるよう工夫すること。

（３）　身近な事象や動植物に対する感動を伝え合い、共感し合うことなどを通して自分から関わろうとする意欲を育てるとともに、様々な関わり方を通してそれらに対する親しみや畏敬の念、生命を大切にする気持ち、公共心、探究心などが養われるようにすること。

（４）　文化や伝統に親しむ際には、正月や節句など我が国の伝統的な行事、国歌、唱歌、わらべうたや我が国の伝統的な遊びに親しんだり、異なる文化に触れる活動に親しんだりすることを通じて、社会とのつながりの意識や国際理解の意識の芽生えなどが養われるようにすること。

（５）　数量や文字などに関しては、日常生活の中で園児自身の必要感に基づく体験を大切にし、数量や文字などに関する興味や関心、感覚が養われるようにすること。

言葉

経験したことや考えたことなどを自分なりの言葉で表現し、相手の話す言葉を聞こうとする意欲や態度を育て、言葉に対する感覚や言葉で表現する力を養う。

1　ねらい

（１）　自分の気持ちを言葉で表現する楽しさを味わう。

（２）　人の言葉や話などをよく聞き、自分の経験したことや考えたことを話し、伝え合う喜びを味わう。

（３）　日常生活に必要な言葉が分かるようになるとともに、絵本や物語などに親しみ、言葉に対する感覚を豊かにし、保育教諭等や友達と心を通わせる。

2　内容

（１）　保育教諭等や友達の言葉や話に興味や関心をもち、親しみをもって聞いたり、話したりする。

（2）　したり、見たり、聞いたり、感じたり、考えたりなどしたことを自分なりに言葉で表現する。

（3）　したいこと、してほしいことを言葉で表現したり、分からないことを尋ねたりする。

（4）　人の話を注意して聞き、相手に分かるように話す。

（5）　生活の中で必要な言葉が分かり、使う。

（6）　親しみをもって日常の挨拶をする。

（7）　生活の中で言葉の楽しさや美しさに気付く。

（8）　いろいろな体験を通じてイメージや言葉を豊かにする。

（9）　絵本や物語などに親しみ、興味をもって聞き、想像をする楽しさを味わう。

（10）　日常生活の中で、文字などで伝える楽しさを味わう。

3　内容の取扱い

　上記の取扱いに当たっては、次の事項に留意する必要がある。

（1）　言葉は、身近な人に親しみをもって接し、自分の感情や意志などを伝え、それに相手が応答し、その言葉を聞くことを通して次第に獲得されていくものであることを考慮して、園児が保育教諭等や他の園児と関わることにより心を動かされるような体験をし、言葉を交わす喜びを味わえるようにすること。

（2）　園児が自分の思いを言葉で伝えるとともに、保育教諭等や他の園児などの話を興味をもって注意して聞くことを通して次第に話を理解するようになっていき、言葉による伝え合いができるようにすること。

（3）　絵本や物語などで、その内容と自分の経験とを結び付けたり、想像を巡らせたりするなど、楽しみを十分に味わうことによって、次第に豊かなイメージをもち、言葉に対する感覚が養われるようにすること。

（4）　園児が生活の中で、言葉の響きやリズム、新しい言葉や表現などに触れ、これらを使う楽しさを味わえるようにすること。その際、絵本や物語に親しんだり、言葉遊びなどをしたりすることを通して、言葉が豊かになるようにすること。

（5）　園児が日常生活の中で、文字などを使いながら思ったことや考えたことを伝える喜びや楽しさを味わい、文字に対する興味や関心をもつようにすること。

表現

> 感じたことや考えたことを自分なりに表現することを通して、豊かな感性や表現する力を養い、創造性を豊かにする。

1　ねらい

（1）　いろいろなものの美しさなどに対する豊かな感性をもつ。

（2）　感じたことや考えたことを自分なりに表現して楽しむ。

（3）　生活の中でイメージを豊かにし、様々な表現を楽しむ。

2　内容

（1）　生活の中で様々な音、形、色、手触り、動きなどに気付いたり、感じたりするなどして楽しむ。

（2）　生活の中で美しいものや心を動かす出来事に触れ、イメージを豊かにする。

（3）　様々な出来事の中で、感動したことを伝え合う楽しさを味わう。

（4）　感じたこと、考えたことなどを音や動きなどで表現したり、自由にかいたり、つくったりなどする。

（5）　いろいろな素材に親しみ、工夫して遊ぶ。

（6）　音楽に親しみ、歌を歌ったり、簡単なリズム楽器を使ったりなどする楽しさを味わう。

（7）　かいたり、つくったりすることを楽しみ、遊びに使ったり、飾ったりなどする。

（8）　自分のイメージを動きや言葉などで表現したり、演じて遊んだりするなどの楽しさを味わう。

3　内容の取扱い

　　上記の取扱いに当たっては、次の事項に留意する必要がある。

（1）　豊かな感性は、身近な環境と十分に関わる中で美しいもの、優れたもの、心を動かす出来事などに出会い、そこから得た感動を他の園児や保育教諭等と共有し、様々に表現することなどを通して養われるようにすること。その際、風の音や雨の音、身近にある草や花の形や色など自然の中にある音、形、色などに気付くようにすること。

（2）　幼児期の自己表現は素朴な形で行われることが多いので、保育教諭等はそのような表現を受容し、園児自身の表現しようとする意欲を受け止めて、園児が生活の中で園児らしい様々な表現を楽しむことができるようにすること。

（3）　生活経験や発達に応じ、自ら様々な表現を楽しみ、表現する意欲を十分に発揮させることができるように、遊具や用具などを整えたり、様々な素材や表現の仕方に親しんだり、他の園児の表現に触れられるよう配慮したりし、表現する過程を大切にして自己表現を楽しめるように工夫すること。

第4　教育及び保育の実施に関する配慮事項

1　満3歳未満の園児の保育の実施については、以下の事項に配慮するものとする。

（1）　乳児は疾病への抵抗力が弱く、心身の機能の未熟さに伴う疾病の発生が多いことから、一人一人の発育及び発達状態や健康状態についての適切な判断に基づく保健的な対応を行うこと。また、一人一人の園児の生育歴の違いに留意しつつ、欲求を適切に満たし、特定の保育教諭等が応答的に関わるように努めること。更に、乳児期の園児の保育に関わる職員間の連携や学校医との連携を図り、第3章に示す事項を踏まえ、適切に対応すること。栄養士及び看護師等が配置されている場合は、その専門性を生かした対応を図ること。乳児期の園児の保育においては特に、保護者との信頼関係を築きながら保育を進めるとともに、保護者からの相談に応じ支援に努めていくこと。なお、担当の保育教諭等が替わる場合には、園児のそれまでの生育歴や発達の過程に留意し、職員間で協力して対応すること。

（2）　満1歳以上満3歳未満の園児は、特に感染症にかかりやすい時期であるので、体の状態、機嫌、食欲などの日常の状態の観察を十分に行うとともに、適切な判断に基づく保健的な対応を心掛けること。また、探索活動が十分できるように、事故防止に努めながら活動しやすい環境を整え、全身を使う遊びなど様々な遊びを取り入れること。更に、自我が形成され、園児が自分の感情や気持ちに気付くようになる重要な時期であることに鑑み、情緒の安定を図りながら、園児の自発的な活動

を尊重するとともに促していくこと。なお、担当の保育教諭等が替わる場合には、園児のそれまでの経験や発達の過程に留意し、職員間で協力して対応すること。

2　幼保連携型認定こども園における教育及び保育の全般において以下の事項に配慮するものとする。

（1）　園児の心身の発達及び活動の実態などの個人差を踏まえるとともに、一人一人の園児の気持ちを受け止め、援助すること。

（2）　園児の健康は、生理的・身体的な育ちとともに、自主性や社会性、豊かな感性の育ちとがあいまってもたらされることに留意すること。

（3）　園児が自ら周囲に働き掛け、試行錯誤しつつ自分の力で行う活動を見守りながら、適切に援助すること。

（4）　園児の入園時の教育及び保育に当たっては、できるだけ個別的に対応し、園児が安定感を得て、次第に幼保連携型認定こども園の生活になじんでいくようにするとともに、既に入園している園児に不安や動揺を与えないようにすること。

（5）　園児の国籍や文化の違いを認め、互いに尊重する心を育てるようにすること。

（6）　園児の性差や個人差にも留意しつつ、性別などによる固定的な意識を植え付けることがないようにすること。

第3章　健康及び安全

　幼保連携型認定こども園における園児の健康及び安全は、園児の生命の保持と健やかな生活の基本となるものであり、第1章及び第2章の関連する事項と併せ、次に示す事項について適切に対応するものとする。その際、養護教諭や看護師、栄養教諭や栄養士等が配置されている場合には、学校医等と共に、これらの者がそれぞれの専門性を生かしながら、全職員が相互に連携し、組織的かつ適切な対応を行うことができるような体制整備や研修を行うことが必要である。

第1　健康支援

1　健康状態や発育及び発達の状態の把握

（1）　園児の心身の状態に応じた教育及び保育を行うために、園児の健康状態や発育及び発達の状態について、定期的・継続的に、また、必要に応じて随時、把握すること。

（2）　保護者からの情報とともに、登園時及び在園時に園児の状態を観察し、何らかの疾病が疑われる状態や傷害が認められた場合には、保護者に連絡するとともに、学校医と相談するなど適切な対応を図ること。

（3）　園児の心身の状態等を観察し、不適切な養育の兆候が見られる場合には、市町村（特別区を含む。以下同じ。）や関係機関と連携し、児童福祉法第25条に基づき、適切な対応を図ること。また、虐待が疑われる場合には、速やかに市町村又は児童相談所に通告し、適切な対応を図ること。

2　健康増進

（1）　認定こども園法第27条において準用する学校保健安全法（昭和33年法律第56号）第5条の学校保健計画を作成する際は、教育及び保育の内容並びに子育ての支援等に関する全体的な計画に位置づくものとし、全ての職員がそのねらいや内容を踏まえ、園児一人一人の健康の保持及び増進に努めていくこと。

（2）　認定こども園法第27条において準用する学校保健安全法第13条第1項の健康診断を行ったときは、認定こども園法第27条において準用する学校保健安全法第14条の措置を行い、教育及び保育に活用するとともに、保護者が園児の状態を理解し、日常生活に活用できるようにすること。

3　疾病等への対応

（1）　在園時に体調不良や傷害が発生した場合には、その園児の状態等に応じて、保護者に連絡するとともに、適宜、学校医やかかりつけ医等と相談し、適切な処置を行うこと。

（2）　感染症やその他の疾病の発生予防に努め、その発生や疑いがある場合には必要に応じて学校医、市町村、保健所等に連絡し、その指示に従うとともに、保護者や全ての職員に連絡し、予防等について協力を求めること。また、感染症に関する幼保連携型認定こども園の対応方法等について、あらかじめ関係機関の協力を得ておくこと。

（3）　アレルギー疾患を有する園児に関しては、保護者と連携し、医師の診断及び指示に基づき、適切な対応を行うこと。また、食物アレルギーに関して、関係機関と連携して、当該幼保連携型認定こども園の体制構築など、安全な環境の整備を行うこと。

（4） 園児の疾病等の事態に備え、保健室の環境を整え、救急用の薬品、材料等を適切な管理の下に常備し、全ての職員が対応できるようにしておくこと。

第2　食育の推進

1　幼保連携型認定こども園における食育は、健康な生活の基本としての食を営む力の育成に向け、その基礎を培うことを目標とすること。

2　園児が生活と遊びの中で、意欲をもって食に関わる体験を積み重ね、食べることを楽しみ、食事を楽しみ合う園児に成長していくことを期待するものであること。

3　乳幼児期にふさわしい食生活が展開され、適切な援助が行われるよう、教育及び保育の内容並びに子育ての支援等に関する全体的な計画に基づき、食事の提供を含む食育の計画を作成し、指導計画に位置付けるとともに、その評価及び改善に努めること。

4　園児が自らの感覚や体験を通して、自然の恵みとしての食材や食の循環・環境への意識、調理する人への感謝の気持ちが育つように、園児と調理員等との関わりや、調理室など食に関する環境に配慮すること。

5　保護者や地域の多様な関係者との連携及び協働の下で、食に関する取組が進められること。また、市町村の支援の下に、地域の関係機関等との日常的な連携を図り、必要な協力が得られるよう努めること。

6　体調不良、食物アレルギー、障害のある園児など、園児一人一人の心身の状態等に応じ、学校医、かかりつけ医等の指示や協力の下に適切に対応すること。

第3　環境及び衛生管理並びに安全管理

1　環境及び衛生管理

（1） 認定こども園法第27条において準用する学校保健安全法第6条の学校環境衛生基準に基づき幼保連携型認定こども園の適切な環境の維持に努めるとともに、施設内外の設備、用具等の衛生管理に努めること。

（2） 認定こども園法第27条において準用する学校保健安全法第6条の学校環境衛生基準に基づき幼保連携型認定こども園の施設内外の適切な環境の維持に努めるとともに、園児及び全職員が清潔を保つようにすること。また、職員は衛生知識の向上に努めること。

2　事故防止及び安全対策

（1） 在園時の事故防止のために、園児の心身の状態等を踏まえつつ、認定こども園法第27条において準用する学校保健安全法第27条の学校安全計画の策定等を通じ、全職員の共通理解や体制づくりを図るとともに、家庭や地域の関係機関の協力の下に安全指導を行うこと。

（2） 事故防止の取組を行う際には、特に、睡眠中、プール活動・水遊び中、食事中等の場面では重大事故が発生しやすいことを踏まえ、園児の主体的な活動を大切にしつつ、施設内外の環境の配慮や指導の工夫を行うなど、必要な対策を講じること。

（3） 認定こども園法第27条において準用する学校保健安全法第29条の危険等発生時対処要領に基づき、事故の発生に備えるとともに施設内外の危険箇所の点検や訓練を実施すること。また、外部か

らの不審者等の侵入防止のための措置や訓練など不測の事態に備え必要な対応を行うこと。更に、園児の精神保健面における対応に留意すること。

第4　災害への備え

1　施設・設備等の安全確保

（1）　認定こども園法第27条において準用する学校保健安全法第29条の危険等発生時対処要領に基づき、災害等の発生に備えるとともに、防火設備、避難経路等の安全性が確保されるよう、定期的にこれらの安全点検を行うこと。

（2）　備品、遊具等の配置、保管を適切に行い、日頃から、安全環境の整備に努めること。

2　災害発生時の対応体制及び避難への備え

（1）　火災や地震などの災害の発生に備え、認定こども園法第27条において準用する学校保健安全法第29条の危険等発生時対処要領を作成する際には、緊急時の対応の具体的内容及び手順、職員の役割分担、避難訓練計画等の事項を盛り込むこと。

（2）　定期的に避難訓練を実施するなど、必要な対応を図ること。

（3）　災害の発生時に、保護者等への連絡及び子どもの引渡しを円滑に行うため、日頃から保護者との密接な連携に努め、連絡体制や引渡し方法等について確認をしておくこと。

3　地域の関係機関等との連携

（1）　市町村の支援の下に、地域の関係機関との日常的な連携を図り、必要な協力が得られるよう努めること。

（2）　避難訓練については、地域の関係機関や保護者との連携の下に行うなど工夫すること。

第４章　子育ての支援

幼保連携型認定子ども園における保護者に対する子育ての支援は、子どもの利益を最優先して行うものとし、第１章及び第２章等の関連する事項を踏まえ、子どもの育ちを家庭と連携して支援していくとともに、保護者及び地域が有する子育てを自ら実践する力の向上に資するよう、次の事項に留意するものとする。

第１　子育ての支援全般に関わる事項

１　保護者に対する子育ての支援を行う際には、各地域や家庭の実態等を踏まえるとともに、保護者の気持ちを受け止め、相互の信頼関係を基本に、保護者の自己決定を尊重すること。

２　教育及び保育並びに子育ての支援に関する知識や技術など、保育教諭等の専門性や、園児が常に存在する環境など、幼保連携型認定こども園の特性を生かし、保護者が子どもの成長に気付き子育ての喜びを感じられるように努めること。

３　保護者に対する子育ての支援における地域の関係機関等との連携及び協働を図り、園全体の体制構築に努めること。

４　子どもの利益に反しない限りにおいて、保護者や子どものプライバシーを保護し、知り得た事柄の秘密を保持すること。

第２　幼保連携型認定こども園の園児の保護者に対する子育ての支援

１　日常の様々な機会を活用し、園児の日々の様子の伝達や収集、教育及び保育の意図の説明などを通じて、保護者との相互理解を図るよう努めること。

２　教育及び保育の活動に対する保護者の積極的な参加は、保護者の子育てを自ら実践する力の向上に寄与するだけでなく、地域社会における家庭や住民の子育てを自ら実践する力の向上及び子育ての経験の継承につながるきっかけとなる。これらのことから、保護者の参加を促すとともに、参加しやすいよう工夫すること。

３　保護者の生活形態が異なることを踏まえ、全ての保護者の相互理解が深まるように配慮すること。その際、保護者同士が子育てに対する新たな考えに出会い気付き合えるよう工夫すること。

４　保護者の就労と子育ての両立等を支援するため、保護者の多様化した教育及び保育の需要に応じて病児保育事業など多様な事業を実施する場合には、保護者の状況に配慮するとともに、園児の福祉が尊重されるよう努め、園児の生活の連続性を考慮すること。

５　地域の実態や保護者の要請により、教育を行う標準的な時間の終了後等に希望する園児を対象に一時預かり事業などとして行う活動については、保育教諭間及び家庭との連携を密にし、園児の心身の負担に配慮すること。その際、地域の実態や保護者の事情とともに園児の生活のリズムを踏まえつつ、必要に応じて、弾力的な運用を行うこと。

６　園児に障害や発達上の課題が見られる場合には、市町村や関係機関と連携及び協力を図りつつ、保護者に対する個別の支援を行うよう努めること。

７　外国籍家庭など、特別な配慮を必要とする家庭の場合には、状況等に応じて個別の支援を行うよう努

めること。

8　保護者に育児不安等が見られる場合には、保護者の希望に応じて個別の支援を行うよう努めること。

9　保護者に不適切な養育等が疑われる場合には、市町村や関係機関と連携し、要保護児童対策地域協議会で検討するなど適切な対応を図ること。また、虐待が疑われる場合には、速やかに市町村又は児童相談所に通告し、適切な対応を図ること。

第3　地域における子育て家庭の保護者等に対する支援

1　幼保連携型認定こども園において、認定こども園法第2条第12項に規定する子育て支援事業を実施する際には、当該幼保連携型認定こども園がもつ地域性や専門性などを十分に考慮して当該地域において必要と認められるものを適切に実施すること。また、地域の子どもに対する一時預かり事業などの活動を行う際には、一人一人の子どもの心身の状態などを考慮するとともに、教育及び保育との関連に配慮するなど、柔軟に活動を展開できるようにすること。

2　市町村の支援を得て、地域の関係機関等との積極的な連携及び協働を図るとともに、子育ての支援に関する地域の人材の積極的な活用を図るよう努めること。また、地域の要保護児童への対応など、地域の子どもを巡る諸課題に対し、要保護児童対策地域協議会など関係機関等と連携及び協力して取り組むよう努めること。

3　幼保連携型認定こども園は、地域の子どもが健やかに育成される環境を提供し、保護者に対する総合的な子育ての支援を推進するため、地域における乳幼児期の教育及び保育の中心的な役割を果たすよう努めること。

個人情報の保護に関する法律（抄）

平成15年法律第57号

一部改正：令和5年法律第47号　令和5年6月7日公布

第二章　国及び地方公共団体の責務等

（地方公共団体の責務）

第五条　地方公共団体は、この法律の趣旨にのっとり、国の施策との整合性に配慮しつつ、その地方公共団体の区域の特性に応じて、地方公共団体の機関、地方独立行政法人及び当該区域内の事業者等による個人情報の適正な取扱いを確保するために必要な施策を策定し、及びこれを実施する責務を有する。

第四章　個人情報取扱事業者の義務等

第一節　総則

（定義）

第十六条　2　この章及び第六章から第八章までにおいて「個人情報取扱事業者」とは、個人情報データベース等を事業の用に供している者をいう。ただし、次に掲げる者を除く。

一　国の機関

二　地方公共団体

三　独立行政法人等

四　地方独立行政法人

第二節　個人情報取扱事業者及び個人関連情報取扱事業者の義務

（データ内容の正確性の確保等）

第二十二条　個人情報取扱事業者は、利用目的の達成に必要な範囲内において、個人データを正確かつ最新の内容に保つとともに、利用する必要がなくなったときは、当該個人データを遅滞なく消去するよう努めなければならない。

（安全管理措置）

第二十三条　個人情報取扱事業者は、その取り扱う個人データの漏えい、滅失又は毀損の防止その他の個人データの安全管理のために必要かつ適切な措置を講じなければならない。

第**7**章

資料編

（第三者提供の制限）

第二十七条　個人情報取扱事業者は、次に掲げる場合を除くほか、あらかじめ本人の同意を得ないで、個人データを第三者に提供してはならない。

一　法令に基づく場合

二　人の生命、身体又は財産の保護のために必要がある場合であって、本人の同意を得ることが困難であるとき。

三　公衆衛生の向上又は児童の健全な育成の推進のために特に必要がある場合であって、本人の同意を得ることが困難であるとき。

四　国の機関若しくは地方公共団体又はその委託を受けた者が法令の定める事務を遂行することに対して協力する必要がある場合であって、本人の同意を得ることにより当該事務の遂行に支障を及ぼすおそれがあるとき。

五　当該個人情報取扱事業者が学術研究機関等である場合であって、当該個人データの提供が学術研究の成果の公表又は教授のためやむを得ないとき（個人の権利利益を不当に侵害するおそれがある場合を除く。）。

六　当該個人情報取扱事業者が学術研究機関等である場合であって、当該個人データを学術研究目的で提供する必要があるとき（当該個人データを提供する目的の一部が学術研究目的である場合を含み、個人の権利利益を不当に侵害するおそれがある場合を除く。）（当該個人情報取扱事業者と当該第三者が共同して学術研究を行う場合に限る。）。

七　当該第三者が学術研究機関等である場合であって、当該第三者が当該個人データを学術研究目的で取り扱う必要があるとき（当該個人データを取り扱う目的の一部が学術研究目的である場合を含み、個人の権利利益を不当に侵害するおそれがある場合を除く。）。

（開示）

第三十三条　本人は、個人情報取扱事業者に対し、当該本人が識別される保有個人データの電磁的記録の提供による方法その他の個人情報保護委員会規則で定める方法による開示を請求することができる。

2　個人情報取扱事業者は、前項の規定による請求を受けたときは、本人に対し、同項の規定により当該本人が請求した方法（当該方法による開示に多額の費用を要する場合その他の当該方法による開示が困難である場合にあっては、書面の交付による方法）により、遅滞なく、当該保有個人データを開示しなければならない。ただし、開示することにより次の各号のいずれかに該当する場合は、その全部又は一部を開示しないことができる。

一　本人又は第三者の生命、身体、財産その他の権利利益を害するおそれがある場合

二　当該個人情報取扱事業者の業務の適正な実施に著しい支障を及ぼすおそれがある場合

三　他の法令に違反することとなる場合

配偶者からの暴力の被害者の子どもの就学について（通知）（抄）

平成21年7月13日　21生参学第7号

2．指導要録の取扱いについて

（1）　指導要録の取扱い

　　指導要録は、児童及び生徒の学籍並びに指導の過程及び結果の要約を記録し、その後の指導及び外部に対する証明等に役立たせるための原簿となるものであり、児童及び生徒の転学の際には、転出元の校長が転学先の校長に指導要録の写し等を送付すること（学校教育法施行規則第24条第3項）。これは、転学先の学校において、進級や卒業の認定を行ったり調査書を作成したりする際に、転出元の指導要録の写し等が必要なためであり、写し等が送付されないと転学先での指導等に支障が生じることがある。

　　また、児童及び生徒の転学の際には、転出元の指導要録に転学先の学校名及び所在地も記載すること（「小学校児童指導要録、中学校生徒指導要録、高等学校生徒指導要録、中等教育学校生徒指導要録並びに盲学校、聾学校及び養護学校の小学部児童指導要録、中学部生徒指導要録及び高等部生徒指導要録の改善等について」（平成13年4月27日付け13文科初第193号通知））。

（2）　配偶者からの暴力の被害者の子どもについての配慮事項

　　配偶者からの暴力の被害者の子どもについては、転学した児童及び生徒の指導要録の記述を通じて転学先の学校名や所在地等の情報が配偶者（加害者）に伝わることが懸念される場合がある。

　　このような特別の事情がある場合には、下記3の留意事項を参照し、配偶者からの暴力の被害者の子どもの就学であることを関係者間で共有するとともに、転学先の学校名や所在地等の情報を知り得る者については必要最小限の範囲に制限するなど、情報を特に厳重に管理した上で、転出元の学校から転学先の学校へ児童及び生徒の指導要録の写し等を送付すること。

3．転学先や居住地等の情報の管理について

　　配偶者からの暴力の被害者の子どもの転学先や居住地等の情報については、各地方公共団体の個人情報保護条例等に則り、配偶者暴力相談支援センターや福祉部局等との連携を図りながら、厳重に管理すること。

　　また、就学事務に携わる職員及び学齢簿や指導要録等の保存の責任者は、配偶者からの暴力の被害者の子どもであるなどの特別の事情があることを十分認識し、転学先や居住地等の情報を記している学齢簿や指導要録等の開示請求等については、特に慎重に対応すること。配偶者（加害者）が児童及び生徒の法定代理人

第7章

資料編

として学齢簿や指導要録等の開示請求をしたような場合でも、教育委員会や学校にあっては、「個人情報の保護に関する法律」（平成15年法律第57号）において、「本人又は第三者の生命、身体、財産その他の権利利益を害するおそれがある場合」はその全部又は一部を開示しないことができる（同法第25条第1項）とされていることや、「学校における生徒等に関する個人情報の適正な取扱いを確保するために事業者が講ずべき措置に関する指針」（平成16年文部科学省告示第161号）において、個人データの開示に関し、「本人の法定代理人から当該本人に関する保有個人データの開示を求められた場合におけるその開示又は非開示の決定に当たっては、当該本人に対する児童虐待（児童虐待の防止等に関する法律（平成12年法律第82号）第2条に規定する児童虐待をいう。）及び当該本人が同居する家庭における配偶者からの暴力（配偶者からの暴力の防止及び被害者の保護に関する法律（平成13年法律第31号）第1条第1項に規定する配偶者からの暴力をいう。）のおそれの有無を勘案すること」とされていること等も踏まえながら、それぞれの地方公共団体の個人情報保護条例等に則り、適切に対応すること。

（別添1〜3は省略）

電子署名及び認証業務に関する法律（抄）

平成12年法律第102号

一部改正：令和4年6月17日施行

第一章　総則

（定義）

第二条　この法律において「電子署名」とは、電磁的記録（電子的方式、磁気的方式その他人の知覚によっては認識することができない方式で作られる記録であって、電子計算機による情報処理の用に供されるものをいう。以下同じ。）に記録することができる情報について行われる措置であって、次の要件のいずれにも該当するものをいう。

一　当該情報が当該措置を行った者の作成に係るものであることを示すためのものであること。

二　当該情報について改変が行われていないかどうかを確認することができるものであること。

●監修 **無藤 隆**（むとう・たかし） 白梅学園大学 名誉教授

東京大学教育学部教育心理学科卒業。聖心女子大学文学部講師、お茶の水女子大学生活科学部教授、白梅学園短期大学学長、白梅学園大学教授を経て、現職。教育学の中でも、保育関連や心理学系統が専門。文部科学省中央教育審議会教育課程部会幼児教育部会主査、内閣府幼保連携型認定こども園教育・保育要領の改訂に関する検討会座長等を歴任。著書多数。

●編著 **大方美香**（おおがた・みか） 大阪総合保育大学大学院 教授、大阪総合保育大学 学長

聖和大学教育学部卒業後、曽根幼稚園に勤務する。聖和大学大学院修了後、自宅を開放した地域の子育てサロン、城南学園子ども総合保育センターを立ち上げる。大阪城南女子短期大学教授を経て、現職。博士（教育学）。教育学の中でも保育関連が専門。文部科学省中央教育審議会教育課程部会幼児教育部会委員、厚生労働省社会保障審議会児童部会保育専門委員会委員。著書多数。

要録記入例等執筆	鵜飼真理子（幼保連携型認定こども園さつきこども園 園長代理、副園長）
	辰巳昇嗣（ながいけ認定こども園 園長）
	村井昌子（認定こども園こどものいえ 園長）
「育ちの姿シート」記入例執筆	佐々木 晃（元・鳴門教育大学附属幼稚園 園長）
協力	佐藤暁子（東京家政大学大学院 客員教授）
カバー、CD-ROM デザイン	株式会社リナリマ
カバー、CD-ROM イラスト	カモ
本文デザイン	鷹觜麻衣子
マンガ	ゼリービーンズ
本文イラスト	有栖サチコ、イシグロフミカ、こしたかのりこ、ゼリービーンズ、中小路ムツヨ、TICTOC
取材・文	小林洋子（有限会社遊文社）
本文 DTP	鷹觜麻衣子、有限会社ドット テトラ
本文校正	有限会社くすのき舎
CD-ROM 製作	株式会社エムツークリエイト
	株式会社ケーエヌコーポレーションジャパン
編集協力	株式会社童夢
編集	田島美穂、井上淳子、石山哲郎、西岡育子

チャイルド本社ホームページ
https://www.childbook.co.jp/

チャイルドブックや保育図書の情報が盛りだくさん。どうぞご利用ください。

CD-ROM 付き

書ける！伝わる！
幼保連携型認定こども園園児指導要録 書き方＆文例集 平成 30 年度実施

2018 年 12 月 初版第 1 刷発行
2023 年 12 月 第 6 刷発行

監修者	無藤 隆
編著者	大方美香
発行人	大橋 潤
編集人	竹久美紀
発行所	株式会社チャイルド本社
	〒112-8512 東京都文京区小石川 5-24-21
	電話 03-3813-2141（営業） 03-3813-9445（編集）
	振替 00100-4-38410
印刷・製本	共同印刷株式会社

©Child Honsha Co.,LTD. 2018 Printed in JAPAN
ISBN978-4-8054-0279-5 NDC376 26×21cm 208P

■乱丁・落丁本はお取り替えいたします。
■本書の無断転載、複写複製（コピー）は、著作権法上での例外を除き禁じられています。
■本書を代行業者等の第三者に依頼してスキャンやデジタル化することは、たとえ個人や家庭内の利用であっても、著作権法上、認められておりません。

【CD-ROM に収録されているデジタルコンテンツの使用許諾と禁止事項】
・本書付属の CD-ROM に収録されているデジタルコンテンツは、本書を購入された個人または法人が、その私的利用の範囲内においてお使いいただけます。
・本コンテンツを無断で複製して、第三者に販売・貸与・譲渡・頒布（インターネットを通じた提供も含む）することは、著作権法で固く禁じられています。
・本書付属の CD-ROM の図書館外への貸し出しを禁じます。